5·18 다시 쓰기

5·18 다시 쓰기

인권의 관점에서 본
5·18 집단트라우마와
사회적 치유

경상국립대학교 사회과학연구원 기획
김명희·김석웅·김종곤·김형주·유해정
유제헌·이재인·진영은 지음

오월의봄

5·18을 다시 쓰다

이 책은 2020~2021년 5·18 진상규명조사위원회의 연구과제로 수행한 〈5·18 민주화운동 피해자 등의 집단트라우마에 대한 심리·사회학적 표본조사 연구〉의 성과를 발전시킨 것이다.

이 책은 전적으로 5·18 집단트라우마를 논제로 하고 있지만 돌아보면 이러한 기획은 2014년 목도했던 세월호 참사의 사건 경험과 이를 극복하기 위한 학제 간 연구였던 《세월호 이후의 사회과학》으로 거슬러 올라갈 수 있다.

1980년 5·18과 2016년 4·16 참사―그리고 어쩌면 158명의 생때같은 목숨이 순식간에 압사당한 2022년 이태원 참사―사이에는 여러 차이점이 있지만 몇 가지 공통점이 있다. 첫째는 국가의 작위 또는 부작위로 발생한 사건의 인권침해적 성격이 폭도의 산물 또는 우연한 사고로 왜곡된다는 것이다. 둘째는 그로 인해 발생한 사회적 고통에 개입하는 지배 담론과 지식 권력의 작동방식이 새로운 사회적 고통을 유발한다는 것이다.

예컨대 5·18은 '폭도'와 '간첩'의 소산이라던가, 4·16은 '해상 교통사고'라는 일방적 정의定義를 통해 두 사건의 해결책 또한 피해자와 유족에 대한 금전적인 보상이나 의료적인 심리 지원의 문제로 환원되어버린다. 즉 '참사 이후의 참사'가 반복되는 것이다. 해당 사건의 사건성이 부인denial되고 우연한 사고의 문제로 치환될 때, 피해자의 존재와 그들이 감내해야 했던 고통 또한 은폐되거나 의료적인 문제로 축소되어버린다. 그럼으로써 인권침해를 야기한 가해자의 책임은 실종되고 거꾸로 피해자는 충분히 보상을 받은 특권 세력으로 만들어진다. 이를 통해 사건에 대한 피해자의 권리 또한 부정되고 오히려 피해자가 사회공동체의 주변부로 밀려나고 소외되는 패턴은 한국 근현대사를 가로지르는 '탈진실 정치post-truth politics' 혹은 '부인의 정치'의 풍경들이다. 그리고 그 결과는 5·18의 경우 50명에 이르는 5·18 자살자 문제로 나타났다. 요컨대 이와 같은 '부인의 정치'는 생명을 죽이고 생명을 스스로 저버리게 하는 반反인권적인 '죽임의 정치'와 긴밀한 관계를 맺고 있다.

《5·18 다시 쓰기: 인권의 관점에서 본 5·18 집단트라우마와 사회적 치유》라는 책의 제목은 바로 이 지점에 개입하기 위한 학술적 기획이자 방법론적 지향점을 담고 있다. 이 책은 동정과 시혜 혹은 지원의 대상이 아니라 권리를 가진 주체로서 광범위한 시민 피해자의 인권이라는 관점에서 새롭게 출발한다. 또한 1980년 발생한 5·18이라는 사건 이후 그 사건과 함께 살아가야 했던 사람들의 '삶'을 중심으로 5·18에 접근한다는 점에서 기존의 사건사적 접근 방식과 결을 달리한다. 따라서 이 책은 이제까지 국가가 규정하고 인정해온 협소한 '피해자' 범주를 벗어나 생애사적 사건으로서 5·18이 이를 경험한 시민들의 생애사적 지평에서 어떻게 고통과 침묵의 언어로 재생산되고 나아가 이전과 다른 삶의 방식을 살아가게 했는지를 탐문한다. 이는 5·18 피해의 재생산 과정과 이에 책임 있는 인과적 힘들을 추적하는 작업인 동시에 피해자로 환원되지 않는 5·18 트라우마의 역동성과 정치성을 아울러 고려하는 연구 관점을 나타낸다.

기실 5·18 진실규명을 중심으로 전개된 오월운동의 역사는 기존 주류 학문의 문법 속에 자리한 앎과 삶, 이론과 실천, 연구와 운동의 이분법적 경계를 무너뜨리는 방식으로 발전해왔다. 직접적 피해자만이 아니라 유가족, 일선대응인, 목격자, 사후노출자들의 생애 서사에서 5·18은 삶과 죽음의 문제와 맞닥뜨린 존재론적 사건이었고, 5·18을 알게 된 이후 5·18 이전의 삶의 방식으로 돌아갈 수 없게 만들었던 인식론적 사건이자 누구와 함께 어떤 삶을 살아갈 것인지를 질문하게 한 윤리적 사건으로 자리한다. 이 연구에 참여한 50명에 이르는 연구참여자들의 트라우마 서사가 때로는 5·18과 한국전쟁, 4·16 등을 넘나드는 횡단성을 보이는 것도 5·18을 둘러싼 앎의 체제가 존재론적이고 인식론적인 동시에 윤리적이고 실천적인 질문들을 아우르기 때문일 것이다.

연구팀의 연구 작업과 글쓰기도 이러한 실천적인 문제의식에서 시작되었다. 동시에 우리는 지금, 이곳의 국면에서 5·18을 다시 쓴다. 우리는 중대한 인권침해 사건 및 사회적 참사를 둘러싼 담론과 치유적 실천에 자리한 두 가지 인식론적 공백 지점에 주목했다. 첫째는 국가범죄 피해의 인권침해적 특성을 이해하고 이것이 야기한 고통을 다루는 데 적절한 관점과 개념의 부재이며, 둘째는 이들의 고통에 깊이 있게 다가설 연구방법론의 부재다. 이러한 공백을 메우기 위해 연구팀은 5·18 피해자 유형학과 집단트라우마 연구방법론을 발전시켜 보고자 했다.

공동연구의 성과를 간단히 요약하면 첫째, 직접적 피해자로 환원되지 않는 5·18 피해자의 여러 유형을 새롭게 유형화하고, 둘째, 의료적 접근 방식을 넘어 국가폭력 트라우마의 속성을 존중하는 새로운 개념화를 모색했으며, 셋째, 트라우마 연구에 인권 프레임을 도입하여 중대한 인권침해로 인한 집단트라우마의 속성을 판별할 새로운 준거점을 마련함과 동시에 넷째, 인권침해 피해자의 트라우마 발생과 재생산 과정에 보다 사려 깊게 다가설 질적 연구방법론을 시도했다는 점이다. 이 책의 1부가 연구설계의 과정을 담고 있다면, 2부에서는 각 피해자 유형에 대한 사례연구의 결과를 서술함으로써 현재 진행 중인 5·18 집단트라우마의 구체적 현실을 그려내고자 했다.

물론 연구팀의 성과는 완성된 결과일 수 없으며, 새로운 경험적 발견과 개념적 정교화, 그리고 지속적인 집합적 토론을 통해 다시 쓰고 고쳐 써야 할 연구 과정 속에 있다. 이 점에서 연구팀은 연구 대상으로서 트라우마의 '집단성'만이 아니라 연구 과정의 '집단성'을 담보하기 위해 많은 노력을 기울였다. 2021년 6월 경상국립대 사회과학연구원과 5·18기념재단이 광주에서 개최한 '인권의 관점에서 본 5·18 집단트라우마와 사회적 치유: 국가범죄의 피해자학을 향하여'라는 학술 심포지엄도 닫힌 연구실에서 나와 연구팀의 연구 결과를 사회에 널리 알리고 광주 지역사회와 공유하기 위한 하나의 시도였다. 이 지면을 빌려 경상국립대 사회과학연구원과 의미 있는 토론의 자리를 함께 열어준 5·18기념재단 관계자분들께 감사드린다.

마찬가지로 글로 가시화된 연구 결과의 이면에는 많은 이들의 보이지 않는 노동과 정성이 있었음을 특히 강조하고 싶다. 녹록지 않은 삶의 이야기를 들려주신 50명의 연구참여자 선생님들이 아니었다면 이 연구는 시작될 수 없었을 것이다. 이분들의 이야기를 경청해 동일한 형식의 녹취록을 만들고, 자료 분석에서 행정에 이르기까지 연구 과정 전반에서 공동 저자로 참여한 이재인, 유제헌, 진영은의 헌신적인 노력은 집단연구의 통일성을 담보하는 데 핵심적인 역할을 했다.

공동연구의 기획에 뜻을 같이하고 어려운 연구를 함께

수행했을 뿐 아니라 번거로운 개고 작업까지 책임감 있게 마무리해준 집필자 선생님들께 깊은 우정과 감사의 마음을 전한다. 또 책의 집필에는 참여하지 않았지만 초기 연구설계 과정에서 이재승 선생님이 더해준 인권법적 통찰은 연구의 이론적 기초를 다지는 데 큰 힘이 되었다. 무엇보다 시장성 없는 책의 가치와 지향을 이해하고 출판의 고된 여정을 이끌어준 오월의봄 박재영 대표님께 깊이 감사드린다.

이 책이 5·18을 의미 있게 기억하며 오늘을 살아가는 모든 이들의 삶을 새롭게 조명하고, 5·18 정신의 전국화와 다음 세대의 과거 청산을 촉진하는 작은 밑거름이 되길 희망한다.

2022년 11월 28일
집필진을 대표해 김명희 씀

인권의 관점에서 본 5·18

이 책은 한국 현대사의 전개 과정에서 가장 잔혹했던 국가폭력이자 중대한 인권침해 사건이었던 5·18[1]이 야기한 피해의 범위와 집단트라우마의 실상에 맞는 피해자 유형학을 발전시키기 위한 기획에서 시작되었다. 지금까지 5·18 '피해자'는 직접적 피해 당사자에 국한되어 규정되어왔으며, 트라우마 역시 그러한 피해자에게만 해당하는 문제로 인식되어왔다. 하지만 1980년 5월 당시 자행된 국가폭력은 신체적 폭력이나 구금·고문·(성)폭행 등을 직접 당하지 않았다 하더라도, 이웃의 죽음을 목격하거나 전해 들은 사람들, 희생자나 피해자들의 (유)가족과 그들의 후세대, 5·18 이후 지역적 오명과 낙인을 경험한 광주·전남 지역 시민들에게도 심각한 인권침해를 초래했다. 하지만 기존의 5·18 관련 법제와 조사 관행은 피해자의 범위를 직접적 피해 당사자나 그 (유)가족에 한정하고 있기에 다양한 형태의 시민 피해자 유형을 포함하지 못하며, 5·18 이후 파생된 여러 정신적·사회적 피해를 간과해왔다.

피해 자체에 대한 광범위한 실태조사와 다양한 피해 유형에 대한 적절한 대응 방안을 초기에 마련하지 못한 것은 1988년 노태우 정권에서 제출된 '광주사태 치유 방안'에 연원을 두고 있는 보상적 접근의 맹점이라고 할 수 있다. 다른 한편 1990년 제정된 '광주민주화운동 관련자 보상 등에 관한 법률'은 집단적인 피해나 집단적인 트라우마를 전혀 상상하지 못함으로써 이에 대한 해법을 제도화하려는 시각을 정립하지 못했다.[2] 이는 결과적으로 직접적 피해 당사자와 일반 시민을 분리시키고 지역 구성원 사이의 갈등과 분열을 조장함으로써 5·18의 직접적 피해자들에 대한 사회적 지지를 훼손하는 요인으로 작용했다. 또한 기존의 접근은 5·18 국가범죄가 초래한 정신적 피해를 의학적 진단기준에 근거해 일면적으로 포착하려 했다는 점에서 인권적 관점을 경시하고 있다는 한계를 지닌다.

이러한 상황에서 2018년 제정된 '민주화운동 진상규명을 위한 특별법'(이하 5·18진상규명법)이 '피해자'의 범위를 5·18민주화운동의 "후유증으로 고통받았던 사람 중 희생자 외의 사람"까지 포괄하여 규정하고, 2021년 1월 개정법에서 진상규명의 범위에 "성폭력 및 정신적·신체적 후유증 발생 등 중대한 인권침해 사건"을 적시한 것은 시민 피해자 혹은 광의의 피해생존자 중심의 과거청산, 인권에 기반한 과거청산 국면을 새롭게 열 유의미한 단초를 마련한 것이라 볼 수 있다. 이러한 문제의식에서 연구팀은 중대한 인권침해 사건이었던 5·18 피해의 실상에 맞는 피해자 유형학을 새롭게 구축하고, 국가폭력 피해자의 집단트라우마를 고찰할 연구방법론과 사회과학적 진단기준을 정립하고자 했다. 즉 국가폭력 피해자의 집단트라우마에 대한 인권 기반 접근Human Rights Based Approach, HRBA, 나아가 '인권 기반 공동체적 접근'을 시도한 것이다.

이러한 관점의 연구가 필요한 방법론적 이유를 밝히자면 다음과 같다. 첫째, 연구 대상의 측면에서 5·18이 야기한 사회적 고통과 집단트라우마는 5·18을 둘러싼 진실의 외부가 아니라 핵심적인 진실의 일부이기 때문이다. 하지만 기왕의 제도적 청산 과정과 학술 담론은 사건사적 진실이나 저항의 측면에 논의가 집중되어 있어 그 사건과 함께 삶을 살아가야 했던 수많은 사람들의 고통의 현재성과 생애사적 진실에는 무관심했다. 5·18을 둘러싼 사회 과정social process과 사회적 실재social reality를 일회적인 사건의 영역으로 축소시키는 이 같은 관행은 끝나지 않은 5·18의 사회적 고통에 대한 시민들의 무관심을 초래하면서 5·18 왜곡 및 부인denial 담론에 대한 효과적인 대응을 어렵게 하는 요인이 되고 있다.

둘째, 방법론의 측면에서 5·18 집단트라우마 연구방법론의 모색은 한국 현대사에서 유사한 패턴으로 재현되는 여타 국가폭력과 사회적 참사로 인한 고통과 트라우마 연구에도 유의미한 참조점을 제공한다. 2000년대 시작된 과거청산의 흐름 속에서 국가폭력 피해자들이 겪고 있는 고통의 현재성이 '트라우마'라는 이름으로 알려지기 시작했지만, 국가폭력 트라우마에 어떻게 접근하고 이를 어떻게 연구해야 하는지에 대한 학문적 논의는 매우 부족한 실정이다. 이는 국가폭력 트라우마의 작동을 설명할 타당한 진단명의 문제부터 자료의 수집과 분석, 활용 과정에서 제기되는 전문성의 정치와 윤리적 문제 등 여러 방법론적 쟁점을 아우른다.[3] 이러한 맥락에서 5·18 집단트라우마 연구방법론의 모색과 성찰은 국가폭력 트라우마 연구와 치유, 그리고 과거청산의 과학화를 위한 사회과학방법론 논쟁을 본격화하는 출발점이 될 수 있다.

셋째, 개념적 측면에서 우리 연구의 강조점은 인권의 관점에 트라우마 문제를 (재)통합하여 인권에 기반한 트라우마 분석 모델과 개념을 개발하는 데 있는데, 이는 보상적 접근과 함께 부상한 서구 트라우마 담론이―주로 '외상후스트레스 장애post-traumatic stress disorder(이하 PTSD)'라는 정신과적 진단 도구에 의존하는 담론이―인권을 의료에 종속시키는 과잉 의료화의 문제를 야기했다는 문제의식과 맥락을 같이한다.[4] 고문과 같은 인권침해 사건에서 의료 및 정신건강 욕구에 초점을 맞추는 접근법은 미국정신의학회American Psychiatric Association, APA의 《정신장애 진단 및 통계 편람Diagnostic and Statistical Manual of Mental Disorder》 III(1980)에 PTSD 범주가 도입되면서 강화되었다. 이 범주는 임상 연구자들이 인권유린의 결과를 기록하기 위한 중추적 지표로 부상했다. 그러나 이 같은 새로운 외상 모델이 권리에 기반한 접근법을 진전시키는 데 도움이 되었는가 하는 점은 여전히 논쟁적이다.

한국에서도 5·18 트라우마는 1990년 오수성 전남대 교수에 의해 제기된 이래 5·18 피해자들이 경험 중인 심각한 고통을 사회적으로 널리 알리고 그 치유 방안을 모색하는 데 기여해왔다. 특히 '오월증후군May syndrome' 개념은 피해자의 외연 확장에 중요한 실마리를 제공했으며,[5] '5·18 트라우마티즘' 개념은 5·18 트라우마의 문제를 심리적, 사회·경제적 차원으로까지 확장하는 데 기여했다.[6] 하지만 이 개념은 기본적으로 PTSD 진단 범주로 흡수되거나 이에 입각해 이루어지면서 5·18 트라우마에 대한 접근은 1980년 5·18 당시에 시간적으로 한정되고, 참여자 개개인에 대한 개별화된 관점에서, 분과적으로는 의학적·심리학적 진단기준 위에서 진행되었다.[7] 이러한 접근은 5·18 직후부터 현재까지 지속되거나 혹은 (재)생산된 인권침해와 그로 인해 지속·변형·(재)생산되어온 트라우마의 심각성을 제대로 포착해내지 못한다.

또한 PTSD 모델을 국가범죄 피해자들의 정신건강을 진단하는 도구로 무비판적으로 차용할 때 야기되는 가장 심각한 문제는 명백히 존재하는 부정의injustice를 둘러싼 가해자-피해자의 경계가 '트라우마'라는 단일 기표로 붕괴될 수 있다는 점이다.[8] PTSD를 정의하는 기준이 오직 증상군에 제한된 까닭에 강간, 고문, 사고 등 서로 다른 사건이 상호 구별되지 않고, 가해자, 피해자, 목격자조차 구별될 수 없게 되는 것이다. 유일한 고려 대상은 단지 사건이 남긴 상흔이라는 것이다.[9] 즉 PTSD 진단기준은 증상을 야기한 사건이 어떠한 성격의 것이며, 왜 발생했는지에 관해서는 무관심하다.

인권과 트라우마를 교차하는 연구 관점, 즉 인권 프레임과 트라우마 프레임을 통합하는 인권 기반 트라우마 접근법이 새롭게 제안되고 있는 것도 이러한 까닭이다.[10] 대표적으로 인권침해와 트라우마 경험의 불가분성을 주장하는 버틀러와 크리틀리는 외상 경험Trauma Experiences, TEs과 인권침해 Human Rights Violations, HRVs가 함께 발생하는 경우가 많고, 어떤 경우엔 동일한 경험의 서로 다른 측면을 지시할 뿐이라고 말한다. 이는 본디 외상적 사건들이 정치적이고 경제적인 권력의 불균형에 의해 유발되기 때문이다. 따라서 트라우마와 인권 개념을 통합하는 총체적인 접근법holistic framework을 개발하는 것은 인간의 고통을 더 폭넓게 이해할 새로운 언어를 제공하고—의학적 치료법을 명시하지 않을지라도—이를 예방하고 바로잡기 위한 도덕적 질서를 드러내고,[11] 트라우마 정보와 인권에 기반한 사회정책을 촉진하는 데 도움을 줄 수 있다.[12]

이러한 문제의식에서 기획된 이 책은 다음과 같이 구성된다. 1부에서는 5·18 피해와 피해자에 대한 인권법적 검토를 통해 5·18 피해자학을 재구성할 이론적 근거를 마련한다. 이에 근거해 직접적 피해자에 국한되어 있던 5·18 피해자 유형을 5·18 피해의 실상에 맞게 재구성하고 심리·사회적 피해를 아우를 진단명으로 복합적 집단트라우마 개념을 소개한다. 또 5·18 집단트라우마에 다가설 연구방법론을 소개하고 연구의 분석틀이자 공동연구의 도달점이기도 했던, 인권에 기반한 집단트라우마 진단기준을 제시한다. 여기까지의 논의가 연구 설계에 해당한다면, 2부에서는 본 연구팀이 2021년 10월 13일부터 2021년 5월 10일까지 수행한 표본조사 결과를 토대로 각 피해자 유형별 집단트라우마에 대한 사례연구 결과를 제시한다. 5·18 직접적 피해자, 유가족 1세대와 2세대, 일선대응인, 목격자, 사후노출자의 사례가 그것이다. '맺으며'에서는 공동 연구의 의미와 한계를 밝히고 후속 과제를 전망한다.

1 1995년 '5·18민주화운동 등에 관한 특별법'(1995.12.21. 법률
   제5029호)의 제정 이후 '5·18민주화운동'이라는 용어가 항쟁의 공식
   명칭으로 정립되기는 했지만, 이는 당시의 정치적 상황에 의해 규정된
   개념이므로 항쟁의 주체나 국가폭력의 성격을 종합적으로 드러내기는
   미흡하다(안진, 〈5·18항쟁기 여성 피해 진상규명의 과제: 성폭력 피해를
   중심으로〉, 《인권법평론》 25, 2020, 101쪽). 2022년 현재에도 항쟁에
   대한 진상규명과 역사적인 평가가 미완성인 상태이므로 이 글은
   '5·18'이라는 개념을 주로 사용하면서 맥락에 따라 '5·18민주화운동'
   '5·18 국가범죄' 등의 용어를 병용할 것이다.

2 이재승, 〈피해자 권리의 시각에서 5·18 학살 피해자와 피해의 법적
   재범주화〉, 《경상대학교사회과학연구원·전남대학교 5·18연구소
   공동심포지엄 자료집: 진주에서 바라본 광주—5·18집단트라우마와
   사회적 치유》, 2020.

3 국가폭력 및 사회적 참사에 대응하는 제도적 관행과 치유적
   실천에 새로운 도전으로 제기되고 있는 전문성의 정치와 의료화의
   위험성에 대해서는 진영은·김명희, 〈5·18 트라우마와 사회적 치유:
   광주트라우마센터 사례를 중심으로〉, 《시민과 세계》 37, 2020,
   163~197쪽을 참고하라.

4 Zachary Steel and Catherine Bateman-Stee, "Human Rights and
   the Trauma Model: Genuine Partners or Uneasy Allies?", *Journal of
   Traumatic Stress* 22(5), 2009, pp.358~365.; 김명희, 〈고통의 의료화:
   세월호 트라우마 담론에 대한 실재론적 검토〉, 《보건과 사회과학》 38,
   2015, 225~245쪽.; Lisa Butler and Filomena Critelli, "Traumatic
   Experience, Human Rights Violations, and Their Intersection", eds.
   Lisa D. Butler, Filomena Critelli and Janice Carello, *Trauma and Human
   Rights*, Palgrave Macmillan, 2019, pp.11~53.

5 오수성, 〈광주오월민중항쟁의 심리적 충격〉, 한국현대사사료연구소 편,
   《광주5월민중항쟁》, 풀빛, 1990, 190~207쪽.

6 5·18기념재단, 〈'5·18 트라우마티즘' 실태 파악을 위한 기초조사〉, 2001.;
   5·18기념재단, 〈5·18 민주유공자 생활 실태 및 후유증 실태 조사 연구
   보고서〉, 2006.; 박영주, 〈'5·18 트라우마티즘' 연구의 현황과 전망〉,
   《민주주의와 인권》 4(2), 2004, 219~240쪽.; 최정기, 〈과거청산에서의

　기억 전쟁과 이행기 정의의 난점들: 광주민주화운동 관련 보상과
　피해자의 트라우마 중심으로〉, 《지역사회연구》 14(2), 2006, 3~22쪽.

7 　오수성, 〈광주오월민중항쟁의 심리적 충격〉, 앞의 책, 190~207쪽.;
　오수성·조용래, 〈5·18 관련자의 심리사회적 적응〉, 《전남대 5·18연구소
　발표문》, 1999.; 5·18기념재단, 〈'5·18 트라우마티즘' 실태 파악을 위한
　기초조사〉.; 5·18기념재단, 〈5·18 민주유공자 생활 실태 및 후유증 실태
　조사연구 보고서〉.; 오수성·신현균·조용범, 〈5·18 피해자들의 만성
　외상 후 스트레스와 정신건강〉, 《한국심리학회지: 일반》 25(2), 2006,
　59~75쪽.

8 　디디에 파생·리샤르 레스만, 《트라우마의 제국》, 최보문 옮김,
　바다출판사, 2016, 156~159쪽.

9 　같은 책, 435쪽.

10 　David Androff, "Truth and Reconciliation Commissions, Human
　Rights, and Trauma", eds. Lisa D. Butler, Filomena Critelli and
　Janice Carello, Trauma and Human Rights, Palgrave Macmillan,
　2019, pp.265~286.; Lisa Butler and Filomena Critelli, "Traumatic
　Experience, Human Rights Violations, and Their Intersection", Ibid.,
　pp.11~53.; Elizabeth Bowen et al., "Moving Moving Toward Trauma-
　Informed and Human Rights-Based Social Policy: The Role of the
　Helping Professions", eds. Lisa D. Butler, Filomena Critelli and Janice
　Carello, Trauma and Human Rights, pp.55~74쪽.

11 　Lisa Butler and Filomena Critelli, "Traumatic Experience, Human
　Rights Violations, and Their Intersection", Ibid., pp.39~42.

12 　Elizabeth Bowen et al., "Moving Moving Toward Trauma-Informed
　and Human Rights-Based Social Policy: The Role of the Helping
　Professions", Ibid., pp.55~74.

1부

5·18 피해자학의 재구성

김명희

5·18 '피해자'의 재구성:
인권법적 고찰[1]

1. 5·18 관련법제에서 '피해자'

통상 5·18 당시 발생했던 시민들의 사망·행불·부상·구금을 '피해'라고 부르고, 그러한 피해를 당한 시민들을 '피해자'라고 명명해왔다.[2] 즉 지금까지 5·18 피해자의 범주는 주로 사망자, 행불자, 부상자, 구속자 등 직접 피해를 겪은 당사자와 유족으로 한정되어 있었고, 피해에 대한 보상 역시 이들에 한정하여 이루어졌다. 하지만 최근 조사 보고된 성폭력 피해자의 사례처럼 기존의 피해자 범주에서 거의 억압되거나 무시된 피해자 유형도 일정한 국면과 계기에서 새로이 피해자로 출현할 수 있다. 즉 '피해'와 '피해자'에 대한 규정은 상당히 복잡한 사회적 맥락 속에 위치한다. 이를테면 특정 개인이나 집단이 피해자가 되는 과정은 범죄와 권력남용에 대한 제도적 정의, 권리와 책임에 대한 관점, 정치적 가치, 도덕적 규범, 기

본 신념 체계, 법률, 정치적 능력, 기타 사회적·정치적·경제적 요인 등에 영향을 받는다.[3]

5·18 피해자 담론과 관련 정책에서 가장 중요했던 것도 5·18에 대한 정의와 성격 규정의 문제라고 볼 수 있다. 애초에 5·18은 신군부에 의해 '광주사태'라 불리며 불순분자들의 사주를 받은 폭동이자 소요사태로 규정되었다. 이때 발생한 시민들의 피해는 사태를 진정시키기 위한 과정에서 발생한 최소한의 피해이자 어쩔 수 없는 희생으로 간주되었다. 그러므로 계엄군의 행위는 '가해'행위가 아니라 난동자를 진압하여 국가의 안녕과 질서를 유지시키는 데 기여한 정당한 행위였고, 5·18로 인한 피해와 구제 방안은 우연적이고 시혜적 차원에서 접근되었다. 하지만 5·18이 국가 차원에서 공식적으로 민주화운동으로 규정되고, 관련법과 제도가 정비됨에 따라 가해와 피해의 문제도 재정비되는 과정을 거쳤다.

그럼에도 오랜 시간 5·18에 대한 법적 성격 규정은 내란죄나 헌정질서 파괴죄로 보는 것이 지배적이었다. 이와 같은 접근은 5·18 국가범죄의 성격과 의미를 충분히 드러내지 못한다. 내란죄나 헌정질서 파괴죄는 추상적인 피해자로 국가를 상정한다. 따라서 이러한 범죄 관념 아래서는 개인들이나 공동체가 입은 피해는 부수사정으로 그친다. 이러한 범죄 개념은 5·18 당시에 발생한 인권침해(원시적 피해)를 경시할 뿐만 아니라 5·18 이후 현재까지 지속하는 피해(후발적인 피해)도 제대로 포착하지 못한다.[4]

한편 〈표 1〉에서 보듯 5·18 법제화 이전과 법제화 이후의

〈표 1〉 법제화 이전과 법제화 이후의 5·18 피해자 유형

법제화 이전 피해자		법률상 피해자		
정부	당사자	5·18보상법	5·18유공자법	5·18진상규명법
사망자	사망자, 상이 후 사망자	사망자	사망자, 상이 후 사망자	희생자: 사망자
부상자	부상자	부상자	부상자(등급상이자, 기타 상이자, 연행·구금·수형 사실이 있는 상이자)	피해자: 부상자, 가혹행위 후 사망자, 후유증으로 고통받은 자
구속자	구속자	구속자	연행 후 훈방자, 불기소자, 기소자	
행방불명자	행방불명자	행방불명자	행방불명자	희생자: 행방불명자
유족	유족 (직계 및 방계 가족 1인)	유족 (민법상의 재산상속인)	유족(배우자, 양자 포함 자녀, 양부모 포함 부모, 조부모, 미성년 제매)	희생자와 피해자의 배우자·직계존비속· 형제자매
재산 피해자				

피해자 범주 모두 피해 당사자와 유족으로 피해의 범위를 협
소하게 규정해왔다. 즉 보상 프레임 속에서 인적·신체적·경제
적 손실이라는 결과적 측면에서 피해가 규정됨으로써 '중대
한 인권침해'로 인한 정신적·사회문화적·정치적 피해의 고유
한 특성과 다양한 양상은 피해 사실로서 인정받지 못했던 것
이다.

2. 국제인권규범으로 본 '피해자'

요컨대 5·18 피해자에 대한 법과 국가의 협소한 대응은

5·18의 성격에 대한 왜곡된 이해에서 비롯된 측면이 크다. 따라서 5·18이 야기한 집단트라우마의 실상을 온전히 파악하기 위해서는 먼저 5·18이 어떠한 성격의 외상적 사건이었는지 되짚고 갈 필요가 있다.

우선 정치사회학적 관점에서 볼 때 5·18은 명백히 국가권력의 조직적 개입에 의해 다수의 민간인 피해자가 발생한 국가범죄라고 할 수 있다. 5·18 당시 명백히 군인에 의한 민간인 학살이 있었고, 이것이 5·18의 성격을 근본적으로 규정하고 있다는 사실은 재론의 여지가 없다. 동시에 5·18은 다른 국가범죄와 달리 강한 정치적 의도성을 가진 정치적 학살 politicide의 성격을 지니며,[5] 정권을 찬탈하기 위한 신군부의 과시적 폭력이 수많은 불특정 다수에게 가시화된 사건이었고,[6] 사건 종료 이후에도 5·18의 진실을 은폐하기 위한 연속적인 인권침해를 야기했던 사건이었다. 5·18의 진실이 철저히 은폐되고 왜곡되었기에 광주의 아픔을 보거나 들은 유족과 시민들은 진상규명과 책임자 처벌을 요구하는 운동을 전개했는데, 이는 역설적으로 민주화의 과정인 동시에 새로운 피해를 야기하는 사회적 과정이기도 했다. 따라서 5·18 피해의 실상을 온전히 이해하기 위해서는 이러한 복합적인 인권침해의 성격과 장기 지속적이고 이질적인 사회화 과정을 충분히 고려해야 한다.

나아가 법적 차원에서 5·18 국가범죄는 내란죄가 아닌 국제인도법상 '인도에 반한 죄crimes against humanity'로 검토할 필요가 있다.[7] 5·18은 신군부의 권력 찬탈과 민주주의 파괴에 대해 저항하는 시민과 그 동조자들을 정치적으로 압살하기 위해 체계적으로, 광범위하게 자행된 학살과 박해로서 당연히 인도에 반한 죄에 해당한다. 이러한 관점은 5·18 국가폭력이 집단적인 피해를 발생시켰으며, 일회적인 사건이 아니라 장기적으로 지속되는 파급적인 사건으로 바라볼 수 있도록 한다.[8]

5·18이 '인도에 반하는 범죄'에 해당한다는 것을 감안한다면 5·18의 피해와 피해자를 국제인권법이나 국제인도법의 관점에서 접근하는 것이 필요하다. 구체적으로 국제인권법, 독일나치보상법Bundesentschaedigungsgesetz: BEG, 5·18 관련법, 각종 과거사법을 고려하여 피해와 피해자를 유형화할 수 있다. 먼저, 5·18진상규명법 제2조는 희생자와 피해자를 구분하고 있으나 국가폭력에 관한 국제인권법에서는 희생자와 피해자 개념을 구분하지 않는다.[9] 또한 1985년 〈유엔 권력범죄와 남용의 희생자를 위한 정의의 기본원칙 선언〉이나 2005년 〈국제인권법의 중대한 위반 행위와 국제인도법의 심각한 위반 행위의 피해자 구제와 배상권리에 관한 기본원칙과 가이드라인〉(이하 〈피해자 권리장전〉) 등은 독해 방식에 따라 가족 이외 제3자의 피해를 널리 예정하고 있다.

이에 따르면 개인적·집단적 트라우마는 국제인권법상의 주요한 피해로 인정될 수 있으며, 그에 대한 적절한 대응과 조치가 필요하다. 예컨대 〈피해자 권리장전〉은 피해회복reparation에 대한 권리로 크게 원상회복(제19조), 금전 배상(제20조)과 함께 재활rehabilitation을 피해 구제 방안으로 제시함으로써 피해자에 대한 심리적·의료적 보살핌을 국가의 책무로 삼고 있다(제21조). 〈피해자 권리장전〉의 나머지 구제 조항인 만족(제22조)과 재발 방지의 보증(제23조)은 각기 피해자나 사회 구성원의 트라우마에 대한 구체적이고 수준별 처방으로 이해할 수 있다.[10]

특히 이들 문서는 "고통당하는 희생자를 지원하거나 희생을 방지하기 위해 개입하는 과정에서 피해를 입은 사람들"을 피해자로 규정한다는 점에 주목할 필요가 있다. 이를 참고할 때, 5·18 당시 피해 지원 작업에 참여했던 의사, 간호사, 수습위원 등의 정신적·사회적 피해 또한 피해로 인정될 수 있다. 또한 5·18 직후 5·18의 진실을 알리기 위한 활동을 하다 새롭게 공권력에 의해 피해를 입은 이들 또한 피해자로 인정될 수 있는 것이다.

나아가 오늘날 미국정신의학회가 펴낸《정신장애 진단 및 통계 편람》IV-TR와 제5판에서도 외상성 사건(들)의 직접 경험자만이 아니라 사건을 목격한 목격자나 "외상성 사건이 가족, 가까운 가족이나 친척, 친구에게 일어난 것을 알게 된 사람", 그리고 "외상성 사건의 혐오스러운 세부 사항에 반복적이거나 지나치게 노출된" 노출 피해자, 경찰관이나 소방관과 같은 일선 재난 대응인들의 외상 피해를 인정하고 있다.[11] 하지만 기존 피해자 담론과 정책, 조사에서 이 같은 유형의 피해자는 배제되었다.

무엇보다 5·18 피해의 실상 자체가 직접적·물리적 폭력의 당사자·가족만이 아니라 무차별 살상·죽음을 목격하고 가두방송과 유언비어 등을 청취함으로써 집합적 공포와 무력감·죄책감, 집단적 오명의 상징적·문화적 폭력을 겪었던 목격자와 지역사회 거주자의 범위에 중층적이고 동심원적으로 걸쳐 있다는 점을 직시한다면, 직접적 피해자 중심의 협의의 피해자 담론에서 벗어나 좀 더 광의의 집단적 시민 피해자 범주로 눈을 돌릴 필요가 있다. 5·18 집단트라우마와 피해자의 재유형화 작업은 이러한 인권법적·의학적 근거를 참조하여 시작된다.

5·18 집단트라우마와
피해자 재유형화

1. 새로운 진단 개념: 5·18 복합적 집단트라우마

1) 국가폭력 트라우마로서 5·18 트라우마

5·18 트라우마의 집단성과 복잡성을 헤아리기 위해선 어떤 개념이 필요한가? 앞서 말했듯, PTSD는 국가폭력 트라우마의 사회적이고 정치적인 차원을 개인적이고 의료적인 것으로 환원한다는 맹점이 있다. 또한 단일 사건을 기준으로 한 PTSD 진단기준은 5·18 트라우마가 지닌 장기성과 집단성을 설명하기에도 역부족이다. 반면 집단트라우마라는 개념은 사회학자 카이 T. 에릭슨[12]에 의해 처음 개념화되었고, 재난의 여파로 공동체에 장기간 손상을 입히고 이것이 개별적인 치유 과정에 끼친 어려움을 나타내기 위한 용례로 최근 널리 사용되고 있다. 하지만 이 글에서 사용하는 집단트라우마 개념

은 단지 개인이 입은 피해가―'개인들의 총합'으로서―'집단' 차원의 피해로 귀결되었다는 결과론적 용법을 넘어선다. 그 것은 외상적 사건의 집단적 경험과 의미화 과정이라는 발생론적 용법을 포함한다.

역사적으로 볼 때 홀로코스트의 경험과 기억은 이러한 계보의 집단트라우마 개념이 공적 영역에서 부상하게 된 시발점이다. 그리고 세계의 과거청산 과정에서 트라우마라는 쟁점은 사회, 문화, 군사, 산업, 법률, 과학, 의학사가 만나는 지점을 연결하면서 여러 복잡한 역사 문제를 들여다볼 수 있는 창窓으로 부상했다.[13] 외상 문제를 사회 이론의 중심부로 불러온 대표적인 이론가들은―'역사적 트라우마' 개념을 제안하며 정신분석적 역사학을 개척한 도미니크 라카프라[14]나 '집단적·문화적 트라우마' 개념을 제안하며 사회학적 정신분석을 주창한 제프리 알렉산더[15]는 모두―자아심리학의 개인주의적 접근과 실증주의적 방법의 한계를 비판한다는 점에서 유사한 문제의식을 공유한다.[16]

아울러 국가폭력 트라우마를 다룬 국내 연구 성과에 따르면 국가폭력 피해자가 처하게 되는 심리·사회적 환경은 사건마다 차이가 있지만, 일반적으로 다음과 같은 특성을 공유한다. 국가폭력 피해자는 ① 폭력적 외상 사건 이후 일상적인 격리·감시·통제의 환경에 놓이게 되고, ② 사회로부터의 낙인과 타자화를 겪으며, ③ 침묵의 공모에 의해 주변 공동체로부터 분리되며, ④ 가해 사건에 대한 진실규명의 과제는 정치적 역학관계에 의해 좌우되며, ⑤ 사회적 부정의에 대한 분노의

감정은 이를 풀어가는 사회적 활동과 연결된다.[17]

여기서 첨예한 쟁점은—국가폭력 일반이 아니라—5·18
이라는 이름의 국가폭력이 자행되었던 방식의 독특성에 있
다. 실제 1980년대 초반 5·18과 관련되어 전개된 국가폭력의
범주는 구타 등의 단순 물리적 폭력에서부터 집단학살에 준
하는 무차별 살상, 불법 감금(투옥, 연금), 자백을 받아내기 위
한 고문 등의 의도적 가학행위, 불공정 재판 및 불법적 형 집
행, 실종 및 의문사 등 사망에 대한 의도적 은폐와 허위 조작
등 가히 국가폭력의 범주를 거의 모두 담고 있다. 이러한 국가
폭력을 당한 피해자들은 모든 범주의 폭력 기제에 노출된 사
람들부터 한두 가지의 특수한 폭력에 깊이 노출된 사람들까
지 그 스펙트럼도 매우 다양하다.[18]

무엇보다 국가범죄라는 측면에서 5·18은 "1980년 5월"
"부당한 공권력 행사로 다수의 희생자와 피해자가 발생한" 일
회적인 사건에 그치지 않고,[19] 학살의 흔적을 은폐하기 위한
국가의 체계적이고 조직적인 부인denial과 연속적인 인권침해
를 파생시킨 사건이라는 점에 주목할 필요가 있다.[20] 이것이
단일 외상이 아닌 연속적인 사건 경험을 통해 누적된 복합 외
상으로 5·18 트라우마를 바라봐야 할 이유이며, 5·18에 대한
사회문화적 해석 체계와 제도적 청산 과정[21]에 관심을 기울여
야 할 이유다. 이러한 쟁점을 반영해 최근 연구 또한 진실 모
델의 반복된 좌절과 1990년 광주보상법 이후 진행된 '광주의
과거청산 방식'이 새롭게 유발한 트라우마나[22] 가해자의 불처
벌impunity이 5·18 피해자들의 트라우마에 미친 영향에 주목

하고 있다.[23]

2) 복합적 집단트라우마로서 5·18 트라우마

최근 국내외에서 제출된 국가폭력 트라우마에 대한 인문사회과학적 개념들 또한 중대한 인권침해 범죄가 발생시킨 외상의 집단적 성격과 사회문화적 변인, 또 장기적인 폭력 구조에서 재생산되는 외상의 복합적 성격에 주목하는 특징을 보인다. 이들 연구를 참고할 때, 5·18 집단트라우마는 ① 임상적/개인적 차원에서 보자면 단일 사건이 아닌 반복되는 외상 경험과 장기적인 폭력 구조 속에서 재생산되었기에 주디스 허먼이 주목했던 복합적 외상후스트레스Complex PTSD[24]의 성격을 지니며, ② 사회문화적 차원에서 보자면 5·18의 발생 당시부터 언론과 미디어 등을 통한 체계적인 사건의 왜곡과 부인, 집단적 오명과 같은 사회문화적 과정이 피해자들의 트라우마를 가중시켰기에 제프리 알렉산더가 말한 문화적 트라우마의 성격을 지니며, ③ 통시적 차원에서 보자면 사건을 직접 체험하지 않은 집단과 후세대에게 전승되는 특징을 보이기에 도미니크 라카프라가 개념화한 역사적 트라우마의 성격을 지닌다.

무엇보다 5·18 직후에도 이어졌던 인권침해와 국가폭력이 장기 지속되는 사회문화적 구조 안에서 개인과 가족이 겪은 국가폭력의 피해가 다시 사회 공동체에 영향을 미치고, 역으로 사회 공동체의 여러 수준에서(가족/지역사회/전체 국민) 피해가 복잡하게 상호 영향을 주고받으며 확대·재생산되었기에 5·18 트라우마는 복합적 집단트라우마의 성격을 지닌다고 판단된다. 이 개념은 5·18 집단트라우마의 집단성과 확산성, 동심원적 순환성과 장기성을 포착하는 데 유용하다.

이 개념을 제안한 논자들에 따르면 복합적 집단트라우마는 ① 집단적 외상과 복합적 외상이라는 두 가지 요소가 결합되어 나타나는데, ② 자기 자신, 가족, 공동체, 문화 등 다양한 생태계 수준의 상호작용을 수반한다는 점에서 항상 복합적인 성격을 지닌다.[25] ③ 특히 이들은 집단트라우마의 복잡성을 가중시키는 요소로서 트라우마가 수십 년에 걸쳐 "가정에서 at home" 누적적으로 (재)발생하고 재생산된다는 점을 강조한다.[26] 또한 ④ 복합적 집단트라우마는 다양한 행위자 수준에서 지속적인 공포와 취약성에 노출되는 특징을 보인다.

요컨대 복합적 집단트라우마CCT는 첫째, 사건 이후 좁게는 가족관계 내에서 넓게는 지역사회 차원에서 여러 층위와 집단 간에 상호작용하며 지속·누적·(재)생산된 사회적 트라우마이며, 둘째, 직접적 당사자만이 아니라 간접 경험자 그리고 이들의 이전/이후 세대를 통해 전승되는 역사적 트라우마로 정의할 수 있다. 이 개념은 일회적인 국가폭력 사건에 그치지 않고 사건 이후에도 조직적인 진실의 부인과 계속적인 인권침해, 부정의 속에서 재생산되었던 5·18 집단트라우마의 복합성과 역동성을 보다 개방적으로 탐구할 가능성을 제공한다.

2. 5·18 피해자 범주의 재유형화

요컨대 5·18 집단트라우마 피해는 동심원을 그리며 확장되는 특성을 지니고 있는바, 5·18 트라우마 피해자 유형 또한 직접적이고 현장에 소재한 피해자에서 간접적인 원격적인 피해자로 단계적으로 규정될 수 있다. 이와 관련된 인권법·의학·심리사회학적 연구 성과를 참조해 5·18 집단트라우마의 자장 안에 있는 피해자를 여섯 가지 범주로 추출해 재유형화하면 다음과 같다.

① 직접적 피해자

직접적 피해자는 사망자나 행방불명자를 제외하고 5·18로 인해 직접적이고 물리적인 피해를 입은 당사자들로,[27] 이제까지 5·18 관련법(들)과 정부의 지원책이 직접적인 피해자로 열거한 사람들(부상자, 상이자, 고문·가혹행위 피해자, 유죄 판결자, 구속자, 해직자, 성폭력 피해자)을 말한다. 이러한 직접적인 피해자들은 상당수 강도 높은 트라우마를 겪으며, 그중 극단적인 경우에는 자살을 시도하기도 했다.[28] 이들은 대체로 만성적이고 복합적인 트라우마에 노출되어 있다.

② 유가족 1세대 및 2세대

희생자의 유가족 1세대 및 2세대와 직접적 피해자의 가족 및 자녀를 두 번째 피해자 범주로 상정할 수 있다. 직계가족 및 법정 가족뿐만 아니라 사실상 동일 가계에 부양/피부양

관계로 속하는 사람들도 여기에 해당한다. (유)가족들의 트라우마는 세대 간에 전이를 보이거나 복합적인 역동dynamics을 지닐 수 있다. 홀로코스트와 같은 국가범죄 사례에서 '트라우마의 세대 전이' 현상은 2세대뿐 아니라 3세대에까지 나타나는 것으로 알려져 있지만, 현재 5·18 유공자 2세대들의 인구학적 규모는 제대로 파악조차 되지 않고 있다.

③ 일선대응인

일선대응인responders은 통상 재난 현장의 일선에서 관여하는 행위자들로, 현장에 가장 먼저 투입되거나 충격이 큰 외상 사건에 반복적으로 노출되기 때문에 정신건강이 취약한 직업군으로 분류된다. 5·18의 사례에서 사망자, 부상자 치료에 관여한 의사, 간호사 등의 의료인, 5·18항쟁에서 수습위원으로서 활동한 지역 명망가, 공무원, 성직자, 시신 수습자, 구급대원, 항쟁을 적극적으로 취재 보도한 기자 및 언론인 등이 그 예이다. 최근 소방관의 트라우마나 세월호 참사에서 구조활동이나 시신 수습에 관여한 활동가들의 트라우마에 대한 본격적인 연구가 시작되었다. 이러한 중간적 개입자들의 트라우마에 대한 고찰이 필요하다.

④ 목격자

목격자는 외상적 사건을 시청각적으로 목격하고 살아남은 생존자로서 목격한 사건에 대해 진술할 수 있는 잠재적인 증언자로서의 위상을 지닌다. 5·18 피해자로서 목격자는 몇 가지 유형으로 세분화할 수 있다. 첫째로, 참여적 목격자다. 이들은 실제 항쟁 과정과 대항적인 무력시위에 적극 참여했으나 앞의 피해자 유형에 해당하지 않은 사람들이다. 이들은 잠재적인 피해생존자로서 5·18의 공포감과 무력감, 생존자 죄책감을 공유할 수 있다. 둘째로, 우연적 목격자다. 이들은 항쟁에 적극적으로 동조하지는 않았으나 우연히 5·18 학살과 군대의 만행을 목격하면서 정신적 충격과 피해를 입은 사람들이다. 셋째, 광주 거주자로서 목격자 또는 현장 거주자들이다. 이들은 5·18항쟁 당시에 광주 지역의 거주자로 10여 일간의 시위 항쟁을 목격하거나, 피해 상황을 견문하거나 항쟁의 마지막 날 밤 가두방송을 청취한 사람들이다. 각 유형은 5·18 집단트라우마의 자장과 복합성을 이해하는 데 중요한 위상을 지닌다.

⑤ 지역사회 일원

앞의 네 가지 유형에 해당하지 않으나 광주·전남 지역을 연고로 하는 후속 세대나 지역사회 일원으로서 겪는 트라우마가 고려될 필요가 있다. 이는 광주라는 지역적 경계를 중심으로 자행되었던 5·18 학살과 집단적 오명, 이로 인한 집단 정체성의 형성과 긴밀한 연관을 맺고 있다. 동시에 1980년 당시 전남과 광주가 여러 측면에서 하나의 생활권이었음을 감안한다면, 광주 지역을 지역적 정체성의 일부로 수용하는 사람들은 지역 차별과 전라도의 위상에 민감하게 반응하는 방식으로 집단적 트라우마의 특성들을 공유할 수 있다.[29]

⑥ 사후노출자

사후노출자post-exposure person는 5·18 이후 다양한 매개를 통해 5·18의 실상과 대면한 사람들이다. 그리고 사후노출 피해자라 함은 5·18 당시에는 피해 상황을 알지 못하다가 사후에 인지하거나 5·18 이후에 출생하여 뒤늦게 5·18 학살의 진실규명 작업에 관여함으로써 심리적 피해를 입은 사람들을 일컫는다. 이들은 광주항쟁이 진압된 후 '광주의 진실'을 간접적으로 견문하고 삶의 경로가 바뀌면서 고통을 겪거나, 관련된 직업 영역에 종사함으로써 앞의 유형과 다른 경로로 5·18 트라우마에 노출될 수 있다.

요약하자면 기존 5·18 관련법에서는 원칙적으로 직접 피해자와 그 가족을 피해자로 상정하지만 본 연구에서는 위와 같은 모형과 범주에 따라 피해자 유형을 더 확장한다. 이에 따라 5·18의 피해 차원은 다음과 같이 구분할 수 있다. 우선 시간적 측면에서 5·18 피해는 원시적 피해와 후발적 피해로 구성된다. 예컨대 5·18 당시 개인의 생명과 신체 차원에서 발생한 원시적 피해는 그에 상응하는 정신적 피해를 수반할 뿐 아니라 5·18 피해자를 다루는 이후의 사회 과정에서 후발적 피해를 야기할 수 있다. 또한 이후 발생한 후발적 피해는 원시적 피해의 내용과 상호작용하며 여러 차원 및 층위의 피해를 강화할 수 있다.

피해의 주체라는 측면에서 개인 차원의 피해는 생명과 신체적 피해, 정신적 피해, 사회적(사회·정치·경제적) 층위의 피해로 나눌 수 있다. 이 같은 개인 차원의 피해는 여러 집단 차원의 피해와 상호작용할 수 있다. 예컨대 가족 차원에서 피해는 개인 차원에서의 피해가 가족관계에 미치는 악영향을 가리킨다. 사회적 차원의 피해는 그러한 개인이나 가족 차원의 피해가 국가, 사회, 지역공동체에 미치는 악영향을 가리킨다. 개인, 가족, 사회 차원의 피해는 서로 영향을 주고받으며 상호적으로 작동할 수 있다. 마찬가지로 정신적 층위에서 발현된 피해는 신체적 층위에 반작용할 수 있고, 사회적 층위의 피해와 상호작용할 수 있다.[30] 물론 사회적 차원의 피해는 사회와 개인의 관계성에서 상호적으로 작동한다. 이러한 설명은 복합적 집단트라우마의 다차원적·다층위적 작동 방식 또한 일정 정도 설명해준다.

연구방법론 및
인권기반 트라우마 진단기준

1. 5·18 집단트라우마 연구방법론

이상의 연구설계를 토대로 연구팀은 2020년 10월부터 2021년 5월까지 5개[31] 피해자 유형에 해당하는 연구참여자 50명(남성 30명, 여성 20명)에 대한 질적 사례연구를 진행했다.[32] 연구참여자의 구성과 특징을 도표로 요약하면 〈그림 1〉과 같다.

사례연구의 주된 과제는 각 피해자 범주별 트라우마 경험의 발생 기제와 유형적 특징을 인권의 관점에서 해명하는 것이다. 질적 사례연구를 위해 고안한 연구방법과 절차는 다음과 같다.

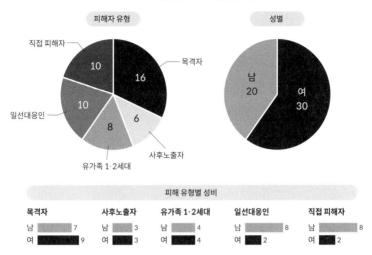

〈그림 1〉연구참여자의 유형별 성비

피해자 유형

- 직접 피해자 10
- 목격자 16
- 일선대응인 10
- 유가족 1·2세대 8
- 사후노출자 6

성별

- 남 20
- 여 30

피해 유형별 성비

목격자	사후노출자	유가족 1·2세대	일선대응인	직접 피해자
남 7	남 3	남 4	남 8	남 8
여 9	여 3	여 4	여 2	여 2

1) 5·18 구술증언집과 새로운 유형의 생애사 수집

주된 분석 자료는 5·18 구술증언집과 새롭게 수집된 생
애사 자료다. 그간 축적된 구술증언 자료는 5·18 참여자들이
겪은 ① 인권침해 항목을 추출하고 ② 이와 연관된 외상 경험
의 내용을 연결하여 집단트라우마의 발생 경로와 유형적 구
조를 판별할 기초자료가 될 수 있다. 이때 구술증언집의 분석
은 질적 내용 분석qualitative content analysis을 통해 이루어졌다.
질적 내용 분석은 "텍스트로부터 타당한 추론을 이끌어내기
위해 일단의 절차를 사용하는" 질적 자료 분석 방법으로서,[33]
사회과학 연구방법으로 시작되어 현재까지 심리학 등 다양한
분야에서 사용되고 있다. 특히 단어의 빈도수를 계량화하는

데만 몰두하는 양적 내용 분석과 달리 질적 내용 분석은 주어진 자료에 대한 총체적 이해를 바탕으로 하는 체계적인 분류 방법인 코딩 과정을 통해 내용의 패턴과 주제를 밝히는 연구 방법이라 할 수 있다.[34] 심층 텍스트 분석의 중심 원리인 가설 추론법abduction은 맥락적인 현상을 발견하는 과정에 정당성을 부여한다.[35]

하지만 기존에 생산된 구술증언집은 트라우마 연구를 목적으로 생산된 자료가 아니며, 연구자(기관)의 연구 목적 및 인터뷰 방식에 따라 구술 채록과 텍스트 생성 방식에 편차가 상당하다. 또한 대부분의 구술 자료는 구조화된 질문지에 따라 연구자가 묻고 구술자가 대답하는 질문-대답의 형식을 취하고 있어 서사구조가 훼손된 경우가 부지기수다. 더러 구술 생애사의 형식으로 기획된 증언집도 없지 않지만, 지나치게 축약된 편집은 5·18 생존자들의 중층적이고 연속적인 생애 경험과 서사를 읽어내기에는 한계가 있다. 무엇보다 기왕의 구술증언집은 직접적 피해자나 사회활동가들의 구술이 주를 이루고 있기에 새로운 피해자 유형의 생애사 수집이 불가피했다. 예컨대 유가족 2세대, 일선대응인, 목격자, 사후노출 피해자 유형이 그것이다.[36]

2) 서사적 인터뷰와 연구윤리 준수: 묻기에서 듣기로

구술생애사의 수집은 사건사 중심의 증언 채록 방식의 한계를 극복하고자 '묻기에서 듣기로' 강조점을 이동하여 연구참여자의 자유로운 생애 서술을 지원하는 서사적 인터뷰 narrative interview 혹은 개방형 인터뷰가 적합하다. 대부분의 외상적 기억은 언어화되어 있지 않고 전前 이야기적 상태에 있기에 피해자들의 외상 기억에 접근할 때는 구조화된 질문지가 아닌 서사의 힘narrative power을 극대화할 수 있는 개방형 인터뷰가 요청된다.[37]

한편 이러한 인터뷰 방법은 이전에 진행된 5·18 피해 실태조사 및 트라우마 관련 심리조사에 대한 연구참여자들의 회의와 반감, 협조 거부와 같은 윤리적 문제를 고려한 방법론적 고려이기도 했다.

3) 가추법을 통한 텍스트(트라우마 경로) 분석: 듣기에서 해석으로

당연한 얘기지만 구술 인터뷰와 채록이 곧 해석의 적실성을 담보하지는 않는다. 따라서 지금까지 발언하지 못한 목소리를 녹음하여 저장하는 것만이 아니라 그것을 해석하기 위해 부단한 노력을 기울여야 한다. 해석하지 않는 자료의 저장은 '제2의 침묵'을 제도화할 수 있기 때문이다.[38] 본 연구는 질적 연구방법론의 하나인 생애사 접근법biography approach과 근거이론 접근법grounded theory approach을 활용하여 피해자 유형별 트라우마의 발생 경로와 유형적 특징에 대한 질적 사례 연구를 진행했다.

두 질적 연구방법론의 공통된 강점은 ① 개인의 경험 이야기를 통해 사회구조와 과정을 탐구하며 인간 행위와 상호작용에 대한 통찰을 제공한다는 점, ② 자료data에 근거한 grounded 인과기제의 발견과 사회현실에 대한 이론 형성을 지향한다는 점, ③ 질적 연구의 이름으로 자칫 범할 수 있는 자의적인 해석 오류를 차단할 표준화된 연구 절차를 제공한다는 점, ④ 지속적인 비교를 통해 사례별 유형화로 나아간다는 점, ⑤ 질적 방법에 의해 수집된 자료만이 아니라 여러 방식으로 생산된 텍스트에 적용될 수 있다는 점이다.

4) 유형별 트라우마 분석: 패러다임 모형

다음 단계는 근거이론에서 발전한 분석 기법인 패러다임 모형을 통해 각 피해자 집단의 외상 경험(범주)과 주제를 통합하는 분석 모형을 제시하는 것이다. 패러다임 모형은 중심현상을 기본축으로 중심현상을 이끌어내는 조건(인과적, 맥락적, 중재적 조건), 중심현상이 발전해가는 작용/상호작용 전략과 결과 등의 틀로 이루어진다. 이러한 구조화(모형화) 작업을 통해 제도적 과거청산 이전과 과거청산 이후 집단트라우마의 경감에 개입하는 사회적 힘들을 추론해갈 수 있다. 요컨대 생애사 분석은 서사의 복원을 통해 변수들의 관계로 해체되지 않는 생애 경로life course 분석과 외상 과정trauma process 분석을 지원하고, 근거이론 분석은 각각의 고유한 생애사를 관통하는 인과적 조건과 유형 분석을 통해 이론화 작업을 지원한다. 따라서 수집된 생애사에 대한 질적 사례연구는 다음과 같은

<table>
<tr><td align="center">〈표 2〉 패러다임 모형의 구성</td></tr>
</table>

주요 개념	근거이론의 정의
인과적 조건 (causal condition)	원인이라 불리며, 대개 현상에 영향을 미치는 사건이나 조건, 일들을 의미
중심현상 (central phenomenon)	'여기서 어떤 현상이 발생하고 있는가'라는 질문에 대답하는 용어
맥락적 조건 (contextual condition)	중심현상에 영향을 미치는 구체적인 상황 인과적(중재적) 조건들에서 나오며 '왜 현상이 지속되는가'와 관련됨
중재적 조건 (interventioning condition)	원인적 조건이 현상에 미치는 영향을 경감시키면서 변화시키는 것. 주어진 상황이나 맥락적 영역에서 작용/상호작용 전략을 조절
작용/상호작용 전략 (action / interaction strategy)	행위자들이 마주치게 되는 상황, 문제, 쟁점을 다루는 방식. 중심현상에 대처하는 전략적 혹은 일상적 전술
결과 (consequence)	어떤 쟁점이나 문제에 대응하기 위해서 취해진 작용의 결과

순서로 진행되었다. 첫째, 생애사 방법론을 통해 트라우마의 발생 경로와 주요 범주들을 심층 분석한 후 둘째, 근거이론이 개발한 패러다임 모형을 유형별로 제시하여—왜 유사한 패턴의 트라우마가 이러한 방식으로 재생산되는지—각 피해자 유형별 트라우마의 조건과 중심현상 등을 체계적으로 비교하는 것으로 나아간다.

　　유형별 트라우마의 모형화와 비교 분석을 지원할 패러다임 모형의 구성 요소를 제시하면 〈표 2〉와 같다.[39]

구분	연구방법	연구작업
자료 수집	서사적 면접	생애사 서술을 지원하는 듣기

↓

자료 생성	녹취 기호 활용 녹취 작업	구술 녹취록

↓

사례 분석 & 재구성	텍스트 분석	구술증언집	질적 내용 분석
		생애사 텍스트	생애 경로 및 외상 과정 분석
		구술증언집 /생애사 텍스트	인권침해 & 트라우마 내용 분석

↑↓↑

	유형 재구성	사례 내 유형화와 패러다임 모형	유형별 공통점/차이점과 인과적 조건 분석
		사례 간 비교와 종합	사례 간 비교와 트라우마 유형의 분석적 함의

↓↓↓

제언	인권 기반 트라우마 진단기준 및 정책 제언

5) 사례 내·사례 간 비교와 종합

유형별 비교는 ① 사례 내 비교와 ② 사례 간 비교라는 두 차원을 아우른다. 비교를 통한 최종적인 유형화와 분석적 함의는 연구진의 지속적인 교차 토론을 통해 정교화되었다.

첨언하자면 이러한 혼합적이고 다단계적인 분석 방법을 지원하는 관점을 비판적 방법론적 다원주의라 부를 수 있다. 비판적 방법론적 다원주의는 비판적 실재론자인 버스 다

네마르크[40]와 그의 동료들이 개념화한 대안적인 혼합 방법론을 지시하며, 연구방법을 유연하게 결합해 개방적 현실을 탐구하는 방법론적 관점을 나타낸다. 여기서 '비판적'이라 함은 두 가지 의미를 포함한다. 먼저 ① 방법들의 비성찰적 사용에 반대한다는 의미에서 비판적이며 ② 비판적 실재론적인 존재론 개념에 근거한 방법론적 접근을 시사한다. 이는 특정한 방법론의 암묵적인 토대인 존재론에 무관심한 논리실증주의와 달리 존재론과 방법론의 긴밀한 연관에 주의를 기울이는 관점을 말한다. 이 연구의 맥락에서 이러한 관점은 인간의 고통을 야기한 사회적 힘과 사회적 조건을 발견하고 설명하기 위한 방법들의 유연한 결합을 추구한다. 이제까지 소개한 연구 과정과 연구 절차를 표로 나타내면 〈표 3〉과 같다.

2. 인권 기반 집단트라우마 진단기준

1) 세 가지 권리기준과 인권의 상호 불가분성

사례연구의 전 과정에서 연구팀은 5·18 집단트라우마의 발생과 재생산에 개입한 인권침해 요소를 판별하고 분석할 진단기준을 도출하는 작업에 심혈을 기울였다.

중대한 인권침해, 특히 국가 주도로 자행되는 중대한 인권침해는 다른 행위자들의 인권침해와 본질적으로 다르다. 국가는 관료제와 공권력에 기반해 매우 조직적이고, 체계적이며, 강력하고 광범위한 폭력을 행사하는데, 특히 이러한 폭력을 은폐하거나 정당화하는 구조적 폭력과 문화적 폭력을 함께 동원한다는 데 국가폭력/범죄의 심각성이 있다. 이에 따라 국가폭력 트라우마가 유발되는데, 국제사회는 이러한 중대한 인권침해 문제를 해결하기 위해 피해자의 권리를 규정하고 책임자의 의무를 강조함으로써 피해자의 권리회복과 유사 사례의 재발 방지를 위해 노력해왔다. 이는 크게 두 가지 방향으로 발전해왔다.

첫째, 기본적 인권의 보장이다. 이는 〈세계인권선언〉(1948)의 정초 이래, 〈시민·정치적 권리에 관한 국제규약〉(1966), 〈경제·사회·문화적 권리에 관한 국제규약〉(1966) 등을 비롯한 〈고문 및 그 밖에 잔혹한, 비인도적인 또는 굴욕적인 대우나 처벌의 방지에 관한 협약〉(1984), 〈강제실종으로부터 모든 사람을 보호하기 위한 협약〉(2006) 등 국제인권법과 국제인권조약 등을 통해 발전해왔다.[41] 또한 유엔인권이사회 Human Rights Council, 유엔조약 기구Treaty Bodies, 지역별 인권 보호 및 증진 체계를 두고 인권의 이행과 개선을 촉진해왔다.

둘째, 인권침해 사건의 주체로서 피해자의 권리 보장이다. 사건의 주체로서 피해자의 권리란 "피해자가 사건 해결의 전 과정에 주체로서 참여하여 사태에 대하여 입장을 표명하고 해법을 제안하고 그 이행을 감시하고 비판하는 공적 지위"를 갖는 것을 의미한다.[42] 이는 유엔총회 및 인권이사회에서 주요하게 채택된 〈국제인권법의 중대한 위반과 국제인도법의 심각한 위반의 피해자 구제와 배상에 대한 권리에 관한 기본원칙과 가이드라인〉(2005, 이하 〈피해자 권리장전〉),[43] 〈인권침해자의 불처벌에 대한 투쟁을 통해 인권을 보호하고 신장하기 위한 원칙들〉(1997, 〈불처벌 투쟁원칙〉)[44] 등에 의해 더욱 구체화되었으며, 이후 진실·정의·배상·재발 방지 보증에 관한 유엔특별보고관 보고서를 통해 수정·보완·향상되고 있다.

특히 〈피해자 권리장전〉은 지원 혹은 시혜적 차원에서 벗어나 인권의 관점에서 중대한 인권침해를 당한 피해자의 권리를 상세히 규정함으로써 피해자의 권리를 옹호한다. ① 정의에 대한 권리right to justice(제8장), ② 피해회복에 대한 권리 right to reparation(제9장) ③ 진실에 대한 권리right to know(제10장)와 이를 보장할 국가의 의무가 그 핵심이다.

좀 더 설명해보자면, 첫째, 정의에 대한 권리는 △재판에 대한 평등하고 효과적인 접근과 적절한 지원 △피해자와 가족, 증인들의 사생활 보호와 안전 △개별적인 접근을 넘어선 집단적인 배상 절차의 마련 등의 내용으로 구성된다.

둘째, 피해회복에 대한 권리는 크게 △원상회복 △금전배상 △재활 △만족 △재발 방지 보증으로 구성된다. 이때 원상회복은 자유, 인권, 정체성, 고용. 재산 반환 등 중대한 인권침해 발생 이전 상황으로의 회복을 의미한다. 금전 배상은 신체적·정신적 장애, 기회의 상실, 물질적 손해와 소득의 상실, 정신적 고통, 등에 든 비용에 대한 금전적인 피해 배상을 뜻한다. 재활은 의료적·심리학적·법률적·사회적 서비스를 포함한다. 만족satisfaction이 가장 포괄적인데, 지속적인 침해의 중단을 겨냥한 효과적인 조치, 사실의 검증과 진실의 완전한 공개,

피해자 등의 존엄·명예·권리 회복에 대한 공식적인 선언 또는 사법적 결정, 사실의 인정 및 공식적인 사과, 책임 있는 자들에 대한 사법적·행정적 제재, 피해자에 대한 기념과 헌사 등을 포괄한다.

셋째, 진실에 대한 권리는 인권침해의 원인 및 조건에 대한 정보 접근과 알 권리의 보장을 요구한다.

여기서 강조해두어야 할 점은, 인권은 그 정의상 본디 관계론적relational 개념이라는 것이다. 세대별 인권이 발전하는 경로도 결코 직선적인 과정이 아니었던 것처럼, 서로 다른 종류의 권리라 해도 서로 간의 관계 속에서 참된 의미를 지닐 수 있다. 따라서 사회학적 관점으로 인권을 탐구한다는 것은 인권을 서로 연결된 권리들의 총체로 보는 관계적 비전을 의미하고, 권리가 국가와 사회와 지역사회 공동체 내에 깊이 뿌리를 내리고 있는 실체임을 의미한다.[45] 이 같은 인권의 관계성과 상호성을 고려할 때, 각각의 권리 항목은 상호 불가분적이며 상호 의존적이라는 특징을 갖는다. 예를 들어 생명, 안전, 신체의 자유를 위협하는 공격, 가혹행위, 고문 등의 폭력 경험은 생명권과 안전권, 신체의 자유의 침해인 동시에 노동권과 건강권의 위협을 수반한다. 마찬가지로 인권은 사람들 사이in-between의 권리라는 점에서도 본원적인 관계성을 지닌다. 따라서 어떠한 인권침해 사건이 미친 영향을 파악하기 위해서는 피해자에게 미친 종합적 영향과 맥락을 함께 고려할 필요가 있다. 각각의 인권 기준이 보장하는 대표적인 권리 항목을 요약하면 〈표 4〉와 같다.

〈표 4〉 피해자 인권 관련 국제인권협약 및 유엔 문서 주요 내용

위상	명칭	피해자 권리 핵심 내용	채택/ 국내 효력
국제 인권 규범	시민·정치적 권리에 관한 국제규약	2조: 생명권 3조: 고문 비인도적 굴욕적 취급의 금지 4조: 노예 예속상태의 금지 9조: 자의적인 체포와 억류로부터의 자유를 포함한 신체의 자유와 안전에 대한 권리 10조: 자유를 박탈당한 사람이 인도적으로, 인간의 고유한 존엄성을 존중하여 취급받을 권리 17조: 사생활, 가정, 주거 또는 통신에 대하여 자의적이거나 불법적인 간섭을 받거나 명예와 신용에 대한 불법적인 비난을 받지 아니할 권리 18조: 사상, 양심 및 종교의 자유 19조: 의견과 표현의 자유 23조: 혼인하고 가정을 구성할 권리	1966 / 1990
	경제·사회· 문화적 권리에 관한 국제규약	6조: 노동으로 생계를 영위할 권리를 포함하는 근로의 권리 9조: 사회보험을 포함한 사회보장을 향유할 권리 10조: 가정에 대한 보호와 지원, 자유로이 성립되는 혼인, 모성 보호, 어린이와 연소자에 대한 보호와 지원 11조: 적당한 식량, 의복 및 주택을 포함하여 적당한 생활수준을 누릴 권리와 생활조건을 지속적으로 개선할 권리 12조: 도달 가능한 최고 수준의 신체적, 정신적 건강을 누릴 권리 13조: 교육에 대한 권리	1966 / 1990
유엔총회, 인권이사회 및 인권위원회 결의	피해자 권리장전	10조: 인도적이고 존엄에 기초한 피해자 처우 11조: 평등하고 효과적인 재판 접근, 적절하고 효과적이고 즉각적인 배상, 위반 행위와 배상에 관한 정보 접근권 12조: 국내외 효과적인 사법적 구제 수단에 대한 권리 18조: 중대성 및 비례성에 근거한 배상 19조: 자유의 회복, 인권, 정체성, 가정생활, 시민권의 향유, 원래 거주지로 복귀, 고용 회복, 재산 반환 등의 원상회복에 대한 권리 20조: 신체적 또는 정신적 장애, 고용 및 교육 등 기회 상실, 물질적 손해와 잠재적 소득의 상실, 정신적 고통, 법적 또는 심리적·사회적 서비스 및 전문가 원조에 대한 금전적 피해 보상에 대한 권리 21조: 의료적·심리학적, 법률적·사회적 재활 조치	2005

위상	명칭	피해자 권리 핵심 내용	채택/ 국내 효력
유엔총회, 인권이사회 및 인권위원회 결의	피해자 권리장전	22조: 진실의 완전한 공개, 지속적인 침해의 중단, 사실의 인정과 공식적 사과, 책임자에 대한 사법적· 행정적 제제, 피해자에 대한 기념과 헌사 등 만족에 대한 권리 23조: 법률의 재검토, 관련 업무 종사자 등에 대한 인권교육 등을 통한 재발 방지 24조: 인권침해의 원인 및 조건에 대한 정보 접근 및 알 권리	2005
	불처벌 투쟁 원칙	17조: 집단적 권리로서 알 권리의 보장 18조: 특별사법위원회의 설립 및 인권침해 기록에 관한 보존 26조: 공정하고 효과적인 구제책과 가해자들에 대한 재판의 권리 40조: 배상에 대한 개인적, 집단적 권리 41조: 피해자가 입은 모든 피해에 대한 배상의 권리 42조: 국가의 공식적 인정을 통한 상징적 회복 조치	1997

2) 인권 기반 5·18 트라우마 진단기준

이상의 인권 문서와 각 피해자 집단별 사례연구 결과에
기반해 연구팀은 '인권 기반 5·18 트라우마 진단기준'을 정교
화했다. 이를 미리 제시하자면 〈표 5〉와 같다. 이 표는 각 피해
자 유형별 인권침해 경험과 트라우마 경험을 교차 분석한 결
과를 크게 세 가지 상위 인권 기준(권리장전)과 10개의 권리 항
목으로 나누고 개인적/가족적/사회적 차원의 피해 및 신체적/
정신적/사회적 차원의 피해와 연결하여 종합한 것이다.[46]

역사적으로 볼 때 각각의 인권침해는 연속적이며 거의
동시적으로 자행되기도 하지만, 자유권·평등권·사회권과 같

은 기본권의 차원과 인권침해 피해자의 고유한 권리는 분석적이고 논리적인 수준에서는 구분될 수 있다.[47] 요컨대 연구팀은 5·18 피해자가 경험한 구체적인 인권침해 항목을 시민·정치적 권리(생명권, 안전권, 사생활권) 및 평등권, 경제·사회·문화적 권리(교육권, 노동권, 돌봄의 권리), 인권침해 피해자의 권리(피해회복의 권리, 진실의 권리, 정의의 권리) 등 3개 범주로 나누어 각 피해자 유형별 집단트라우마의 발현 양상을 살펴보았다.

그 구체적 내용을 직접적 피해자, 유가족 1세대와 2세대, 일선대응인, 목격자, 사후노출자의 순서로 살펴보기로 하자. 각 장에서 상술된 연구 결과는 모두 동일한 방법과 절차에 의해 진행되었지만, 각 유형에 대한 사례연구를 진행한 집필자의 강조점에 따라 자율적인 구성을 취하고 있다는 점을 미리 밝힌다.

범주	세부 권리	근거	인권침해 항목	피해의 차원	복합적 집단 트라우마
시민· 정치적 권리 및 평등권	생명권	UDHR 3 ICCPR 6	무차별적인 학살과 폭력을 당했다. 생명을 위협당했다.	**개인적 피해:** - 생명과 신체적 피해 (사망, 상해, 장애, 건강 악화) - 심리적·정신적 피해 (정신적 후유증, 복합 트라우마, 의존증과 중독의 심화, 성격장애, 자살/자해) - 사회경제적 피해 (사회적 피해와 호환됨) ↕ **가족적 피해:** - 가족관계의 악화 또는 해체 (가정불화, 가정폭력, 학대, 방임, 별거, 이혼, 세대 단절, 트라우마 전이)	공포와 재경험, 침습과 회피, 모욕감/수치심, 가해자에 대한 속박, 보복에 몰두, 정체성의 장해, 망각과 회피, 언설의 어려움
	안전권	UDHR 3,5,9,18 ICCPR 7,9,10,18 CAT CRC 37	강제 연행당했다. 체포 또는 구금·구속되었다. 구타, (성)폭행, 고문 및 가혹행위를 당했다. 협박, 욕설, 폭언 등을 들었다. 누군가를 가해하는 행동을 강요받았다. 모욕적이거나 굴욕적인 처우를 받거나 행위를 강요받았다. 신념의 포기, 개조를 강요당했다.		
	사생활권	UDHR 12 ICCPR 17	감시와 사찰을 당했다.		
	평등권 (차별받지 않을 권리)	UDHR 2 ICCPR 2 ICESCR 2	폭도, 빨갱이, 간첩으로 매도되었다. 특권, 시혜 집단으로 매도되었다. 광주 출신이라는 이유로 부당한 낙인과 차별을 경험했다. 가족 상황으로 인해 차별을 받았다.		부인과 낙인, 집단적 오명, 빨갱이 콤플렉스, 광주 사람이라는 피해의식, 가족 트라우마
경제· 사회· 문화적 권리	교육권	UDHR 26 ICESCR 13	학습권을 침해받고 휴교 조치를 경험했다. 학업, 학교생활에 불이익을 받았다 퇴학했다.		단절과 고립, 자기 비난과 절망감, 친밀성의 장해, 가족 트라우마 (고통의 세대 전이)
	노동권	UDHR 23 ICESCR 6, 7	진로 및 직업선택의 자유를 박탈당했다. 취업, 고용, 승진에 불이익을 받았다. 해직 및 해고를 당했다.		
	돌봄의 권리	UDHR 25 ICESCR 10 CRC 6,16, 18~20, 31	보호와 돌봄의 권리를 침해받았다. 발전과 발달의 권리를 침해받았다.		

범주	세부 권리	근거	인권침해 항목	피해의 차원	복합적 집단 트라우마
인권침해 피해자의 권리	피해 회복의 권리	IBRV 10~11, 15~23 CRC 39	시신을 수습하고 애도하는 것을 방해받았다. 피해 사실을 부정당했다. 피해에 대한 원상복구를 받지 못했다. 피해에 대한 가해자의 책임을 부정당했다. 고용 및 교육의 기회 상실, 물질적 손해와 잠재적 소득의 상실, 정신적 고통 등에 대한 원상회복, 배·보상의 권리를 보장받지 못했다. 의료적, 심리학적, 법률적, 사회적 재활조치를 보장받지 못했다.	↕ **사회적 피해:** - 사회경제적 피해 (신원조회로 인한 불이익, 해고/실업, 노동권 침해와 취업차별, 사회자본의 상실) - 사회정치적 피해 (시민권 침해, 연좌제 효과, 사회적 낙인) - 사회문화적 피해 (집단적 오명/지역 차별, 공동체 반목과 분열)	상실과 울분, 지연된 애도, 살아남은 자의 슬픔, 무망과 비참함, 보상 환상/울분
	진실의 권리	IBRV 22, 24	진실이 완전히 공개되지 않았다 표현의 자유를 억압당했다 진실을 알리다 처벌받았다 알권리를 억압당했다 왜곡된 (언론)보도를 접했다 진실을 부인당했다 피해자집단에 대한 비하와 혐오를 경험했다		말할 수 없음, 침묵의 공모, 단절과 고립, 분노와 울분, 공동체 반목
	정의의 권리	IBRV 11, 12~14, 22	사실에 대한 인정과 공식적인 사과를 받지 못했다 책임자에 대한 사법적 처벌과 행정적 제재가 제대로 이루어지지 않았다 사법적 구제 수단을 제공받지 못했다		5·18에 대한 속박, 분노와 두려움, 누적된 무력감, 불신과 회피

※ UDHR: 세계인권선언, CRC: 유엔아동권리협약, ICESCR: 경제·사회·문화적 권리에 관한 국제규약,
ICCPR: 시민·정치적 권리에 관한 국제규약, IBRV: 국제인권법의 중대한 위반과 국제인도법의 심각한
위반의 피해자 구제와 배상에 대한 권리에 관한 기본원칙과 가이드라인

1 1부의 글은 《민주주의와 인권》 제21권 3호와 《경제와 사회》 제130호에
  실린 내용을 축약·재구성한 것이다.

2 본 연구에서 '피해(victims)'란 인권침해가 유발한
  신체적·정신적·사회적 피해의 차원을 아우르며, '트라우마'는 정신적
  외상을 뜻하는 것으로 정신적 피해와 호환될 수 있는 개념으로
  사용한다. 즉 이 글에서 트라우마는 정신적 피해 또는 정신적 후유증의
  한 형태이지만, 여러 다른 층위의 피해(신체적·사회적 피해 및 후유증)와
  상호작용하는 발현적 속성(emergent property)과 인과적 힘(causal
  power)을 지닌다. 또한, 이 같은 개인 차원의 신체적·정신적·사회적
  피해는 여러 집단 차원(가족·지역사회·국가/민족)의 피해와 교직하며
  상호작용할 수 있다(김명희, 〈5·18 집단트라우마 연구방법론과 새로운
  진단기준: 과거청산의 과학사회학을 향하여〉, 《경제와 사회》 130, 2021,
  362쪽).

3 Tami Amanda Jacoby, "A Theory of Victimhood: Politics, Conflict
  and the Construction of Victim-based Identity", *Millennium* 43(2),
  2015, p.517.

4 이재승, 〈피해자 권리의 시각에서 5·18 학살 피해자와 피해의 법적
  재범주화〉, 앞의 책.

5 노영기, 〈'5·18항쟁과 군대'에 관한 연구와 전망〉, 《민주주의와 인권》
  5(1), 2005, 57~61쪽.

6 안진, 〈5·18항쟁기 여성 피해 진상규명의 과제: 성폭력 피해를
  중심으로〉, 앞의 책, 99~157쪽.; 김형주, 〈5·18, 광주 일원에서의
  연행·구금 양상과 효과: 계엄군의 연행·구금이 지역민 및 일선
  행정기관에 미친 영향을 중심으로〉, 《기억과 전망》 43, 118~165쪽.

7 국제형사재판소규정 2002년 7월 1일 발효(조약 제1619호)에 따르면
  '인도에 반한 죄'는 "민간인 주민에 대한 광범위하거나 체계적인 공격의
  일부로서 그 공격에 대한 인식을 가지고" 자행된 "살해, 국제법의
  근본원칙을 위반한 구금 또는 신체적 자유의 다른 심각한 박탈, 고문,
  강간 여타 중대한 성폭력, 사람들의 강제실종, 신체 또는 정신적, 육체적
  건강에 대하여 중대한 고통이나 심각한 피해를 고의적으로 야기하는
  여타 비인도적 행위"들을 의미한다.

8 이재승, 〈피해자 권리의 시각에서 5·18 학살 피해자와 피해의 법적

재범주화〉, 앞의 책.

9   같은 글.

10   또한 2010년에 작성된 〈인도에 반한 범죄의 처벌협약 초안〉은 〈피해자 권리장전〉의 주요한 보상 원리를 그대로 반영하고 있으며, 〈고문 및 그 밖의 잔혹한, 비인도적인 또는 굴욕적인 대우나 처벌의 방지에 관한 협약(고문방지협약)〉(1984)도 이러한 고려를 광범위하게 반영하고 있다(이재승, 〈피해자 권리의 시각에서 5·18 학살 피해자와 피해의 법적 재범주화〉, 앞의 책).

11   미국정신의학회, 《간편 정신장애진단통계편람: DSM-IV-TR》, 강진령 옮김, 학지사, 2008, 167쪽.

12   Kai T. Erikson, *Everything in its path: Destruction of Buffalo Creek*, Simon & Schuster, 1976.

13   제프리 K. 올릭, 《기억의 지도: 집단기억은 인류의 역사와 사회, 그리고 정치를 어떻게 뒤바꿔놓았나?》, 강경이 옮김, 옥당, 2011.; 디디에 파생·리샤르 레스만, 《트라우마의 제국》.

14   Dominick LaCapra, *History in Transit: Experience, Identity, Critical Theory*, Cornell University Press, 2004.

15   제프리 알렉산더, 《사회적 삶의 의미: 문화사회학》, 박선웅 옮김, 한울, 2004.

16   김명희, 《통합적 인간과학의 가능성: 맑스와 뒤르케임의 실재론적 귀환》, 한울아카데미, 2017, 519쪽.

17   광주트라우마센터, 《2013 5·18 관련자 등 국가폭력 생존자 재활 성과 보고서》, 2013, 18쪽.

18   평화박물관, 《광주 트라우마센터 설립을 위한 기초 연구》, 2012.

19   2021년 1월 5일 개정된 '5·18민주화운동 진상규명을 위한 특별법'(법률 제17886호) 제2조(정의)에서는 "5·18민주화운동"을 "1980년 5월 광주 관련 지역에서 일어난 시위에 대하여 군부 등에 의한 헌정질서 파괴 범죄와 부당한 공권력 행사로 다수의 희생자와 피해자가 발생한 사건"으로 정의하고 있다(국가법령센터, 2021년 4월 21일 접속).

20   이 점에서 5·18 국가폭력을 내란죄나 헌정질서 파괴죄로 규정하는 것은 5·18 당시의 인권침해(원시적 피해)를 포함하지 못할 뿐만 아니라 5·18 이후 현재까지 진행되어온 후속적인 피해(후발적인 피해)에 대해서는 어떠한 통찰도 제공하지 못한다. 이에 비하여 국가범죄나 국가폭력은 완전한 진실규명과 책임 이행이 이루어지기 전까지 사후 은폐와 억압, 후속적인 피해도 통상 포함하므로 내란죄나 헌정질서 파괴죄와 같은 관념보다 유용하다. 물론 국제법적 측면에서는 '인도에 반한 죄(crimes

against humanity)'라는 개념틀을 병용함으로써 5·18 국가폭력이 일회적인 사건이 아니라 장기적으로 지속되는 파급적인 사건이라는 점을 분명히 할 수 있다(이재승, 〈피해자 권리의 시각에서 5·18 학살 피해자와 피해의 법적 재범주화〉, 앞의 책, 46쪽).

21 최정기, 〈과거청산에서의 기억 전쟁과 이행기 정의의 난점들: 광주민주화운동 관련 보상과 피해자의 트라우마 중심으로〉, 앞의 책, 3~22쪽.

22 강은숙, 〈'5·18 사람'으로 살아간다는 것: 5·18 시민군 기동타격대원의 생애사〉, 김동춘·김명희 외,《트라우마로 읽는 대한민국: 한국전쟁에서 쌍용차까지》, 역사비평사, 2014, 81~114쪽.; 김명희, 〈5·18 자살의 계보학: 치유되지 않은 5월〉, 앞의 책, 78~115쪽.

23 김석웅, 〈국가폭력 가해자 불처벌이 유가족의 심리상태에 미치는 영향: 5·18민주화운동을 중심으로〉,《민주주의와 인권》19(2), 2019, 37~73쪽.

24 Judith L. Herman, *Trauma and recovery: The Aftermath of Violence from Domestic Abuse to Political Terror.* 이러한 관점에서 5·18 트라우마는 국가폭력의 지속적인 효과가 장기적으로 누적되었기에 a) '누적된 트라우마 장애(Cumulative Trauma Disorder, CTD)'의 성격과 b) 개인이 속한 사회·문화적 환경에 의해 트라우마가 발생하는 '체계 트라우마(system trauma)' c) 이를 통해 개인의 정체성에 심각한 손상이 발생되는 '정체성 트라우마(identity trauma)'의 특성을 공유한다. 이는 국가폭력, 아동폭력, 가정폭력, 난민 경험, 고문 등 반복되는 대인 폭력으로 인한 트라우마를 이해할 통찰을 제공한다.

25 Rony Berger, "An Ecological Community-Based Approach for Dealing with Traumatic Stress", Ibid., pp.513~526.; Michal Shamai, *Systemic interventions for collective and national trauma: Theory, practice, and evaluation*, Routledge, 2016.

26 Chaya Possick et al., "Complex Collective Trauma Following a Terror Attack in a Small Community: A Systemic Analysis of Community Voices and Psychosocial Interventions", Ibid., p.241.

27 5·18진상규명법에서 희생자와 피해자의 구분에 대해서는 〈표 1〉을 참조하라.

28 앞서 말했듯 직접적 피해자 유형은 일정한 국면과 계기에서 새로이 피해자로 출현하기도 한다.

29 즉 지역사회 일원의 집단트라우마는 현장 거주자들의 집단트라우마로 환원되지 않는 전승 메커니즘과 발생적 과정을 경유할 수 있다는 점에서 이들의 집단트라우마에 대한 후속 고찰이 요청된다.

30 트라우마를 둘러싼 신체-정신-사회적 층위의 상호작용은 공시 발현적
   힘의 유물론(synchronic emergent powers materialism, SEPM)의
   관점에서 좀 더 타당하게 이해될 수 있다. 공시 발현적 힘의 유물론은
   정신/물질 이원론과 환원주의적 유물론을 논박하기 위한 개념화다.
   이는 정신이 물질(신체)의 발현적 힘이며, 물질(신체) 없이 정신이
   발생한다는 것이 아니라 물질(신체)로 환원될 수 없다는 견해이다.
   발현적 힘을 인정하는 유물론의 관점에서 정신-신체-사회적 층위는
   서로를 전제하며 각 층위가 보유한 인과적 힘은 상대적 자율성을 지니고
   동시에(공시적으로) 발현될 수 있다(김명희, 《통합적 인간과학의
   가능성: 맑스와 뒤르케임의 실재론적 귀환》, 148~151쪽).
31 실제 표본조사는 앞 장에서 설계한 6개 피해자 유형 중 '광주·전남
   지역사회 일원'을 제외한 나머지 5개 피해자 유형을 중심으로
   진행되었다. 이 유형은 목격자 유형 중 '광주 거주자로서의 목격자'의
   특성에서 일정 정도 발생 메커니즘을 발견할 수 있기 때문이기도
   하지만, 그 대상이 광범위하여 별도의 방법론을 적용한 조사가 연구의
   엄밀성과 효율성을 높일 수 있다고 판단했기 때문이다.
32 5·18 집단트라우마 연구방법론에 관한 상세한 논의는 김명희,
   〈5·18 집단트라우마 연구방법론과 새로운 진단기준: 과거청산의
   과학사회학을 향하여〉, 앞의 책, 347~391쪽.
33 Robert Weber, *Basic Content Analysis*, Sage, 1985.
34 최성호·정정훈·정상원, 〈질적 내용 분석의 개념과 절차〉, 《질적탐구》
   2(1), 2016, 129~132쪽. 특히 현상학적 해석학의 전통에서 발전한 심층
   텍스트 분석 방법이 기존 구술증언집을 활용한 질적 내용 분석 방법으로
   활용될 수 있다.
35 가설추론 분석은 가설을 생성하기 위한 추론 방식을 의미하는 것으로 한
   종류의 사실로부터 다른 종류의 사실을 추리하는 사유 작용을 일컫는다.
   이는 경험연구의 바깥으로부터 선험적으로 세워진 가설을 연역적으로
   증명하거나 혹은 개별적인 사실로부터 일반적 가설을 구성하는 귀납적
   방식이 아니라, 현재 관찰된 사실로부터 다른 새로운 사실을 추론하는
   논증 방식을 말한다. 이희영, 〈텍스트의 '세계' 해석과 비판사회과학적
   함의: 구술 자료의 채록에서 텍스트의 해석으로〉, 《경제와 사회》 91,
   2011, 103~142쪽.
36 국가폭력 피해자 재유형화에 기초해 집단트라우마 연구방법론을
   개발하는 작업에 주안점을 둔 본 연구의 경우 구술생애사의 표집은
   이론적 표집(theoretical sampling) 방법에 따랐다. 이론적 표집은 질적
   연구방법론 중 하나인 근거이론(grounded theory)이 강조하는 표집

방법으로 연구자(들)가 가지고 있는 연구에 대한 기본 개념에 근거해
표본을 추출하는 것을 말한다. Berth Danemark et al., Explaining
Society: An Introduction to Critical Realism in the Social Sciences,
Routledge, 2001.

37 김명희, 〈외상의 사회적 구성: 한국전쟁 유가족들의 '가족 트라우마'와
복합적 과거청산〉, 앞의 책, 311~352쪽. 구술생애사 인터뷰를 통해
수집된 자료는 연구팀이 정한 녹취 기호를 활용해 동일한 양식에 따라
구술 녹취록 텍스트로 만들어졌다.

38 이희영, 〈텍스트의 '세계' 해석과 비판사회과학적 함의: 구술 자료의
채록에서 텍스트의 해석으로〉, 앞의 책, 107쪽.

39 존 W. 크레스웰 등에 의해 정교화된 패러다임 모형은 본디 축코딩의
절차로서 스트라우스 학파의 핵심이다. 이는 개방 코딩 이후 범주
주변에 대한 심화된 분석으로 범주 간 관계를 만드는 일련의 분석
과정을 의미한다.

40 Berth Danemark et al., Explaining Society: An Introduction to Critical
Realism in the Social Sciences, 2001.

41 인권 정전의 표준으로 거론되는 위 세 문헌은 유엔 인권 규범의
제정자들이 이른바 〈국제 인권 장전(International Bill of Human
Righs, IBHR)〉을 이루는 세 기둥으로 규정한 문헌이다. 이 중 후자의 두
규약, 즉 〈자유권 규약〉과 〈사회권 규약〉은 인권의 공통 원칙으로부터
만들어졌지만 각기 다른 범주의 인권을 발전시키기 위해 고안되었다.
18세기 이후 생겨난 개인의 자유주의적 관념에서 발전한 〈자유권
규약〉은 개인들을 위한 보호 권리 또는 '소극적 권리'를 다루고, 독일
바이마르 헌법의 제정 등 사회주의 체제의 성립을 기초로 발전한
〈사회권 규약〉은 개인들을 위한 수급 권리 또는 '적극적 권리'를 다룬다.
이러한 역사를 반영하여 인권의 세대별 분류 방식은 '자유'를 증진하는
1세대 시민적·정치적 권리, '평등'을 추진하는 2세대 경제적·사회적
권리, 그리고 개인, 집단, 공동체 사이의 '연대'를 추진하는 3세대 집단적
권리로 구분된다. 앞의 두 권리가 개인들에게 보장하는 권리라면,
제3세대 인권은 연대와 문화의 문제를 재조명하는 집단적이고, 따라서
개인과 국가의 관계를 넘어선 삶의 측면과 관련된다. Lisa Butler and
Filomena Critelli, "Traumatic Experience, Human Rights Violations,
and Their Intersection", Ibid., p.359.

42 이재승, 〈인권의 시각에서 본 세월호 사건〉, 김종엽 외, 《세월호 이후의
사회과학》, 그린비, 2016, 348쪽.

43 이는 일명 〈피해자 권리장전(the international bill of rights of

victims)〉이나 '반보벤-바시오우니 원칙(the van Boven-Bassiouni Principles)'으로 불리기도 한다.

44 이 원칙은 현 인권이사회(구 유엔 경제사회이사회 산하 인권소위원회)에서 최종 채택되었다.

45 마크 프레초, 《인권사회학의 도전》, 조효제 옮김, 교양인, 2020. 211쪽.

46 이상의 내용은 일부 중복되는 권리 항목을 최소화하여 추출한 것이며, 추후 진행될 발견적 작업과 이론적·경험적 재구성에 열려 있다는 점을 밝힌다.

47 상세한 내용은 5·18민주화운동 진상규명조사위원회·경상국립대학교 산학협력단, 《5·18민주화운동 피해자 등의 집단트라우마에 대한 심리·사회학적 표본조사 연구 결과보고서》, 2021, 282~287쪽의 '[표 VI-3] 5·18 피해자 인권침해와 트라우마: 유형별 종합'을 참고하라.

2부

피해자 유형별 집단트라우마

허울 좋은 보상과 훼손된 과거청산:
5·18 직접적 피해자의 인권침해 경험과 트라우마[1]

유 해 정

성공회대 사회과학연구소 연구위원, 인권연구소 '창' 연구활동가. 저항하는 이들의 목소리가 우리를 보다 나은 세상으로 인도할 것이라 믿으며, 이들의 말을 기록하고, 재난 참사, 인권, 국가폭력 등의 분야를 연구해오고 있다. 《밀양을 살다》《숫자가 된 사람들》《재난을 묻다》《나는 숨지 않는다》《말의 세계에 감금된 것들》《당신의 말이 역사가 되도록》등을 함께 썼다.

처음 만난 5·18은 5살 남짓한 꼬마가 상복을 입고 퀭한 눈으로 아버지의 영정을 들고 있는 사진이었다. 나란히 내걸린 사진들 속 풍경들—곤봉을 휘두르는 진압군과 피 흘리는 시민, 그리고 진격 중인 탱크에 마음이 덜컹 내려앉았다. 오월의 햇살 아래 코딩된 수십 장의 사진들이 빨래처럼, 때론 깃발처럼 교정에 휘날렸다. 오전 11시에 비가 오면 단성사, 3시에 비가 오면 주점…… 땡땡이야말로 새내기의 특권이라 외치며 데모는 운동권의 일이라 눈길도 안 주던 내가 몇 년간 "전노학살자 처벌, 5·18 특별법 제정"을 외치며 최루탄 자욱한 아스팔트를 내달렸던 건 그날의 사진들 때문이었다. 졸업 후 평범한 직장이 아닌 인권단체로 향했던 발걸음엔 5·18을 기점으로 눈뜬 한국 현대사에 대한 부채감도 실려 있었다.

20대 초반 접한 생경했던 인권의 언어는 동일한 사건이라도 다른 관점에서 조망할 수 있게 해준다는 점에서 여전히, 매력적이다. 이는 5·18에도 동일한 효과를 발휘했다. 민주화운동 혹은 변혁운동의 부문 운동을 넘어 고유한 독립적 지위를 갖게 된 인권운동은, 5·18을 국가가 자행한 '중대한 인권침해serious human rights violations'[2] 사건이자, 동시에 중대한 인권침해에 저항한 시민들의 직접행동으로 규정했다.

주목할 점은 인권 개념이 낯설던 1980년대였음에도 5·18을 경험하거나 목도한, 혹은 기억하는 수많은 사람들에게 5·18은 인권의 문제로 직관적으로 인식되었다는 사실이다. 일례로 '5·18부상자동지회'는 1982년 창립총회에서 부상자들의 명예와 인간다운 생활을 할 권리를 지키기 위해 투쟁하겠노

라 천명했다.[3]

시간이 흘러 인권이 보편화·대중화되고, 5·18에 대한 과거청산이 주요한 사회적 의제로 부상하면서 인권은 5·18민주화운동에 참여했던 이들의 저항정신을 상징하는 개념으로 부각되었다. 1998년 이래로 5·18기념행사에서 인권은 늘 중요한 의제로 제시되어왔고,[4] 5·18 관련 다양한 법제에서도 인권은 민주주의, 평화와 함께 5·18민주화운동의 핵심 가치로 규정되기에 이르렀다.

1. 인권과 5·18

그러나 5·18과 인권의 연관성에도 불구하고 인권적 관점에서 5·18을 조망하려는 학문적 시도는 별다른 진전을 이루지 못했다.[5] 5·18이 민주주의와 같은 추상적 가치보다는 인간 존엄성의 파괴를 목격한 민중의 인간 존엄성과 공동체를 수호하고자 했던 항거라는 주장[6]이 무색하게, 5·18이 왜 중대한 인권침해 사건인지에 대한 체계적인 분석과 고찰은 물론, 5·18을 인권적 관점에서 어떻게 조망할 수 있는지에 대한 탐구 역시 미흡했다. 이러한 경향은 5·18 피해자의 고통과 트라우마를 주제로 한 연구에서도 유사하게 확인할 수 있다.

5.18 트라우마에 대한 의료적, 심리학적 접근은 인권침해에 따른 피해를 개별화된 신체적, 정신적 피해에 한정하거나 직접적 침해와 피해에 제한함으로써 정치·경제·사회·문화적

차원에서 야기되는 고통은 물론이고 재현과 전승을 통해 상처받은 이들을 소외시키거나 배제하기도 한다. 이에 대한 성찰로 2010년 이후 심리학적이고 의학적인 접근과 양적 조사 관행을 넘어, 사회적 과정의 원인에 주목하는 일련의 학문적 흐름이 만들어져왔다.[7] 특히 이들 연구는 5·18 과거청산의 문제를 제기하며 변화된 정치적 지형 속에서 새로운 인권침해가 발생하여 트라우마가 변형되고, (재)생산되었을 가능성에 주목해왔다.

필자는 이러한 성과를 계승하면서도, 인권의 관점에 기반해 5·18 직접적 피해자에게 가해진 인권침해와 그로 인한 트라우마를 조망하며 한 발 더 나가보고자 한다. 즉 인권의 관점에 기반해 5·18 트라우마를 고찰한다. 국제사회가 보편적으로 수용하고 있는 〈피해자 권리장전〉은 직접적 피해자가 경험해온 인권침해, 특히 보상 중심의 과거청산에 따른 현재진행형의 인권침해와 트라우마를 살펴보는 데 좋은 길잡이가 될 것이다. 5·18은 철저한 진실규명에 입각한 진실모델truth commission model, 가해자 처벌을 통한 사법적 정의에 기반한 정의모델justice model과 달리, 진실은 미흡하고 가해자의 책임은 묻지 않은 채 경제적 보상을 중심으로 청산이 진행된 사례이기 때문이다.[8]

한편 인권에 기반한 5·18 트라우마 접근은 5·18을 넘어 시대적 과제인 중대한 과거사와 그 피해자들에 대한 주목이기도 하다. 일제강점기, 분단체제, 한국전쟁, 군사독재 그리고 민주화 이행기에 이르기까지 한국사회에서는 매우 다양한 형태의 국가범죄/폭력이 발생해왔다.[9] 그리고 이의 해결을 요구하는 열망은 다양한 과거사 법제와 각종 위원회의 출범 및 활동으로 이어져왔다.[10] 특히 2005년과 2020년 두 차례에 걸쳐 '진실·화해를 위한 과거사정리 기본법'이 제정된 바 있는데, 2021년 활동을 시작한 2기 '진실·화해를 위한 과거사정리 위원회'는 과거사 청산의 새로운 마중물의 역할을 기대받고 있다. 여기에 제정 21년 만에 전면 개정된 4·3특별법은 진상조사, 피해회복, 명예회복에 있어 진일보한 조치를 거둘 것으로 전망된다.[11]

이러한 국면에서 대표적인 국가범죄이자 과거청산 과제인 5·18에 대한 검토는 과거청산 및 피해자 피해회복의 측면에서 유의미한 작업이 될 것이다.

2. 직접적 피해자의 삶

1) 생애사 인터뷰를 통해 바라본 직접적 피해자의 삶

일반적으로 직접적 피해자란 생명과 신체, 재산 등에 직접적인 피해를 입은 당사자들을 의미한다. 2018년 현재 집계된 5·18민주화운동의 직접적 피해자 수는 총 5,807명으로, 세부적으로는 상이자 3,642명, 연행·구금자 1,689명 등이다.[12] 하지만 양자의 경계는 명확하지 않으며 피해 역시 중첩적이다. 일례로 연행·구금·구속 과정에서 다수의 사람이 고문과 가혹행위를 경험하고, 상처를 입거나 상이를 경험했다. 하지만 5·18 보상 국면에서 피해가 중첩될 경우 둘 다 보상받을 수 없음에 따라 피해자를 상이자와 연행·구금자로 구분해 기표하는 분위기가 형성됐다. 또한, 연행·구금자보다 상이자가 더 많은 보상금을 받을 가능성이 커짐에 따라 상이자로 자신을 기표한 피해자가 많았다.[13] 한편 성폭력 피해는 사회적 차원의 젠더 감수성이 신장됨에 따라 성폭력이 새로운 직접적 피해 범주로 가시화되면서 2018년 이후 새롭게 집계되기 시작했다. 현재 집계된 피해 건수는 17건으로, 이는 2018년 국가인권위·여성부·국방부 등 3개 기관으로 구성된 '5·18 계엄군 등 성폭력 공동조사단'을 통해 파악된 규모다.

　인권에 기반한 5·18 트라우마 접근을 위해 필자는 여성 2명, 남성 5명 등 총 7명의 직접적 피해자를 만나 구술생애사 인터뷰를 진행했다.[14] 이들은 모두 5·18민주화운동 참여자로 당시 연행과 구금을 경험했는데, 그중 일부는 유죄 선고를 받고 복역한 경험이 있다. 또한, 7명 모두 보상을 받았다는 공통점이 있다. 이들의 삶에 대한 이해를 돕기 위해 7명의 생애경험을 5·18을 중심으로 간단히 정리해보았다.

　우선 박인애(63세)씨는 전남 광주에서 유복한 가정의 셋째 딸로 태어났다. 대학생이던 1980년 5월 한 남학생이 눈앞에서 총을 맞고 쓰러지는 모습을 목격한 후 가두방송을 시작했다. 그리고 5월 27일 도청에서 계엄군에 의해 무자비한 폭행을 당한 후 체포, 연행됐다. 이후 1년의 형을 선고받고 복역하던 중 형집행정지로 석방되었고, 2년간의 병원 생활 후 첫

사랑과 결혼해 광주를 떠났다. 박인애씨는 여자, 폭도, 전과자라는 낙인이 두려워 20년 넘게 타지에서 가명을 쓰며 생활했다. 또한, 5·18 당시 폭력을 당한 경험으로 만성적인 두통과 요통, 불면증과 악몽 등에 40여 년간 시달려왔는데 이에 따라 장손 며느리에게 부과된 역할을 제대로 수행하지 못해 시댁 및 남편과 오랜 시간 갈등해왔다. 1987년 사면 복권됐고, 1990년에 복학해 대학을 졸업했다. 5·18 참여 사실을 오랫동안 함구해오다 최근 들어 피해 사실을 증언하고 관련 활동을 시작했는데 여기에는 5·18에 대한 심각한 사회적 부인과 왜곡이 중요한 작용을 했다.

천희순(61세)씨는 전남에서 유복자로 태어났다. 가난한 형편에 무학으로, 어린 나이에 노동을 시작했으며 스무 살에 결혼해 광주에 정착했다. 퇴근길에 5·18을 목격하곤 시민군에 합류, 5월 27일 새벽 도청을 지키다 계엄군에게 붙잡혀 석방될 때까지 40여 일간 무자비한 가혹행위를 당했다. 폭력과 고문에 대한 두려움으로 석방 직후부터 경찰과 군인을 피해 고향 마을 산속에 숨어 지내기를 반복했는데, 40년이 지난 지금도 군인이나 경찰차를 보면 무의식적으로 피한다. 당시 가혹행위로 한쪽 청력을 상실했으며, 현재도 이명과 환청, 잦은 악몽에 시달리고 있다. 또한 당시 허리 부상으로 인해 노동능력이 상실되면서 제대로 된 직업조차 갖지 못했는데, 현재도 일용직 노동자로 간간이 살아가고 있다. 한때는 이런 삶을 비관해 자살을 시도한 바 있다. 한편 천희순씨는 계엄군에게 당했던 폭력에 "한풀이" "복수"라도 하듯 어린 자녀들과 부인에게 오랜 시간 폭력을 행사해왔는데, 이에 부인이 자살을 시도하기도 했다. 자녀들이 성장하면서 현재는 가족들과 사실상 관계가 단절된 상태다. 두려움에 5·18 참여 및 피해 사실을 30년 넘게 함구해왔으며, 2010년 중반 광주트라우마센터를 알게 되면서 사회적 신뢰를 점차 회복하는 중이다.

김길자(79세)씨는 전남 광주에서 6남매 중 넷째로 태어났다. 한국전쟁 때 아버지를 여의고, 큰오빠의 진보정당 활동으로 가정이 평탄치 않았다. 초등학교 졸업 후 방직공장에서 일하다 중매로 결혼했는데, 5·18 당시에는 딸 하나를 둔 채 남편과 별거 중이었다. 김길자씨는 도청 앞에서 5·18 관련 연설을 종종 들은 바 있는데, 5월 27일 도청 진압 소식을 듣고 시장통에서 광주 시민이 봉기해 싸울 것을 호소하다 간첩 신고로 연행돼, 상무대에서 석 달간 모진 고초를 겪었다. 석방 직후 남편과 이혼했으며, 남편이 양육하기로 한 딸을 오랜 기간 만나지 못했다. 이후 반평생을 혼자 살면서 담양 등지에서 장사를 하며 야당의 정치활동을 후원·지지해왔다. 5·18을 부인하는 세력만큼이나 5·18을 자원화하고 특권화하는 사람들에 대한 분노가 크다.

김호익(63세)씨는 전남 광주에서 9남매 중 일곱째로 태어났다. 가난 때문에 초등학교만 겨우 졸업해 양복 기술을 배웠으며, 스무 살에 결혼해 부인과 나란히 양복점과 양장점을 운영했다. 5·18 당시 계엄군의 폭력을 목격하곤 시위에 동참했다. 하지만 시위 과정에서 붙잡혀 무자비한 폭행을 당했으며, 석방 후 폭행 후유증으로 긴 시간 일을 하지 못하면서 경제적으로 큰 어려움을 경험했다. 5·18에 대한 사회적 침묵에 환멸을 느껴 광주 본적을 정리하고 타지로 이주해 살다, 경제적 문제로 부인과 이혼했다. 어머니와 함께 어린 두 자녀를 키웠는데, 두 자녀와의 사이는 좋다. 1990년대 들어 다시 광주로 이주해 5·18 피해자 단체를 오가기 시작했지만, 5·18을 자원화하고 권력화한 사람들에게 큰 배신감을 느껴 현재는 5·18 피해자 단체와 인연을 끊고 살아가고 있다.

이상용(73세)씨는 전남 화순에서 4남매 중 둘째로 태어났다. "쌀밥은 먹을 정도"의 형편이었지만 공부가 적성에 맞지 않아 중학교를 중퇴했다. 페인트공으로 화순과 광주를 오가다 공수부대의 폭행 장면을 목격하곤 시민군에 합류했다. 특히 화순에서 광주로의 다이너마이트 운송을 맡았는데, 이 사실이 발각되어 내란음모죄로 4년을 선고받고 21개월을 복역했다. 석방 직후부터 5·18화순동지회를 결성하고 민주화운동을 시작했으며, 2001년 뇌경색이 오기까지 20년간 활동했다. 5·18 전과자란 이유로 심각한 반대에 부딪혀 결혼 생활에 우여곡절이 많았고, 민주화운동에 투신하느냐 가족을 제대로 돌보지 못해 가족들과의 사이도 좋지 못하다. 전두환을 비롯해 자신을 고문했던 형사들은 명예롭게 은퇴해 안락한 생활을 유지하고 있는 것에 대한 울분에 한때 자살을 생각할 만큼 힘든 시기를 보냈다. 5·18 유공자에 대한 합당한 대우에 관심이 많다.

김선우(65세)씨는 전남 순천에서 5남매 중 둘째로 태어났다. 중학교 졸업 후 객지 생활을 하다 결혼해 광주에 정착했다. 5·18 당시 관광일을 하던 김선우씨는 외지에서 언론을 통해 광주 폭동 소식을 접하곤 가족 걱정에 광주로 잠입하다 정반대의 5·18을 목격했다. 이후 시민군에 합류했으며 5월 27일 총을 들고 도청을 사수하다 체포돼 45일간 무자비한 폭력을 당했다. 석방 이후 몇 년간 후유증으로 고생했는데, 부인이 동네 곗돈을 들고 집을 나가면서 사실상 이혼 상태가 됐다. 이후 서울에서 어린 두 자녀를 본인이 양육하다 고향에 내려오면서는 어머니가 맡아서 키웠는데 성인이 된 두 자녀와는 현재 10여 년 넘게 연락이 끊긴 상태다. 5·18을 통해 사회에 눈뜨면서 민주연합청년동지회 사무장으로 활동한 바 있으며, 순천에 5·18부상자회를 만들어 오랜 기간 5·18 문제 해결에 앞장서왔다.

최은호(62)씨는 전남 나주에서 3남매 중 막내로 태어났다. 5·18 당시 전남대에 재학 중이었으며, 5월 18일 시위 도중 연행됐다. 당시 큰형은 전투경찰로 차출돼 도청 앞 보초를 맡았는데, 최은호씨는 경찰에, 형은 시민군에 붙잡혀 서로 다른 위치에서 5·18을 경험했다. 대학 졸업 후 지역신문 기자 등으로 일하다 5·18 제도화 국면에서 창설된 피해자 지원 단체에서 활동을 시작했다. 5·18 공법 단체 추진에 관심이 많다.

2) 인터뷰에서 드러난 생애사적 특징

생애사 인터뷰는 이들이 경험해온 삶의 서사를 듣기 위한 접근법일 뿐 아니라 이들이 무엇을, 어떻게 말했는가를 들기 위한 도구이기도 하다. 따라서 이들이 왜 말하기를 시도했는가, 무엇을 어떻게 말했는가, 5·18 당시와 그 이후를 어떻게 경험했고 그것에 대해 어떻게 말하는가는 매우 중요한 문제이다.

① 발화의 맥락: 5·18에 대한 증언과 인정투쟁 사이

첫째, 모든 인터뷰이는 살아온 생애 이야기를 들려달라는 요청에 5·18부터 이야기를 시작했다. 이는 인터뷰이들의 삶에서 5·18이 지닌 상징적 위치를 보여주는 증거로 여겨졌다. 모든 인터뷰이의 생애에서 5·18은 삶을 극적으로 변화시킨 생애사적 전환점이자 현재의 삶과도 절대 분리될 수 없는 사건사적 위치를 점하고 있기 때문이다.

둘째, 모든 인터뷰이는 본 인터뷰를 사회적 증언이자 인정투쟁의 맥락에서 수용했다. 인터뷰이들은 공통으로 5·18에 대해 말하고 싶지 않다고 말했다. 여전히 고통스럽기 때문이다. 그런데도 5·18에 대한 일종의 사명감 때문에 인터뷰에 응했는데, 특히 5·18을 왜곡하고 폄하하는 정치 세력에 깊은 우려를 표하며 5·18의 진실과 숭고한 희생을 널리 알리는 증언의 기회로 인터뷰를 의미 부여했다. 또한, 인터뷰이들은 직접적 피해자에 대한 사회적 인식과 제도 개선을 희망했다. 인터뷰 중에 언급했던 '유공자 대우'라는 표현에는 이러한 바람이 압축되어 있다.

셋째, 모든 인터뷰이는 보상과 관련해 매우 소극적으로 말하는 경향을 보였다. 인터뷰이들은 5·18 과거청산 및 제도화에 대해 비판하고 불만을 토로하는 과정에서 전두환으로 대표되는 처벌되지 않은 가해자, 행방불명자로 상징되는 미완의 진상규명 피해자, 지만원으로 표상되는 5·18 왜곡 세력 등에 대해서는 먼저 이야기를 꺼내기도 하고 이야기를 확장했던 것과 달리 보상 신청과 보상금에 대해서는 먼저 이야기를 꺼내지 않았다. 몇 번의 세부적인 질문을 던졌을 때에야 비로소 전체 윤곽을 확인할 수 있는 식으로 이야기를 구성하는 태도를 보이기도 했다. 말한 것보다는 말하지 않은 것이 더 많은 것을 말해준다는 점에서 적극적인 해석이 필요한 대목이다.

② 5·18 당시의 경험: 참여, 피해, 고통

첫째, 다수의 인터뷰이는 5·18을 만나 사회와 정치에 눈을 떴다. 학생운동에 참여해왔던 한 명을 제외한 6명은 모두 '소시민'적 일상을 살아가던 이들로 우연히 5·18의 국가폭력을 목격하게 되었다. 그리고 무자비한 계엄군의 폭력에 대한 분노와 불의에 대한 저항으로 시위에 동참했다. 사회와 정치에 별다른 관심이 없던 이들이 계엄군에 맞서 죽음을 불사하는 용기를 발휘할 수 있었던 데에는 광주 시민들이 결정적 계기를 제공했다. 당시 광주 시민들은 자발적으로 주먹밥을 만들어 나눠주었고, 위험을 무릅쓰고 시위 참여자들을 숨겨주었으며, 스스로 치안을 유지하면서 이상적인 도덕적 공동체를 구현했다. 당시 희생당하거나 부상, 구금된 사람을 넘어 광주 시민 전체가 '피해자'이자 '유공자'라는 인식은 바로 이러한 경험에 근거했다. 5·18 직후 광주에 형성된 침묵의 카르텔이나 참여자에 대한 사회적 오명에 대한 배신감 역시 이러한 이상적 공동체 경험에 뿌리를 둔다.

둘째, 모두 5·18에 참여했다는 이유로 야만적 국가폭력을 경험했으며, 연행돼 고초를 겪었다. 이들은 연행 당시부터 무차별적인 폭력과 구타를 경험했으며, 일부는 그 과정에서 정신을 잃기도 했다. 이후 상무대와 경찰서 등에 구금된 대다수 인터뷰이는 조사 과정에서도 잔인한 폭력과 가혹행위에 노출되었는데, 당시 심각한 생명의 위협과 공포를 느꼈다. 당시의 폭력은 회복할 수 없는 부상과 트라우마를 야기했는데, 이는 경제·사회·문화적 측면에서 인터뷰이들의 인생에 무시할 수 없는 난관으로 작동해왔다.

③ 5·18 이후의 경험: 은둔/비판/저항, 갈등, 좌절

첫째, 다수의 인터뷰이는 5·18 직후 사회적 고립을 경험했으며 이를 해결하기 위해 다양한 생애 전략을 구사해왔다. 인터뷰이들은 5·18에 함구했던 살벌한 사회 분위기와 침묵의 카르텔을 체험했다. 또한 폭도, 빨갱이, 간첩이라는 오명과 사회적 낙인 속에서 사회적으로 고립되는 경험을 하기도 했다. 인터뷰이들은 이러한 사회적 분위기 속에서 크게 세 가지 유형화된 형태로 삶에 대응하고 때론 저항해왔다. 일부 참여자(박인애, 천희순)는 석방 직후부터 매우 오랜 시간 동안 공포와 두려움 속에서 함구하고 망각하려 애써왔는데, 2010년 이후 5·18에 대해서 말하기 시작했다는 공통점이 있다. 또 다른 참여자들(김길자, 김호익)은 5·18과 거리를 유지하려 애쓰며 살아왔다. 두려움에 따른 의도적 회피보다는 사회적 침묵에 분노하며 광주와 물리적 거리를 형성했다면, 과거청산 과정에서는 "밥그릇 싸움 감투싸움만 하고" "사리사욕을 채우"는 5·18 피해자 단체에 대한 환멸로 심리적 거리를 유지하며 생활해왔다. 반면 5·18 직후부터 5·18의 아픔과 진실에 대해 증언하고 진상을 밝히기 위해 노력해왔던 인터뷰이들(이상용, 김선우)도 있다. 이들의 활동은 특히 1990년대 중반, 과거창산의 기틀을 마련하는 과정까지 두드러지는 양상을 보인다. 이렇듯 직접적 피해자들은 은둔자의 삶을 살거나, 비판자로서 생활하거나, 투쟁하는 저항자로서 생애 전략을 구사해왔다.

둘째, 인터뷰이들은 5·18에 따른 피해와 고통이 부부관계는 물론 자녀 세대에게까지 확장되고 전이되는 경험을 해왔다. 가족의 해체는 이의 심각성을 잘 보여주는데, 7명의 인터뷰이 중 5명은 5·18 피해 경험이 가족 갈등의 직접적이고 주요한 원인이 되어 이혼 혹은 별거 상태에 이르렀다. 이들은 폭력 경험에 따른 부상과 충격, 그에 따른 후유증으로 배우자, 부모, 자식 역할을 수행하는 데 어려움을 겪었다. 특히 남성의 경우 노동능력이 저하되거나 상실됨으로써 경제적 가장으로서의 책임을 다하지 못한 것이 갈등의 중요한 원인이 되었다. 이는 보상 국면에서도 별반 달라지지 않았는데, 학력이 낮고 빈곤할수록 더욱 심각한 양상을 보였다. 또한 가정폭력과 성격 변화, 5·18 참여 경험에 따른 사회적 불이익 등도 가정 내 불화의 큰 원인이 되었으며, 이로 인해 관계가 단절된 사례도 있었다. 따라서 다수의 인터뷰이 가족들은 5·18에 대해 매우 부정적인 정서를 갖게 되어, 가족 내에서 5·18은 주요한 금기어가 되었다.

셋째, 따라서 모든 인터뷰이에게 5·18은 자랑스러운 경험이지만, 동시에 삶의 굴레라는 양면성을 갖는다. 민주주의와 인권의 진전에 기여했지만 유공자 대우는커녕 "양아치"라는 손가락질을 받으면서 빈곤계층으로 전락한 현실에 깊이 분노하고 있었다. 가해자가 제대로 처벌받지 않고 "떵떵거리며 잘사는" 현실과 계속되는 5·18 왜곡과 폄하, 일부 세력의 5·18 특권화는 분노의 무게를 더했다. 인터뷰이들은 5·18 경험에 따른 고통은 죽는 순간까지 계속될 것이라면서도 5·18의 진실을 밝히는 것은 희생자의 영혼과 유가족의 안식뿐만 아니라 자신들의 평온에도 매우 중요한 일이라고 생각하고 있었다. 이는 죽은 자에 대한 살아남은 자의 도리이자, 5·18에 대한 왜곡과 폄하를 근절하는 방안이자, 명예회복의 핵심이기 때문이다.

3) 직접적 피해자들의 생애 경로의 구조적 특징

인터뷰이들의 5·18 경험과 이후의 삶에서 드러난 특징을 종합할 때, 1980년에서 2000년대에 이르는 직접적 피해자들의 생애 경로는 △피해자-은둔자(박인애, 천희순) △피해자-비판자(김길자, 김호익) △피해자-저항자(이상용, 김선우, 최은호)로 유형화할 수 있다. 이때 각 범주의 경계는 고정적이라기보다

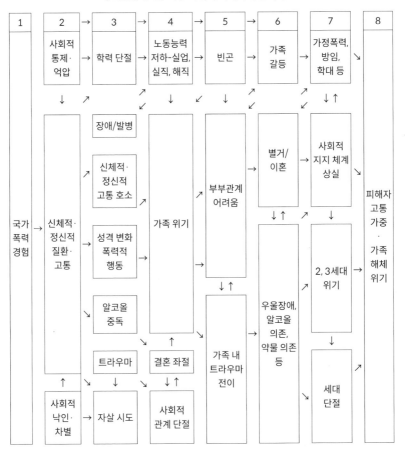

〈그림 1〉 5·18 이후 직접적 피해자의 생애 경로

유동적이며 상호 중첩적이다. 그러나 5·18 이후 어떠한 생애 전략을 구사해왔는지와 무관하게 인터뷰이들은 매우 유사한 생애 경로를 형성했다. 생애 경로의 구조적 특징을 도식화하면 〈그림 1〉과 같다.

삶의 배경과 걸어온 여정이 다른데도 이처럼 생애 경로

가 구조적으로 유사한 것은 두 가지 이유 때문이다.

첫째, 모든 인터뷰이를 비롯한 직접적 피해자들은 5·18 당시 매우 야만적인 국가폭력에 노출되어 심각하게 생명과 안전, 신체의 자유를 위협당하는 경험을 했는데, 이것은 생애 전반을 관통하는 다양하고 중첩적인 피해의 근원이자 공포와 분노에 뿌리를 둔 트라우마의 근원이 되었다. 생명과 안전, 신체의 자유는 인간의 원초적 토대이자 인권의 가장 기초적 전제라는 점에서 이에 대한 침해는 매우 심각하고 위중한 인권 침해 상황이 발생했음을 의미한다. 생과 사의 경계에서 '겨우' 목숨을 부지한 직접적 피해자들은 당시의 인권침해 경험으로 인해 건강권을 심각하게 침해당했으며, 이는 생에 전반에 걸쳐 노동권과 생존권을 훼손하고 침해하는 악순환을 초래했다. 또한 당시의 인권침해는 이들의 행동과 관계에도 부정적인 영향을 미쳤는데 이로 인해 이들의 혼인권을 비롯한 가족구성권, 재생산권이 매우 심각히 침해됐으며, 이는 평생에 걸친 심리적 상흔이 되었다. 더불어 감시와 사찰을 통한 사생활권의 침해와 함께 사회적인 차별을 경험하면서 교육권과 평등권, 직업선택의 자유도 훼손되는 경험을 해왔다. 이들이 경험한 인권침해는 △개인적 차원에서 완화하거나 해결할 수 없는 직접적이고, 문화적이며, 구조적인 폭력이었으며, △복합적인 상호작용을 통해 다양한 층위의 피해와 고통을 양산했으며 △가족과 자녀 세대에게까지 전이되고 재생산되는 양상을 보였다.

둘째, 5·18 과거청산 과정은 5·18 국가폭력 경험에 따른 고통과 피해를 치유하거나 회복할 수 있는 과정이 되지 못했다. 1990년대 이후 활발해진 과거청산을 통해 피해자들의 존엄이 회복되고 인권이 향상되며 트라우마가 치유되었을 거란 세간의 통념이나 예측과 달리 이들은 과거청산 과정에서 새롭게 발생한 인권침해까지 겪으면서 1980년부터 지금까지 지속적으로 인권이 유린당하는 경험을 해왔다. 이는 정의에 대한 권리, 피해회복에 대한 권리, 진실에 대한 권리가 온전히 보장되지 못했음을 보여준다. 이렇듯 피해자 권리에 대한 훼손은 인권침해를 양산하고 트라우마를 지속, 변형, (재)생산하는 중요한 기제로 작동해왔다. 아래서는 이 중에서도 피해회복의 가장 대표적 조치로 여겨지는 보상에 초점을 맞춰 인권침해와 트라우마를 살펴보려 한다.

3. 보상이 초래한 인권침해와 트라우마

1) 보상과 인권침해

1990년 제정된 '광주민주화운동 관련자 보상 등에 관한 법률'(일명 광주보상법)은 기간 연장과 심사 대상·결정 등의 목적으로 8차례 걸쳐 개정되었다. 그리고 1990년 1차 보상이 시작된 이래 2021년 7월 현재까지 8차에 걸친 보상이 이뤄졌다. 보상은 장해 정도에 따라 1급부터 14급까지, 등외 등급인 기타 1, 2급으로 구성됐다. 사망자는 평균 1억 원을 받았다. 상이자는 1억 원 미만이며, 연행·구금된 이들에게는 1,000만 원 내외의 보상금이 지급됐다. 개인별 최고는 3억 1,700만 원, 최저는 500만 원이다.[15]

기존에 발간된 구술증언 자료와 구술생애사 인터뷰에 기초할 때 보상을 둘러싼 직접적 피해자들의 반응은 크게 다섯 가지로 압축된다. 첫째, 처음에는 보상 신청을 기피했다. 아무 잘못 없이 당했던 5·18 경험은 보상 신청이 또 다른 불이익의 원인이 될까 하는 두려움을 자극했으며 이로 인해 보상 신청을 기피하는 분위기가 형성됐다. 여기에 5·18 피해자 신고 과정에서 동사무소로부터 "너무 많은 피해자들을 접수받으면 우리가 입장이 곤란해질 수도 있다"는 소리를 듣고 망설인 피해자도 있었다.[16] 둘째, 보상 신청과 수급이 희생자들을 팔아먹는 것 같다는 죄책감이 형성됐다. 살아남은 자로서의 죄책감은 금전적 보상을 거부하는 이유가 됐다. 셋째, 하지만 다수가 결국 보상 신청을 했는데 오래된 빈곤 상태에서 탈피하고자 하는 욕구가 가장 결정적인 이유였다. 5·18 이후 다수의 직접적 피해자들이 장애, 질병, 관련 후유증에 시달리는 삶을 살아오면서 지출은 큰 데 반해 수입은 없다 보니 먹고살기 위해서는 보상에 기댈 수밖에 없었다. 넷째, 1990년대 후반까지 보상이 피해에 대한 당연한 급부라고 인식했던 구술증언은 찾아보기 어려웠다. 자신과 가족의 신체적·정신적 고통 경험을 돈으로 환산해 보상받는 것은 불가능했기 때문이다. 따라서 직접적 피해자들은 보상은 명예회복의 일환으로 인식됐다. 다섯째, 그럼에도 금전적 보상은 삶의 조건 개선 및 명예회복은 물론이고 인권 증진에 긍정적 역할을 하지 못했다는 평가다. 오히려 새로운 인권 문제와 트라우마를 야기한 것으로 보인다.

그렇다면 왜 보상은 이들의 인권 향상과 트라우마 해소에 긍정적 역할을 하지 못했을까?

① 10년 넘은 피해 증명

첫째, 피해 증명의 문제다. 보상을 신청하기 위해서는 신체적·물리적 피해를 증명해야 했는데 5·18 당시에 구타와 가혹행위, 고문 등을 통해 신체적 부상을 입은 이들 중 상당수는 이를 증명할 서류가 부재했다.

> "벌써 오래돼버렸잖아요. 벌써 상처 다 아물어불고 진료 기록이 있는 것도 아니고. 나는 그때 당시에 거기서 나와가지고 침을 맞으러 다녀. 허리가 아파가지고 남평으로 병원도 많고 사람들도 많고 그래서 침이 좋다고 해서 침을 꾸준히 맞는데 노인이 이만한 침 데꼬 어떻게 쑤시는지 요놈 다 들어가더라고. (중략) 침 맞은 거가 힘들어서 안 갔어. 병원도 가기 싫어서 안 가고 아퍼도 안 아프다고 그러고." (최은호)

> "10년 15년 이상 흘러분 뒤에 진단서를 가져오라고 어디 만들 수가 있나? 한약으로 치료한 사람이 난 억울하단 말이여. 억울해. 남들은 조또 거짓말 안 하고 손가락 하나 까딱 안 하고 구경만 한 놈들도 억씩을 타묵고 그러는데."[17]

이는 단지 5·18 당일 시위에 참여했다 잡혀간 최은호씨, 석 달간 상무대에서 온갖 고초를 겪고 풀려난 정삼기씨만이 느낀 분노가 아니다. 당시에는 심각한 부상에도 불구하고 병원에 가서 진료를 받지 못하는 상황이 비일비재했다. "광주병원에도 공수부대원들이 들어오"는 상황이었고,[18] 무자비한 폭력을 경험했던 부상자들은 향후 발생할지 모를 불이익에 병원에 가서 치료를 받고 의무 기록을 남기는 것을 피했다. 상대적으로 양방보다는 한방이 여러모로 접근이 쉬웠던 점도 이유였다. 하지만 보상이 시작되자 당시 목숨을 부지하기 위해 회피하거나 돈이 없이 병원 문턱조차 넘지 못해 만져보지도 못했던 진단서가 결정적 증거로 작동하기 시작했다. 심각한 부상과 그에 따른 후유증에도 진단서가 없으면 억울함을 증명할 방법이 없었다. 즉 5·18에 적극적으로 참여하고 주도적인 역할을 했음에도 증명의 어려움으로 피해자로 인정받을 수가 없었다.

② 형식적인 피해 등급 검사

둘째, 전문가 주도로 진행된 형식적인 피해 등급 검사 역시 수용하기 어려웠다.

"우리가 신체검사를 받을 때 종합병원 과장들이 다 나와서 할 때 여가 아프다 그러면 이상이 없습니다 이거여. 아니 이 자식들아 우리가 아픈 사람들이 아픈디 느그들이. 종장에 뚜드러 패불고 난리가 났어요. 아픈 사람들이 아픈디 느

그가 어쭈고 아냐 이 말이여. 그래갖고 했어도 자기들끼리 전부 다 급수를 만들었어요."[19]

"내가 그때 다리가 아파갖고 절뚝절뚝 요렇게 허리 하고 그런다고. 검사도 안 해보고 말만 듣고 해불드만. 즈그들이 써불드만요. 의사들이 즈그 맘대로 실질적으로 거기서 한 것이 아니라 말만 본인이 이야기한 것만 듣고 대충 써불고. 이빨 빠지고 뭐……"[20]

직접적 피해자들이 느끼기에 피해 등급을 결정하는 의사들과 전문가들은 자신들이 겪고 있는 신체적 통증과 그로 인한 고통을 전혀 이해하지 못하는 것으로 보였다. 검진은 매우 형식적이었고, 등급이 정해지는 과정에서 피해자들의 의견은 반영되지 않았다. 검진과 등급이 중요했던 건 이것이 바로 보상금 액수와 이후 생계지원금을 결정하는 기준이었기 때문이다. 또한 검진 및 보상은 직접적 피해자들에게 단순한 금전적 수급 절차가 아니었다. 5·18 피해와 고통에 대한 사회적 인정을 획득하는 과정이었다. 하지만 현실에서 이러한 기대는 충족되지 못했다. 불만이 많았지만 많은 피해자가 검사와 보상 등급에 대한 이의제기를 시도하지 않았다. 이의제기 절차의 복잡성과 이의제기가 돈 몇 푼 더 받으려는 추접스러운 행위로 인식될 수 있다는 판단 때문이었다. 그리고 더 본질적으로는 국가에 의한 피해가 국가 주도로 규정되고 평가되었다는 사실에 대한 불편함, 그 사실을 알고 있음에도 보상 과정에 응하게 된 상황에 대한 서걱거림도 존재했다.

"등급이 낮게 나왔다고. 우리는 그래. 복잡하고 돈 좀 더 받
아서 뭐 하냐? 뭐 이런 생각이고 죽은 사람들도 있는데 보
상받는다고 민주화되는 것도 아니고……" (최은호)

③ 호프만식 계산법
셋째, 보상금 산정 기준은 고조된 불만을 증폭시켰다.

"우리가 그 당시에 일시불로 받았지만 노동 과정에서 55세
까지뿐에 안 받았잖아요. 우리가 그러면 우리는 55세까지
만 살고 그만두라는 지놈들이 그렇게 고놈을 갖고 하더라
도 55세 넘은 사람들은 거시기까지 해줘야 될 거 아닙니까?
그래야 유공자를 대단히 뭐이 될 거 아닙니까? 그란디 그런
것도 없이 지금 현실에 이 뭐 빛 좋은 개살구로 유공자 만들
었지 뭐이 있답니까?" (이상용)

"이, 이 아픈 걸 이거를, 이걸로 이런 쬐깐한 걸로 보상을 하
냐, 그런 식이죠. 내 몸도 제대로 아파가지고 있는데- 이런
거시기를 하냐 (중략) 그것은 너무…… 적은, 응? 돈으로 친
다면 적은, 아주 적은 거시기였죠. 그냥…… 약값에 치료뿐
이 겨우 안 돼, 보탬이 안 되는 거예요." (김호익)

보상은 5·18 "그 당시의 월급액·월실수액 또는 평균임금

에 노동력상실률 및 장래의 취업 가능 기간을 곱한 금액에서 법정이율에 의한 단리할인법으로 중간이자를 공제한 금액"으로 지급되었다. 즉 호프만식으로 계산되어 지급되었는데, 당시 5·18에 참여해 피해를 본 많은 이들이 학생이나 무직, 혹은 소득이 낮은 직업군에 종사했던 관계로 이를 기준으로 했을 때 상대적으로 많은 보상금을 받긴 어려웠다. 보상에서도 이전 신분, 직업 등 계급 불평등이 적용됐다. 이에 따라 5·18 이전에 존재했던 격차가 5·18 이후 더욱 크게 벌어지면서 기존에 존재했던 불평등이 강화됐다. 또한 피해 시점과 보상 시점의 간극이 최소 10년이라는 점을 감안할 때 화폐가치 하락과 물가 상승분이 고려되지 못했다. 그렇다 보니 지급된 보상금 액수에 불만을 갖게 되는 건 당연했다.

④ 좌절된 삶의 개선

결국 보상은 이들이 5·18 직후부터 경험해왔던 경제적 문제를 해결하고 삶을 개선하는 데 기여하지 못했다. 5·18 민주유공자를 대상으로 한 생활 실태조사 결과에 따르면, 3명 중 1명은 보상금이 경제적 상황 개선에 영향을 미치지 못했다고 응답했다.[21]

"그것도 80년 당시에 줬으면 그 돈 가지고 광주시에서 따뜻한 집 한 채라도 장만할 수 있는 돈인데 그것 니미 십몇 년 지난 뒤에사 고놈 주면서 그때 당시에 계속 다쳐가지고 통증으로 아퍼가지고 일험스러 뭣 함스러 먹고살기도 힘들고 한디 그것을 사후 치료비라고 준 거이라 이 말이여."[22]

"그 병원비, 치료비도 안 되지요. 지금 말해서 우리가 십몇 년 만에 그것을 받았는데 십 년, 십 년 만에 받았는데 그 솔직히 말해서 치료비도 치료비지만은 그 생계를 유지를 못한 것하고 또 우리가 직장을 들어갔겠습니까? (중략) 정보과 형사들이 우리를 감시하고 있는데 어디 직장에 들어가서 밥벌이를 하겠습니까? 누가 또 폭도라고 또 직장에서 받아주지도 안 하고요. 그란디 그 생활을 했는데 그것이 무슨 보상이가 되고 뭔 거시기가 되겠쇼. 생계유지가 안 돼요. 그 돈을 가지고 뭐, 누구 말마따나 보상이라고 주는 것이 그것이 보상이겠습니까?" (이성전)

직접적 피해자들의 경제적 어려움은 피해자들의 상당수가 △5·18 국가폭력 경험을 통해 심각한 신체적 부상을 입었고 △오랫동안 부상의 후유증을 경험해왔거나 경험 중이며 △부상에 따른 후유증으로 지출은 많고 △부상 후유증이나 사회적 낙인, 감시와 사찰 등의 이유로 교육 기회를 놓치거나 경제활동에 진입할 수 있는 양질의 조건을 갖추지 못해 저임금 상태를 경험해옴에 따라 더욱 심화한 것으로 보인다.[23] 실제로 직접적 피해자들의 상당수가 5·18 직전과 비교했을 때 직업적으로 더 열악한 상황에 처해 있다는 연구 결과가 존재한다.[24] 이런 상황에서 대부분의 보상금은 생활비와 치료비로 사용하다 보니 다수의 피해자들은 보상금은 진즉 다 쓰고 빚

조차 갖지 못하는 상태, 즉 빈곤 상태에 놓여 있었다. 실제로 7명의 인터뷰이 중 경제적으로 어려움이 없는 사람은 2명에 불과했는데 둘 다 5·18 당시 대학생이었으며, 집안 형편이 나쁘지 않았다는 공통점이 있다. 반면 나머지 5명은 학력이 낮고, 경제적으로 상황이 좋지 않았는데, 5·18 이후 후유증으로 노동시장에 제대로 진입하지 못하면서 실질적 무직 상태이거나 수입이 적어 사실상 만성화된 빈곤 상태에 놓여 있었다.

빈곤은 재화와 서비스를 구매하기에 불충분한 소득 상태로 정의되곤 하지만 인권적 관점에서 빈곤은 존엄한 삶을 살 수 있는 기본적 역량capabilities의 결여와 필수적인 자원, 능력, 선택, 안전, 권력을 지속적 혹은 만성적으로 박탈당한 상황으로 정의한다. 따라서 사회적 배제, 차별, 취약함과 같은 문제를 일으키는데, 더욱 심각한 점은 이러한 빈곤의 여파가 2세대에게도 직접적인 영향을 미쳐 이들의 잠재력과 발전 가능성을 심각하게 잠식한다는 점이다. 또한 가족 갈등의 결정적 원인으로 작동한다는 사실이다.

"저도 한 가정을 이루면서 살다가 너무 제가 무능해져불고 아프고 몸이 아프고 정말 긴 병에 효자 없다고 서방이 아프고 그런데 자식도 옆에 가 있었어요? 부모가 있었어요? 마누라가 있었어요? 저도 지금 자식하고 둘이 삽니다. 근데 거기에서도…… 너무 가슴 아프고요. (목소리가 떨림) 하아(한숨) 하아(한숨) 가족이 힘들어서 이대로 못 살겠다고 마누라도 나가고 큰 놈은 서울로 가……" (김선우)

"처음에는 모르고 부상자인지도 모르고 결혼했다가 나중에
아파다고 이렇게 하고 재력도 없고 가족들 먹고사는 능력
도 없고 하다 보니깐 (연구자 주- 부인이) 가출을 하다 보니
깐 자살을 해버리고 그런 현상이 많이 일어나거든요. 대부
분 보면 직장을 하나 제대로 가지고 있는 사람이 없어요."[25]

따라서 직접적 피해자 중 일부는 경제적 어려움과 그와
연관되어 발생하는 다양한 문제들을 해결하지 못해 자살을
시도하거나 스스로 생을 마감하기도 했다.[26]

2) 재희생자화와 트라우마

금전적 보상 중심의 과거청산은 기존의 인권 상황을 악
화시키고 트라우마를 강화한 것은 물론 또 다른 차원의 문제
를 초래했다. 이는 크게 세 가지로 살펴볼 수 있다.

① 부정적 과거청산 인식

첫째, 과거청산에 대한 부정적 인식 형성이다. 피해회복
은 원상회복, 금전 배상, 재활, 만족, 재발 방지의 보증 등을 포
괄하는 개념임에도 일회적 금전 중심의 보상이 이뤄짐에 따
라 피해회복에 대한 잘못된 인식이 생성되기 시작됐다. 나아
가 물적 토대는 인간 생존의 필요불가결한 요소이며, 보상은
사회적 인정이란 인식 속에서 작동했다는 점에서 왜곡된 보
상 절차와 기준은 피해자의 상처를 치유하고 명예회복을 북

돋기보다는 사회적 불인정을 확인하는 기제로 기능하면서 오히려 피해자의 고통과 트라우마를 강화하는 요소로 작동했다. 일례로 5·18 당시 건축목공으로 일하다 시민들이 계엄군에 의해 무차별적으로 학살당하는 걸 목격한 안평순씨는 시민군으로 참여해 총을 들고 도청에서 싸우다 상무대로 연행돼 54일간 가혹행위와 고문을 당했다. 당시의 폭행으로 장이 파열됐고, 석방된 뒤에는 계속된 사찰과 감시로 제대로 된 일을 하는 게 불가능했다. 하지만 38세의 건설노동자가 호프만식 계산에 근거해 받을 수 있는 보상금은 생계안정자금까지 포함해 1,780만 원이 전부였다. 자신과 가족이 겪은 고통은 고사하고 자신의 치료비와 그동안의 생활비를 셈했을 때도 한참 모자란 돈이었다. 따라서 그는 어렵사리 신청한 보상이 경제적 문제를 해결하고 명예회복에 기여하기보단 "아조 명예를 아조 퇴출시켜분 것"이라고 증언했다.[27] 그리고 이러한 현실은 차라리 그때 죽는 게 낳았다는 울분마저 품게 했다. 신동휴씨 역시 그중 한 명이었다.

"우리가 피를 흘려가지고 죽고 그래서 민주정부가 들어섰으니까 그런 것은 뿌듯하게 생각되는데 한편으로는 또 살기가 팍팍하니까요. 차라리 그때 죽어부렀으믄 어쩌냐 그런 생각도……"[28]

이는 형식적 유공자 대우에 대한 불만으로 응집되어 표출되기도 했다. 민주유공자로 지정되었음에도 다른 유공자들

과 다른 차별적 대우들은 이들의 사회적 소외를 부추기고 과
거청산에 대한 분노를 증폭시켰다.

"민주유공자면 민주유공자답게 똑같이 대우를 해달라는 거
죠. 어떻게 뭐 대우받으려고 우리가 한 것은 아니지만 어쨌
든 그 긴 세월 동안을 그렇다고 어찌 정말로 바꾸겠어요?
절대 젊음하고는 못 바꾸는 거예요. 정말로…… 억만금을 갖
다준다 한들 그 젊은 시절하고 어떻게…… 하이(한숨)." (박
인애)

② 오월공동체의 분열

둘째, 오월공동체 내부에서도 분열이 야기됐다. 허위로
서류를 꾸며 보상금을 신청하는 '가짜 보상금' 사건이 발생했
다.[29] 보상금의 형평성과 5·18 기여도, 단순 피해자냐 시민군
으로 참여했느냐를 둘러싼 불만과 갈등이 분출되기 시작했
다. 또한 보상은 '피해자=5·18 주체' '피해 등급=5·18 기여도'
라는 공식을 만들어내면서 당시 주도적으로 참여했으나 물리
적 부상이나 피해를 입지 않은 사람들을 5·18 주체에서 소외
시키는 결과를 낳았다.[30] 각자의 방식으로 5·18에 참여했고 이
후 집단적 오명과 낙인을 경험했던 광주 시민들 역시 설 자리
가 없었다.

한편 보상 국면은 5·18이 제도화되는 국면과 함께 왔다.
이 과정에서 5·18을 자신의 자원으로 활용해 특권을 누리는
사람들이 생겨나기 시작했고 이는 하나의 세력을 형성해갔

다. 이는 5·18 정신은 물론 직접적 피해자들의 도덕성을 훼손 시켰으며 직접적 피해자들 사이의 분란과 분열을 초래했다.

"5·18 여그 이끄는 사람들도 부정-비리가 좀 많았어요. 그런 건 알고 있어, 그런 거 보면 참 가슴 아프고 이것들 하……이런- 이런 걸로 인해서 역이용해서, 주머니에 사리사욕 채울라 하고 응? 그런 짓거리를 해서는 안 된다 이거예요. 이 5·18 자체가 이 정신이 얼마나 뼈아픈 운동이에요? 예? 그-여, 학생들도 목숨을 끊어가면서 울부짖고 있는데 하물며 응? 그런 것을 뒤로한 채 사리사욕을 채워선 안 된다 이거예요." (김호익)

5·18이 부당한 국가폭력에 대한 대항을 넘어 새로운 국가 형성의 의지를 표현한 공동체였다는 점을 고려할 때 직접적 피해자가 과거청산 과정에서 직면한 내부의 부정의, 부조리는 더욱 큰 배신감으로 와닿았다. 이에 따라 적잖은 수의 직접적 피해자들이 오월공동체와 거리를 두며 생활해왔다.

③ 사회적 낙인과 오명

셋째, 직접적 피해자에 대한 사회적 시선에도 부정적 영향을 미쳤다. 5·18 직후 가해 권력이 5·18을 폭도, 용공분자, 간첩이 벌인 난동으로 매도하고 참여자들을 폭도로 규정해왔다면, 1990년대 보상 국면 이후 새로운 낙인은 새겨졌다. 용공, 빨갱이를 넘어 보상을 특권으로 인식하고 시혜를 받은 집단이라는 새로운 사회적 낙인이 발생한 것이다. 생애에 걸쳐 연속적이고, 다방면적으로 시도되어야 할 피해회복은 일회적이고, 금전적인 것으로 축소됐다. 또한 직접적 피해자들에게 충분한 보상이 이뤄졌다고 인식됨에 따라 직접적 피해자에 대한 감사, 죄책감이 사라지고 피해회복에 따른 지원 요청을 이기적인 목소리로 간주하기 시작했다.[31] 이러한 사회적 분위기는 5·18을 폄하, 부인하려는 시도 속에서 더욱 고조됐다.

> "김○○ 그년, 아 뭔 괴물, 괴물 단체를 만들어서 우리가 북한도, 북한을, (큰 소리로) 우리는 아~무것도 없어 지금. 근디 연금도 없는디, 국가 그, 그 국가, 국민 국가 거시기만 축낸다고. 오메오메~ 그 비례대표 국회의원 한나 얼마나 하는가? 몇억이나 그놈 처먹고 앉아서 우리한테 그러고 허니거, 한번 생각해보소. (중략) 우리 아무것도 우리는 연금도 없고 이 생계비, 생계비 나와가지고 한 50만 원 갖고 먹고 살거든. 근데 그런 소리를 하면 되냐. 천벌받은 년이지." (김길자)

5·18을 부정하는 목소리가 커질수록 직접적 피해자들은 사회적 관계에서 위축되고 고립되었다. 사회적 관계와 신뢰, 이를 통한 지지 체계의 구축은 피해자들이 경험하는 정신적 고통을 감소, 완화할 수 있는 매우 중요한 중재적 조건이라는 점에서 관계와 사회로부터의 단절은 이들의 고통을 강화하고 재생산하는 악순환의 고리로 작동했다.

④ 불처벌과 부인

한편 5·18에 대한 부인과 왜곡, 폄하는 5·18 당시부터 정권에 의해 대대적으로 시도되었다. 이는 폭력과 집권을 정당화하기 위한 전략이었다. 하지만 과거청산기 이후부터는 민주 세력을 와해시키기 위한 이데올로기 공작의 일환으로 극우보수 세력이 5·18에 대한 왜곡과 폄훼를 시도해왔다. 이는 2008년 이후 이명박, 박근혜 두 보수 정권 시기를 지나면서는 매우 조직적으로 진행된 측면이 강하다.[32]

직접적 피해자들은 이러한 왜곡과 부인이 가해자에 대한 불처벌과 미흡한 진상규명에 기인하고 있다고 진단한다. "솔직히 전두환이 저놈은 진짜 무기징역을 때려부렀으면 지만원 저러고 다니겠나?"라는 한 인터뷰이의 말은 직접적 피해자들의 부인 담론에 대한 진단을 대변한다. 또한 미진한 진상규명과 가해자가 처벌받지 않고 잘사는 현실은 직접적 피해자들이 가진 분노의 중요한 한 축이기도 하다. 자신들의 피해는 인정되거나 회복되지 못했고, 피해회복의 권리는 부인됨에 따라 여전히 고통 속에 살고 있는데 가해자들은 계속 활개 치며 잘 살고 있기 때문이다. 일례로 5·18 가혹행위 후유증으로 뇌경색 진단을 받고 한쪽 신경이 마비된 이상용씨는 뇌경색 진단을 받고 엄청난 분노와 우울증을 경험했다. 당시 그는 전두환이나 자신을 고문하고도 무사히 은퇴한 형사들에 대한 분노가 너무 심해 그들을 죽이고 본인도 자살할 궁리만 하며 시간을 보낼 만큼 고통이 심했다고 털어놓았다. 이런 감정은 비단 이상용씨에게만 발견되는 것은 아니었다.

"내가 진짜 그 당시- 생각하고 그러면은 너무 마음이 아프지만은 되새기고 싶질 않고. 지금도 테레비나 뭐 그런 거 나오면 가슴이 그냥 벅차가지고 저런 놈들 거짓말한 것 봐라. 거짓말한 것 봐라. 잉? (중략) 진짜 거짓말이 아니라 내가…… 지금 여 그런 거 낸다고 갑자기 일어나가지고 한다면 내 앞에 총부리만 있다고 하면요. 갈겨 죽여불겠어요. 왜? 나 한 몸뚱아리에 그런 놈들 몇십 명을 갈겨 죽여불면 낫잖아요." (김호익)

모든 인터뷰이는 5·18에 대한 사법적, 역사적 단죄가 전혀 이뤄지지 않았다고 말했다. 과거청산 당시의 5·18 가해자 재판과 그에 대한 사면은 직접적 피해자들의 의견을 전혀 반영하지 않은 행태였으며, 잘못을 빌며 용서를 구하지 않는 이들에 대한 사면은 "5·18을 정치적으로 이용"했다는 평가다. 따라서 직접적 피해자들은 5·18에 대한 정의 수립과 동시에 5·18에 대한 진실규명이 간과할 수 없는 시대적 과제임을 강조한다. 그랬을 때만이 현재와 같은 부인 담론을 근절할 수 있기 때문이다.

4. 트라우마의 사회적 치유를 위하여

앞선 이야기들은 직접적 피해자들이 경험해왔고 경험 중인 트라우마의 뿌리가 하나에 있지 않음을 보여준다. 많은 이들이 예상하듯 5·18 당시의 국가폭력과 그에 따른 생명권과 안전권, 건강권 등의 심각한 침해가 트라우마의 출발이었다면, 5·18 과거청산이 야기한 문제들은 트라우마를 지속, 강화하거나 (재)생산해왔다.

허울 좋은 보상과 훼손된 과거청산의 정의는 오랜 시간 직접적 피해자들을 모욕해왔으며 이들의 고통을 양산시켰다. 또한 금전 보상 중심으로 진행된 제도적 과거청산은 직접적 피해자들을 특권화된 집단으로 인식하는 사회적 시선을 강화하고, 직접적 피해자들의 사회적 지지 기반을 와해시키는 결과를 가져왔다. 한 인터뷰이는 지난한 과거청산의 과정을 통해 "내가 너무 값어치가 없다"라는 생각을 하게 되었다고 말했다. 이는 과거청산이 개별적이고, 금전적인 보상 모델의 방향에서 추진됨으로 인해 피해자가 사건의 주체로서 갖게 되는 피해회복에 대한 권리, 가해자 불처벌에 따른 정의에 대한 권리, 미진한 진상규명에 따른 진실에 대한 권리가 심각하게 훼손된 결과라 할 수 있다. 5·18 왜곡과 부인, 오명 등이 계속되는 이유기도 하다. 이와 관련해 더욱 안타까운 점은 직접적 피해자의 증언자로서의 저항, 사회적 인정투쟁이 트라우마의 경감 및 해소에 별다른 효력을 발휘하지 못했다는 사실이다. 이를 감안할 때 직접적 피해자들이 경험하고 있는 트라우마는 가해자와 피해자가 일상적으로 관여하게 되는 사회적 조건 속에서 발생한 연속적인 인권침해가 누적되어 발생한 '복합적 외상후스트레스Complex PTSD'라 할 수 있다. 또한 재희생자화의 메커니즘을 보여준다.

이러한 귀결은 여전히 계속되고 있는 5·18의 고통과 트라우마를 인권의 관점에서 조망하고 해결할 필요성을 상기시킨다. 과거의 인권침해와 맞물려 지금-여기의 인권침해의 사회적 맥락과 환경에 대한 환기를 통해 5·18에 대한 새로운 접근과 해법을 요구하는 것이다.

트라우마를 심리적이고 정신적인 문제로 접근할 때 진단은 전문가의 몫이었고, 치료는 개인별 증상에 따른 의학적 처방을 통해 이루어졌다. 하지만 인권침해 문제로 트라우마에 접근하게 되면, 트라우마는 직접적이고 구조적이고 문화적인 폭력의 상호작용이 낳은 결과물이다. 치료 역시 병원식 처방이 아닌 사회적 차원에서 인권침해 요소를 제거하면서 적합한 치유의 단초를 만들어갈 수 있다. 부단한 과정을 통해 인권침해 사건의 배후에 존재하는 "역사·배경·맥락·뿌리·조건"[33]을 찾아 트라우마를 유발한 사회적 맥락과 환경을 교정하는 것이다. 이때 무엇보다 중요한 것은 사회적 치유 과정에서 사건의 주체인 피해자의 권리를 적극적으로 보장하는 것이다. 이러한 노력이 병행될 때 피해자가 자신에 대한 통제감, 다른 이들과의 연결감, 사회적 정의에 대한 신뢰감을 회복하는 트라우마에 대한 사회적 치유의 가능성이 열린다.

1 이 글은 본《민주주의와 인권》21권 3호에 게재된 필자의 논문을 소폭
  수정한 것이다.

2 이 글에서 '중대한 인권침해'란 인권유형과 인권침해 양상, 규모를
  고려한 서술적 개념으로서 국가범죄, 전쟁범죄, 반인도적 범죄 등과
  같이 조직적·체계적이며, 침해 정도가 심각하고, 대규모로 자행되는
  침해를 포괄적으로 지칭한다(김명희, 〈5·18 집단트라우마 연구방법론과
  새로운 진단기준: 과거청산의 과학사회학을 향하여〉,《경제와 사회》
  130, 2021, 350쪽).

3 한국기독교교회협의회 인권위원회,《1980년대 민주화운동 4》,
  한국기독교교회협의회, 1987, 206~208쪽.

4 5·18민중항쟁 18주년 기념위원회 행사,《기념행사 자료모음집》, 1998.;
  5·18민중항쟁 19주년 기념위원회 행사,《기념행사 자료모음집》, 1999.;
  5·18민중항쟁 23주년 기념위원회 행사,《기념행사 자료모음집》, 2003.;
  나간채, 〈인권운동의 측면에서 본 5·18항쟁〉,《지역사회연구》12(1),
  2004, 3쪽 재인용.

5 최정기, 〈지역에서의 5·18 연구: 연구사 및 연구 내용에 대한 비판적
  검토를 중심으로〉,《지역사회연구》17(3), 2009, 59~74쪽.; 전남대
  5·18연구소, 〈5·18기념사업 마스터플랜 수립 용역 보고서〉, 2016.

6 나간채, 〈인권운동의 측면에서 본 5·18항쟁〉, 앞의 책, 1~21쪽.

7 강은숙, 〈5·18 시민군 기동타격대원의 생애사를 통해 본 사회적
  트라우마티즘 형성 과정〉,《기억과 전망》26, 2012, 269~308쪽.;
  김보경, 〈한국사회 과거청산 '부인(denial)' 연구〉, 성공회대학교
  NGO대학원 석사학위 논문, 2013.; 김명희, 〈5·18 자살의 계보학:
  치유되지 않은 5월〉,《경제와 사회》126, 2020, 78~115쪽.

8 이영재, 〈과거사 경제와사회에 대한 비판적 검토: 광주민중항쟁 및
  민주화운동에 대한 피해 보상과 국가 배상의 비교를 중심으로〉,《기억과
  전망》23, 2010, 200~202쪽.

9 이영재, 〈이행기 정의의 본질과 형태에 관한 연구〉,《민주주의와 인권》
  12(1), 2012, 122쪽.

10 과거청산과 관련해 만들어진 법제와 위원회 활동은 행정안전부가
   발주해 한국사회학회가 수행한 '과거사통합재단' 설립·운영 방안에
   관한 연구〉, 행정안전부, 2017을 참고할 것.

11 개정된 4·3특별법은 위자료 지급과 희생자 및 유족의 신체적·정신적
    피해에 대한 국가 및 지방자치단체의 의무 등을 명시하고 있다.
    희생자에 대한 배·보상 등을 문제로 법안 개정이 여러 차례 난항을 겪은
    점을 고려할 때 매우 중대한 변화다.

12 5·18기념재단 http://www.518.org/nsub.php?PID=010103. (검색일
    2021.3.24.)

13 5·18기념재단, 〈'5·18트라우마티즘' 실태 파악을 위한 기초조사〉, 2001,
    7쪽.

14 성폭력 피해자에 관한 사회적 주목과 학문적, 정책적 조망이 이제 시작
    단계라는 점을 고려해 본 연구를 통해 성폭력 피해자의 인권침해 경험과
    트라우마에 접근하고, 이의 생산 및 재생산 기제를 살펴보려 시도했다.
    하지만 결과적으로 성폭력 피해자의 경우 개인정보 보호를 위해 '5·18
    계엄군 등 성폭력 공동조사단'의 보고서도 공개되지 않은 상황이다
    보니 생애사 인터뷰를 기대하기 어려워, 이와 관련된 연구는 수행되지
    못했다.

15 〈광주 5·18 28년 전부터 보상… 총 2452억 원 지급〉,《제주일보》,
    2017.12.31.

16 (사)5·18민주유공자유족회 엮음,《꽃만 봐도 서럽고 그리운 날들 3》,
    5·18기념재단, 2008, 271쪽.

17 정삼기 구술, 전남대현대사연구회·5·18기념재단, 〈2007년
    5·18민주화운동 구술자료 전사: 7〉, 5·18기념재단, 2008, 213쪽.

18 같은 책, 426쪽.

19 노종근 구술, 전남대현대사연구회·5·18기념재단, 〈2007년
    5·18민주화운동 구술자료 전사: 2〉, 5·18기념재단, 2008, 837쪽.

20 이삼학 구술, 전남대현대사연구회·5·18기념재단, 〈2007년
    5·18민주화운동 구술자료 전사: 3〉, 5·18기념재단, 2008, 110쪽.

21 5·18기념재단,〈5·18 민주유공자 생활실태 및 후유증 실태 조사
    연구보고서〉, 2006.

22 이영희 구술, 전남대현대사연구회·5·18기념재단, 〈2007년
    5·18민주화운동 구술자료 전사: 3〉, 115쪽.

23 5·18기념재단, 〈'5·18트라우마티즘' 실태 파악을 위한 기초조사〉.;
    5·18기념재단, 〈5·18 민주유공자 생활실태 및 후유증 실태 조사
    연구보고서〉.

24 5·18기념재단, 〈'5·18트라우마티즘' 실태 파악을 위한 기초조사〉, 45쪽,
    55쪽.

25 문병윤 구술, 전남대현대사연구회·5·18기념재단, 〈2007년

5·18민주화운동 구술자료 전사: 4〉, 5·18기념재단, 2008, 99쪽.

26 김명희, 〈5·18 자살의 계보학: 치유되지 않은 5월〉, 앞의 책, 105쪽.

27 전남대현대사연구회·5·18기념재단, 〈2007년 5·18민주화운동 구술자료
전사: 7〉, 857쪽.

28 신동휴 구술, 전남대현대사연구회·5·18기념재단, 〈2007년
5·18민주화운동 구술자료 전사: 3〉, 15쪽.

29 강은숙, 〈5·18 시민군 기동타격대원의 생애사를 통해 본 사회적
트라우마티즘 형성 과정〉, 앞의 책, 293쪽.; 김명희, 〈5·18 자살의 계보학:
치유되지 않은 5월〉, 앞의 책, 104쪽.

30 최정기, 〈과거청산에서의 기억전쟁과 이행기 정의의 난점들〉,
《지역사회연구》14(2), 2006, 10쪽.

31 김명희, 〈5·18 자살의 계보학: 치유되지 않은 5월〉, 앞의 책, 104쪽.

32 오승용, 〈오늘의 5·18: 쟁점과 진실〉, 《5·18왜곡의 기원과 진실》,
5·18기념재단, 2012.

33 조효제, 《인권의 지평》, 후마니타스, 2016, 33쪽.

세대에서 세대로 이어지는 5·18의 굴레: 5·18 유가족 1세대 및 2세대의 집단트라우마[1]

김석웅

사단법인 심리건강연구소 소장. 임상심리전문가, 정신건강임상심리사. 국가폭력과 피해자의 심리 치유를 연구하는 임상심리학자. 광주광역시에서 지역사회 정신건강 증진을 위해 심리상 담 및 심리평가, 학술연구 등을 하고 있다. 〈5·18 유공자 후유증 조사〉〈국가폭력 피해자 후유 증 조사〉〈광주트라우마센터 발전 방안 연구〉〈국립국가폭력트라우마 치유센터 조성 방안 연 구〉〈5·18 집단트라우마 연구〉 등을 함께 연구했다.

20여 년 전 나는 대학원 석사과정 때 지도교수님께서 진행하고 계셨던 5·18 피해자 실태조사 연구원으로 참여하면서 5·18을 경험하게 되었다. 그전까지 5·18은 나와는 큰 연관성이 없는 일이었다. 지금은 연관성이라기보다 그동안 연구를 통해 만났던 피해자분들을 통해 얻게 된 복잡한 감정들과 그분들의 말을 '들었다'는 책임감이 깊이 자리 잡고 있다. 아무것도 모른 채 젊은 패기만 있었던 그때, 지금도 기억에 남는 몇 가지 장면이 있다. 5·18 구묘역에서 꽃집을 운영하던 어떤 분은 그곳에 여전히 머물며 참배객들에게 하얀 국화꽃을 팔고 있었다. 그는 참배객들이 가지고 간 국화꽃이 묘지 앞에 놓이는 것을 보며 살아남은 것에 대한 미안한 마음을 달래며 산다고 했다. 대학 초 신입생들의 틈에서 무심하게 지나쳐간 망월동 구묘역이 내 기억에 선명해진 것은 바로 그날이었다.

　　그리고 한 유가족 내외를 만났는데 반지하의 허름한 창고 같은 곳에서 생닭을 잡아 튀겨서 파는 통닭집을 운영하고 계셨다. 그분들은 생업이 바빠 인터뷰를 하기 어렵다고 거부하셨고, 나는 최대한 방해가 되지 않게 하겠다는 약속을 재차하고서야 어렵사리 그분들을 만나 뵐 수 있었다. 인터뷰 용지를 들고 그곳에 들어갔을 때 내 콧속으로 들어온 비릿한 냄새와 생닭을 잡던 모습이 여전히 생생하다. 그분들은 인터뷰 내내 눈물을 훔치면서도 닭을 잡아 튀겨 내는 일을 멈추지 않으셨다. 통닭집을 나선 후에도 며칠째 튀김 냄새가 몸에서 빠져나가지 않았고, 그분들의 눈물과 한숨은 내 정신을 사로잡았다. 망월동의 쓸쓸한 꽃집에도 반지하의 통닭집에도 내 눈에 들어온 것은 가족사진이었다. 유가족의 삶에 5·18은 여전히 진행되고 있으며, 생생하다. 5·18은 '지나간 일'이 아니라 현재에 재현되고 있으며, 그 경험은 세대를 통해 전승되고 있음을 연구를 통해 다시 확신했다.

이 글을 정리하고 있는 2021년 11월 23일 5·18의 비극을 만들어낸 전두환이 90세를 일기로 사망했다. 전두환의 죽음으로 5·18과 국가폭력 과거청산은 새로운 국면을 맞이했다. 그는 마지막까지 한마디의 사과와 반성도 없었고, 수많은 국가폭력 피해자들이 간절히 바라던 가해자의 사죄는 이제 영영 들을 수 없게 되었다. 책임자의 사과와 반성은 그의 입을 통해서가 아니라 국가와 사회를 통해서 들어야 할 일이 되었다. 그러니 낙담할 일은 아니다. 많은 이들이 감수해야 할 허무함과 상실감은 매우 유감스러운 일이나, 진실규명이라는 큰 틀에서 우리의 목적지는 여전히 동일하다.

1. 5·18 유가족과 트라우마의 세대 전이

'5·18 민주유공자 예우에 관한 법률'에 따르면 '유가족'은 5·18 민주유공자의 배우자 및 자녀, 그리고 부모를 포함하며, 2018년 12월 31일 기준 5·18기념재단에 등록된 5·18 민주유공자 유가족은 799명이었다. 이들 유가족은 5·18 당시 가족의 사망을 직접 목격했거나, 시신을 확인했고, 부상 후유증을 치료하는 과정에서 트라우마에 직접적 혹은 간접적으로 노출되었다. 또한 이들은 가족의 억울한 죽음과 피해 상황을 알리기 위한 인정투쟁에 가담하면서 트라우마에 지속적이고 반복적으로 노출되게 되며, 국가기관의 감시와 통제를 받는 등의 피해를 경험했다.[2]

2006년 오수성 등에 의해 수행된 〈5·18 민주유공자 생활 실태 및 후유증 실태조사 보고서〉는 연구에 참여한 5·18 유가족의 40.1%가 중등도 이상의 PTSD에 해당됨을 밝혔고, 부상자 집단은 45.2%, 부상자의 가족은 7.3%가 PTSD에 해당된다고 밝혔다. 5·18 당시의 상실감과 공포, 이후의 인정투쟁은 가족들에게도 깊은 심리적 상흔을 남겼으며, 이는 오랜 시간이 지난 후에도 지속되고 있었다.[3] 그러나 당시 연구는 유가족에게 나타난 트라우마의 발생 과정과 재생산 기제를 밝히지 못했다는 한계가 있다.

부모의 정서적 부재 혹은 물리적 부재는 자녀 세대의 성장 과정에 영향을 주고, 직접적인 트라우마 경험이 없음에도 그들은 부모와 유사한 트라우마 반응을 드러내게 된다. 이를 '트라우마의 세대 전이'라고 하며, 2세대뿐만 아니라 3세대에게까지 트라우마 반응이 나타나는 것으로 알려져 있다.[4] 트라우마를 경험한 부모가 자신의 트라우마를 자녀 세대에게 건강하게 드러내지 못했을 때, 트라우마는 다음 세대로 전이될 가능성이 커진다. 트라우마를 경험한 부모는 자녀의 양육에 건강하게 참여하기 어렵고, 자녀와 불안정한 애착 관계를 형성하게 되기 때문이다. 특히 트라우마로 인한 후유증은 시간이 경과하면서 점차 호전되기도 하지만, 사건이 발생하기 이전의 수준으로 완전히 회복되기는 어렵다. 또한 한 개인의 트라우마 경험은 주변 사람들에게도 영향을 주게 되고, 공포와 불안이 공유되기도 하며, 반복적인 외상 경험의 활성화는 피해자의 심리적 문제를 더욱 복잡하고 심각하게 만든다. 트라우마는 시간이 지남에 따라 사라지기보다는 잠재되어 있다가 유사한 자극에 의해 다시 활성화되고, 시공간을 초월하여 다음 세대로까지 전이되는 속성을 가진다.[5]

예후다는 부모의 PTSD가 자녀의 PTSD 발병률을 높이는 위험 요인임을 밝혔다.[6] 홀로코스트 생존자 2세 성인 35명을 대상으로 24시간 동안 코르티솔cortisol(부신에서 분비되는 호르몬으로 공포, 긴장, 고통 등의 스트레스 발생 시 분비됨) 수준의 변화를 관찰한 결과, 이들은 비교 집단에 비해 코르티솔 수준이 낮았고, PTSD 유병률이 높았다. 만성적인 스트레스, 우울증, PTSD가 있는 경우는 비정상적인 코르티솔 수준을 보이는데, 일반인에 비해 코르티솔 내성이 생기고 코르티솔 수준이 오히려 떨어지게 된다. 이는 부모 세대의 트라우마가 생리적 기제를 바탕으로 다음 세대에게 전이됨을 설명하는 것이다.[7]

국가폭력 트라우마의 전이에 관한 해외 연구에서 고문 피해가 있었던 난민의 자녀 중 98.7%가 우울 증상을 보였고, 48.9%는 PTSD를 경험하는 것으로 나타났다.[8] 또한 부모의 트라우마 경험으로 야기되는 불안정한 양육환경은 자녀에게 그들의 부모와 유사한 심리적 문제를 발현시키거나, 정신질환이 발생할 가능성을 증가시킴은 물론 트라우마에 대처하는 방식까지도 자녀에게 전이될 수 있다고 보고되었다.[9]

가족을 공동체의 최소단위로 간주할 때 가족 내에서의 트라우마 경험은 지속적이며, 반복될 수 있다. 또한 심각한 급성 증상이 있기보다는 역기능적인 현상이 그들의 삶 속에서 유지되는 경우가 더 많다.[10] 이를 후천적 트라우마post-originary trauma라고 하는데, 트라우마가 사건 당시의 직접적 피해자에 국한되지 않고 후세대에까지 전승될 수 있음을 의미한다.[11]

2017년 김문선과 강문민서는 5·18 유공자 4명의 증언에 대한 현상학적 연구를 통해 참여자들의 고통이 폭력의 형태로 그들의 가족에게 전이되고 있음을 밝혔다. 폭력과 고문을 경험한 피해자들은 인정투쟁에 가담하면서 가장의 역할에 소홀했고, 경제적 어려움이 발생해 가족공동체 모두가 고통을 감수해야 했다. 가장 안타까운 것은 피해자의 일부는 자신의 부인과 자녀에게 폭력을 행사하며, 폭력의 피해자에서 가해자로 탈바꿈되어 있다는 것이었다. 연구자들은 5·18 유가족의 트라우마가 오랜 시간 동안 가정에서 재생산되고 전이되고 있음을 강조했으며, 5·18 트라우마는 1세대에서 그치는 것이 아니며, 다음 세대에 다양한 형태로 발현될 수 있음을 설명했다.[12]

5·18은 여전히 책임자 처벌과 진실규명이라는 해결해야할 과제를 남기고 있으며, 5·18 유가족 1세대들은 당시 자신의 경험과 지금까지 계속되는 고통을 밝히고 증언하는 '증언자'로서의 역할을 수행해왔다. 그들의 자녀들은 부모의 고통을 직접 혹은 간접적으로 목격하게 되며, 일상에서 드러나는 트라우마를 함께 경험하게 된다. 유가족 2세대들은 자신의 의지

와는 무관하게 부모의 경험을 공유하게 되며, 그 경험, 즉 트라우마를 이해하기 위한 나름의 해석을 하게 된다. 이는 필연적이며, 그들의 해석은 사회문화적인 환경의 영향을 받으며 평생에 걸쳐 반복된다. 부모가 자신의 트라우마를 자녀들에게 숨기려고만 하거나 트라우마 유발 자극에 과잉 반응했을 때, 트라우마의 세대 전이 가능성이 높아지는 것으로 나타났다. 즉 정서적 의사소통을 기반으로 하여 가족 내에서 자신의 트라우마 경험을 드러내는 것이 트라우마의 세대 전이를 예방할 수 있는 방법이다.[13]

현재까지 5·18 유공자 2세대들의 심리적 문제에 대해 체계적인 조사가 이루어진 바는 없으며, 그들의 삶과 경험을 통해 5·18을 분석하고, 트라우마의 세대 전이를 밝힌 연구 역시 부족한 실정이다. 40여 년이 지난 5·18의 기억은 현재까지 생존자와 그들의 가족을 통해 생생하게 이어지고 있으며, 트라우마는 세대를 거듭하며 새로운 그릇에 담기듯 전이되고 있다. 진실규명과 배상·보상뿐만 아니라 5·18 유가족 1세대와 2세대의 심리적 문제를 이해하고 풀어내는 것은 과거청산의 중요한 과제라고 할 수 있다.

이 장에서는 5·18 유공자의 가족을 '유가족 1세대'로, 5·18 유공자의 자녀들을 '유가족 2세대'로 구분하여 그들의 트라우마 경험을 살펴본다. 이를 통해 5·18 집단트라우마의 전이 과정을 밝히고자 한다. 또한 그들의 경험을 기존의 의학적 모델에서 벗어나 인권의 관점에서 조명하여 심리적·사회적 피해의 양상과 깊이를 파악해보고자 했다.

연번	이름	구분	나이	성별	학력	직업	혼인 상태	5·18 당시 피해
1	정서하	5·18 유가족	68	여	초졸	무직	사별	남편 사망
2	전소태	5·18 유가족	60	남	중졸	자영업	기혼	동생 사망
3	박순환	5·18 유가족	61	여	고졸	회사원	기혼	동생 사망
4	김백운	민주화유공자 유가족	83	남	중졸	무직	기혼	아들 사망
5	배지호	민주화유공자 유가족	82	여	초졸	무직	사별	아들 사망
6	손광호	5·18 사망자 2세대	52	남	대졸	공무직	기혼	어머니 사망
7	기동경	5·18 사망자 2세대	41	남	대졸	회사원	기혼	아버지 사망
8	김서암	5·18 부상자 2세대	35	여	대졸	상담원	기혼	아버지 부상

2. 연구 과정 및 연구참여자

5·18 유가족들을 대상으로 구술생애사 인터뷰를 실시하고, 생애 경로를 분석했으며, 근거이론에서 발전한 분석 기법인 패러다임 모형을 이용해 각 피해자 집단의 외상 경험(범주)과 주제를 통합하는 분석 모형을 제시했다. 패러다임 모형은 중심현상을 기본 축으로 중심현상을 이끌어내는 조건(인과적, 맥락적, 중재적 조건), 중심현상이 발전해가는 작용/상호작용 전략과 결과 등의 틀로 이루어진다.[14] 이러한 구조화(모형화) 작업을 통해 제도적 과거청산 이전과 과거청산 이후 집단트라우마의 경감에 개입하는 사회적 힘들을 추론해갈 수 있다. 구술생애사 인터뷰에 참여한 구술자는 총 8명으로 5·18

유가족 3명, 민주화유공자 유가족 2명, 사망자 2세대 2명, 부상자 2세대 1명이었다. 5·18 유가족의 평균연령은 63세였으며, 민주화유공자 유가족의 평균연령은 82.5세, 그리고 2세대의 평균연령은 42.6세였다. 이들의 명단과 연락처는 '광주트라우마센터'와 '5월어머니집'을 통해 제공받았으며, 구술생애사 인터뷰는 2020년 12월부터 2021년 3월까지 구술자의 자택과 근무지, 저자의 근무지에서 실시되었다. 인터뷰 참여자의 구술 시간은 평균 103.6분이었다. 모든 인터뷰 참여자들의 개인정보 보호를 위해 참여자의 이름과 대학/직장명 등은 가명을 사용하여 비식별화 처리했다.

3. 5·18 유가족의 집단트라우마와 세대 전이

1) 외상 과정의 유형적 특징: 유가족 1세대

① 발화의 맥락

모든 구술자들은 과거 언론사를 비롯한 다양한 매체와 인터뷰를 한 경험이 있었다. 대상자를 선정하는 과정에서 이 점을 고려한 것은 아니었으나, 5·18 유가족의 경우 40여 년이 지난 현재 그들이 매체에 여러 방식으로 노출된 것은 자연스러운 결과일 것이다.

인터뷰 참여자들에게 필자는 '당신의 삶에 대해서 이야기해줄 것'을 요청했다. 그럼에도 그들 모두는 남편과 아들,

가족의 억울한 죽음에 대해 먼저 이야기를 시작했다. 또한 당시에 어떤 일이 있었는지에 대한 질문이 아니었음에도 당시의 상황을 생생하게 묘사하며 감정이 격해졌다. 가족을 잃었다는 상실감과 분노가 5·18과 민주화라는 사회적 상황에서 주변인으로 머물러 있던 그들을 그 사건에 강력하게 속박시켰고 이후의 삶은 그들 가족의 억울한 죽음을 밝히기 위한 투쟁의 연속이었다. 유가족 1세대는 가족의 억울한 죽음과 진실을 알리기 위해 애써왔으며, 인정투쟁을 통해 억울한 죽음이 어느 정도 해소되었고, 사회적으로 인정을 받은 것으로 여겨지나 그 과정이 상실감과 분노를 없애기에는 충분하지는 않았다.

② 상실과 분노

상실과 분노는 참여자 모두에게 공통된 정서였다. 세월의 흐름으로 노쇠해진 기억과 신체로 인해 감정의 높낮이는 있었으나, 당시의 상실감은 대단히 컸다. 갑작스럽게 주검이 되어 나타나거나, 사망했다는 사실조차 알지 못한 채 시신을 기다리는 경우도 있었다. 가족의 갑작스러운 죽음을 수용하기 위해서는 그에 합당한 이유가 필요했다. 그러나 가족의 죽음은 이유를 찾기 어려웠다. 죽음의 이유를 찾기 위해 그리고 억울한 죽음을 인정받기 위해 가족 중 누군가는 국가와 다시 싸워야 했고, 자신 또한 폭력의 피해자가 될 수 있다는 두려움을 감수해야만 했다. 2세대의 생애 경로는 다음 절에서 논하겠으나, 굳이 나누자면 상실감과 분노의 크기는 부모의 경우가 상대적으로 컸다. 사망자의 양육자였던 부모는 자식의 죽음 이후에도 양육자의 역할을 이어가야 했다. 그들의 삶을 돌봤던 것처럼 그들의 죽음을 돌봐야 했고, 죽음 이후 그들이 갖게 되는 사회적 낙인과 억울한 상황으로부터 그들의 자녀를 보호하고자 하는 활동이 더 뚜렷하게 나타났다. 이에 비해 형제나 자매의 경우는 그리움과 관련된 정서가 더 두드러졌다.

유가족은 직접적 피해자는 아니었으나, 그날 이후의 투쟁 과정에서 직접적 피해자와 유사한 정체성을 갖게 되었다. 가족의 죽음 이후부터 시작되는 상실감과 분노, 인정투쟁은 유가족의 몫이었으며, 이 과정에서 국가라는 거대한 조직과 맞서며 새로운 피해를 입기도 했기 때문이다. 이것이 유가족들의 심리적 고통과 직접적 피해자가 호소하는 문제들 사이에 큰 차이가 없는 이유이며, 이들을 생존자survivor라고 지칭하는 이유이기도 하다.

③ 가족 갈등과 해체

가족 구성원의 억울한 죽음이 국가에 의한 것이었음이 인정되기까지는 오랜 세월 싸움이 필요했다. 그리고 그 세월 동안 가족의 죽음은 누군가의 책임이 되기도 했다. 이 과정에서 갈등과 해체가 발생했다. 그들은 서로를 반목하고 갈등하면서도 가족의 죽음에 대한 상실감과 분노는 공유했다. 가족의 구조적 혹은 기능적 해체로 인한 고통은 돌봄을 받아야 할 어린 자녀들에게 고스란히 돌아갔고, 어린 자녀들은 자신이 감수해야 하는 피해가 억울하고 부당하게 느껴져 원망이 컸다. 가족의 기능 상실로 인한 피해는 상대적으로 어렸던 2세대에서 더욱 두드러졌다.

④ 기대와 체념

유가족 1세대의 나이는 적게는 60세에서 많게는 83세였다. 그들이 언급한 "나에게 남은 시간"에는 가족의 사망 이후에 오랜 시간이 흘렀음을 의미하며, 그만큼 나이 들었고, 말 그대로 그들에게 시간이 얼마 남지 않았다는 뜻이었다. 그들이 남은 시간에 바라는 것은 '진실규명'이었다. 가족의 억울한 죽음에 대해 사회적으로 인정을 받았으나, 여전히 해소되지 않은 감정에는 책임자의 진정성 있는 사죄를 통한 용서와 화해가 포함되어 있다.

민주화의 순풍이 불었던 시기에는 가족의 죽음을 받아들이는 것이 어느 정도 가능했다. 특별법 제정 등 사회적 인식의 변화와 인정이 있었기 때문이다. 그러나 정권이 바뀔 때마다 그들 가족의 죽음과 5·18을 대하는 사회의 시선과 태도는 달라졌으며, 이러한 변화는 지난 수십 년간 되풀이되었다. 가족의 죽음은 달라지지 않았으나, 정권에 따라 해석이 달라진다는 것은 죽음에 대한 지위가 불안정하다는 걸 의미한다. 이는 정권과 사회에 대한 신뢰에 영향을 주었고, 정권의 태도와 사회적 분위기에 따라 유가족은 다시 무기력감을 느끼기도 했다. 책임자의 처벌과 사죄가 가능할 것인가에 대한 기대에는 좌절과 실망의 감정도 함께 담겨 있다. 이러한 현상에 대해 체념한 듯하면서도 마지막까지 놓지 못하는 기대는 국가폭력

〈표 2〉5·18 유가족 1세대 트라우마의 유형적 특성

연번	이름	중심현상	생애 경로	트라우마 유형
1	정서하	상실감, 억울함, 분노, 인정투쟁	상실/분노→ 죽음에 대한 저항과 증언	상실의 고통, 진실규명에 대한 분노와 저항
2	전소태	자책감, 억울함, 두려움, 공포	상실/분노→공포/회피→ 죽음에 대한 저항과 증언	상실의 고통, 2차 피해에 대한 공포, 진실규명에 대한 분노
3	박순환	억울함, 분노, 원망, 자책감	상실/분노→ 죽음에 대한 저항과 증언	상실의 고통, 진실규명에 대한 분노와 저항
4	김백운	억울함, 자책감, 그리움, 체념	상실/분노→ 죽음에 대한 저항과 증언→ 양가감정과 체념	상실의 고통, 진실규명에 대한 양가감정과 체념
5	배지호	상실감, 자책감, 분노, 인정투쟁	상실/분노→ 죽음에 대한 저항과 증언	상실의 고통, 진실규명에 대한 분노와 저항

트라우마에서 공통적으로 나타나는 '진실규명에 대한 양가감정'[15]과 동일한 것으로 보인다.

이러한 경험의 내용과 특징을 종합해보면, 유가족 1세대의 생애 경로는 ① 가족 상실과 분노: 가족 갈등과 해체, ② 죽음에 대한 저항과 증언, ③ 진실규명에 대한 체념과 양가감정으로 재범주화할 수 있다. 그러나 이러한 구분은 연속선상에 놓여 있어 유동적이고 중첩적으로 나타나는 특징을 보인다. 각 유형에 해당하는 생애 사례의 구조적 특징을 간략히 정리하면 〈표 2〉와 같다.

2) 사례 재구성: 유가족 1세대

① 가족 상실과 분노: 가족 갈등과 해체

박순환: "동생이 죽고 어머니는 아버지에게 따뜻한 밥을 해주지 않았어요."

박순환은 1960년 담양에서 8남매 중 장녀로 태어났다. 교육을 위해 광주에서 3명의 동생과 자취생활을 했고, 1978년 고등학교 졸업 이후에는 ○○에 취업했다. 1980년 그의 동생 박종순은 고등학교 졸업을 앞두고 이미 은행에 취업이 확정된 상태였고, 취업을 앞둔 4월 종순은 언니가 있던 ○○로 여행을 와서 언니에게 마음에 드는 옷을 사달라고 졸랐던 일이 있었다. 그러나 당시 상황이 여의치 않아 동생이 마음에 들어하는 옷을 사주지 못했고, 광주로 돌려보낸 것이 마지막이었다. 박순환은 이를 두고두고 후회한다고 했다.

1980년 5월 25일경 부모님으로부터 동생 종순이 21일 광주 집에서 나간 이후 연락이 없다는 전화를 받았다. 그 길로 외삼촌 차를 타고 광주로 향했고, 동생을 찾기 위해 15일 동안 신발을 신는 것도 잊은 채 여기저기 뛰어다녔으나, 동생의 행방을 알 길이 없었다. 동생이 사라진 것에 대해서 주변에서는 "북한으로 넘어갔다"고 수군거렸고, 박순환의 가족은 "폭도"와 "간첩"이라는 손가락질을 받기도 했다. 동생의 행방을 찾기 위해 무당을 찾아가 수차례 점을 보기도 했으나, 헛수고였다. 그러던 중 1980년 8월 시청에서 사망자 유류품을 확인하는 과정에서 동생이 자신의 옷을 입지 않고 친구 '고민지'의 옷을 입고 있었다는 사실을 알게 되었다. 동생은 주남마을로 가는 미니버스에서 공수부대원의 총격을 받고 사망했다고 했다. 땅에서 파낸 동생의 시신은 형체를 알아볼 수 없을 정도로 훼손되어 있었고, 심하게 부패되어 있었다. 그나마 시신을 확인하는 것도 안기부의 감시와 통제 속에서 이루어져 박순환과 그들의 가족은 시신을 사진을 통해서만 확인해야 했다. 부모님은 동생의 죽음을 받아들이지 못했고, 고통스러워했다.

동생의 죽음 이후 모든 것이 달라졌다. 오랜 세월 마주하고 살았던 이웃과 친척들마저도 등을 돌렸고, '폭도의 집안'이라며 손가락질을 했다. 어머니는 3년 동안 집에서 동생을 위한 제사를 지냈고, 어린 자녀들을 돌보지 않아 가사와 동생들에 대한 양육은 오롯이 박순환의 몫이 되었다. 남은 동생들은 돌봄을 받지 못한 것에 대한 원망을 박종순의 죽음으로 돌렸고, 많은 원망을 했다. 박순환 역시 힘들었던 시기에 동생의 죽음을 원망하기도 했다. 더욱이 종순의 죽음을 남편의 탓으로 돌렸던 어머니는 동생의 죽음 이후 한 번도 아버지에게 따뜻한 밥을 차려주지 않았고, 늘 심한 갈등 속에서 살다 돌아가셨다.

1987년까지 정보과 형사의 감시가 이어졌고, '폭도'의 낙인이 늘 따라다녔다. 1997년 박종순의 묘를 국립묘지로 이장할 때 처음 동생의 시신을 보았고, 비록 백골이 되었지만 동생의 모습을 알아볼 수 있었다. 키가 크고 똑똑했으며, 책 읽기를 좋아하던 동생은 백골이 되어 돌아왔다. ○○에서 일하던 그는 동생의 죽음과 동시에 5월 단체 활동을 시작했고, 투쟁의 선봉에 섰다. 부모님의 갈등과 동생들의 원망, 자신도 피해자가 될 수 있을 거라는 공포를 견뎌냈으며, 민주화와 5·18 희생자들의 명예회복에 대한 열망으로 지금껏 살아왔다. 그는 자신의 활동에 대해 보람을 느끼고 자부심을 가지고 있으며, 그의 딸도 5·18 관련 단체에서 일을 하고 있다.

박순환은 동생의 죽음 이후에 심한 가족 갈등을 경험했다. 많은 형제 중 장녀였던 그는 양육의 부담을 자신이 떠안아야 했고, 그 와중에 인정투정에도 동참했다. 박순환의 사례는 가족 사망으로 인한 상실감을 잘 드러내고 있으며, 동생의 죽음으로 인해 가족 내 갈등이 발생하는 과정과 사회적 낙인의 경험을 보여주고 있다. 가족의 죽음 이후 찾아온 가족 갈등은 상실에 대한 충분한 애도를 하기 어렵게 만들었다. 이는 국가폭력의 폭력성이 사망자에 국한되어 행사되지 않았음을 잘 보여준다.

② 국가폭력에 대한 공포와 회피에서 저항과 증언자로

전소태 : "하얀 고무신을 품에 안고 기뻐하던 동생의 모습을 잊을 수가 없어요."

전소태는 1961년 광주에서 3남 2녀 중 장남으로 태어났다. 그의 아버지는 5대 독자로 그 당시 대학을 나온 재원이었으며, 매우 엄격하여 그에게 술, 담배를 못 하게 했고, 지금도 그는 술, 담배를 하지 않는다고 했다. 그는 중학교를 졸업하고 바로 취업하여 생계에 참여했고, 1980년에는 광주 ○○동에 있는 ○○자동차 공업사에 취업을 했다. 5월 18일부터 20

일까지는 버스 운전을 하며 시위대 수송을 도왔다. 그러던 중 아버지에게 붙잡혀 집에 있는 고구마 굴에 갇혀 생활하게 되었다. 5월 24일 고구마 굴에 숨어 지내던 그는 마을 방송에서 '전해주가 죽었다'는 소식을 들었다. 전해주는 그의 막냇동생이었고, 당시 초등학교 4학년으로 나이는 11세였다. 방송을 듣고 밖으로 뛰쳐나온 그는 총알이 날아오는 와중에도 동생에게 달려가 동생의 시신을 수습했다. 항아리에 동생을 넣어 매장했고, 약 10일 후 다시 시신을 파내 전남대병원에서 총상으로 인한 사망 판정을 받았다. 전소태의 어머니는 동생의 죽음 이후에 화병을 얻어 가정을 돌보지 못했고, 결국 아들의 죽음에 대한 충격을 이기지 못하고 1985년 사망했다. 부친은 청문회에 증인으로 출석해 아들의 억울한 죽음을 밝히고자 했는데 증거가 충분치 않다는 이유로 증언이 받아들여지지 않았다. 그리고 술에 의지한 채 지내다 2000년에 사망했다.

동생이 사망한 후 안기부는 전소태를 10여 년 동안 감시했다. 안기부는 자동차를 잘 다루던 그가 돌발행동을 할 것을 염려하여 전두환을 비롯한 고위급 인사들이 광주에 방문할 때면 3일 전부터 그를 데리고 전라도 여기저기를 돌아다녔다. 어떤 날은 광주공원 인근 지하 벙커에 간 적도 있었는데, 전소태는 소리도 없이 죽을 수도 있겠다는 공포가 아직도 선명하다고 회고했다. 10여 년간의 감시와 사찰은 그를 지치게 했고, 5·18에 관심을 두지 않고 살아가도록 했다. 그리고 동생의 끔찍한 죽음이 떠오르는 것이 견디기 힘들어 그는 동생 사진을 비롯한 모든 유품을 불태워버렸다. 그의 마음에는 국가에 대한 원망과 공포, 그리고 불신이 깊게 자리 잡았다. 그러던 중 3년 전 구청에서 동생의 노제를 지낸다는 소식을 들었고, 그 뒤 동생의 죽음을 세상에 알리기 위해 동분서주하고 있다.

전소태는 슬하에 2남 1녀를 두었고, 3년 전 동생에 대한 기록을 아들에게 컴퓨터로 입력해줄 것을 부탁하면서 그의 아들 또한 삼촌의 죽음을 알게 되었다. 자식들에게 말하지 못할 만큼 동생의 죽음은 아픈 상처였고, 이를 드러낸 지금은 한편으론 홀가분하면서도 밀려드는 슬픔에 눈물을 흘리는 날이 많아졌다. 예전에는 가족을 돌보고 지키기 위해 국가에 대해 원망을 할 수도 없었다. 자신 역시 언제든지 죽임을 당할 수 있다는 두려움 때문이었다. 그러나 이제 생계를 돌보지 않아도 될 만큼 여유가 생겼고, 자신의 과업을 모두 마쳤다는 생각에 동생의 억울한 죽음을 풀어야겠다는 결심을 하게 되었다.

현재 전소태는 광주 ○○동에 있는 자동차 정비소를 두 아들과 함께 운영 중이다. 동생이 죽던 1980년 5월 24일은 전소태가 첫 월급을 탄 날이었다. 전소태는 동생에게 하얀 고무신을 선물했고, 동생은 이를 자신의 동무들에게 자랑하기 위해 집 밖으로 뛰어나갔다. 전소태는 그날의 장면을 떠올리며 "그때 내가 고무신을 선물하지 않았더라면 네가 죽지 않았을 텐데"라며 회한의 눈물을 흘렸다.

전소태의 생애사는 가족의 사망 이후 지속된 사찰과 감시가 국가폭력에 대한 공포와 두려움을 발생시켜 가족의 죽음에 대해 침묵하게 만들었던 사례를 보여준다.

3) 외상 과정의 유형적 특징: 유가족 2세대

① 발화의 맥락

유가족 2세대의 경우도 1세대와 마찬가지로 과거 언론사와의 인터뷰 경험이 여러 차례 있었다. 이들의 부모는 5·18때 사망했거나, 신체적·정신적 후유증을 지니고 있었다. 이들은 5·18을 간접적으로 경험했고, 성장 과정에서 부모의 물리적·정신적 부재로 인해 경제적 어려움과 심리적 어려움을 겪었다. 생계유지를 담당했던 양육자의 죽음과 부상은 경제활동에 직접적인 영향을 주었고, 결과적으로 그들의 삶에서 선결해야 할 과제는 늘 경제적 문제였다. 자신이 가장의 역할을 대신하기도 했으며, 진로 선택과 사회 진입 과정에서 어려움이 지속되었다. 이는 부모에 대한 원망, 5·18에 대해 무관심한 태도라는 심리적 결과로 이어졌다. 이들은 자신의 의지와 관계없이 '빨갱이' '폭도의 자식'이라는 낙인을 경험해야 했다. 여기에서 벗어나려고 노력했음에도 사회적 시선이나 평가를 변화시키는 것은 불가능했고, 그 앞에서 무력감과 분노를 느꼈다.

구술자들 대부분은 구술생애사 인터뷰에 참여하는 것을 망설였다고 말했다. 그 이유는 이러한 참여가 그들의 억울함과 그동안의 삶의 고단함을 해소해줄 수 없으며, '책임자 처벌'과 '진실규명' 같은 문제들이 여전히 해결되지 않고 있기 때문이었다. 그럼에도 심층 면접에 참여하게 된 것은 '아버지' '어머니'의 죽음과 이에 수반되는 고통, 억울함을 알리기 위해

서이며 자신과 이어져 있는 5·18에 대해 이야기하기 위해서라고 밝혔다.

② 불안정한 성장환경

유가족 2세대 구술자들은 경제적 어려움을 겪었으며, 학대를 경험한 경우도 있었다. 경제적 어려움은 전술한 바와 같이 경제활동의 중심에 있던 아버지의 사망과 부상으로 인해 가족의 생계가 유지되기 어려웠기 때문이다. 가족의 부상 치료에 대부분의 수입이 지출됐고, 성장 과정에서 적절한 돌봄을 받기를 기대하는 것은 어려웠다. 가족을 유지하는 것이 최선이라는 생각에 불안정한 가정환경에 저항하기보다는 이를 수용하는 쪽을 택해야 했다. 때로는 가정에서 폭력이 발생하기도 했다. 아버지의 죽음을 자신의 탓으로 여기는 조부모의 모진 매질을 당하기도 했으며, 고문 피해자인 아버지는 극심한 폭행과 고문의 상처를 어머니와 다른 가족 구성원에게 화풀이하듯 쏟아내기도 했다. 그러나 이러한 폭력은 아주 어린 시절에 행해진 것이어서 그것이 부당하거나 잘못된 것이라고 판단하기 어려웠다. 그래서 자신의 가정환경이 남들과 다르다는 것을 깨달은 것은 여느 또래들은 자신과 같은 경험을 하지 않는다는 사실을 인식하기 시작한 후부터였다.

출생 이전부터 있었던 부모님의 부재는 상실과는 거리가 멀었는데, 엄밀히 말해 상실감이라고 하는 것은 그 대상이 원래부터 있어야 가능한 것이기 때문이다. 그래서 이들에게 부모님의 부재는 '상실'이라기보다는 '결핍'에 가까웠다. 이 결핍은 그들 자신이 아버지와 어머니가 되었을 때 나타났다. 적절한 돌봄을 받은 경험이 없었기 때문에 그들은 자신의 자녀들을 돌봐야 할 때 혼란을 경험했으며, 부모님의 부재와 관련된 상실감은 이 지점에서 발생하는 것으로 보인다.

③ 5·18에 대한 속박

유가족 2세대들의 삶은 5·18과 긴밀히 연결되어 있었다. 그들의 출생이 자신이 선택한 게 아니었던 것처럼, 그들이 접하며 살아왔던 환경 역시 그들이 선택한 게 아니었다. 이러한 의미로 그들이 5·18과 밀접하게 연결되어 있다는 것은 부정하기 어렵다. 어떤 구술자는 부당한 것을 바로잡기 위해 적극적 증언자로서의 삶을 선택했으며, 또 다른 구술자는 방관자 혹은 경계인의 삶을 살아가기도 했다. 표면적으로는 매우 다른 삶의 방식을 선택한 것으로 보이지만, 이들은 모두 5·18과 한데 엮여 있었다. 방관자 혹은 경계인으로 살아가는 삶을 선택한 것도 결국은 5·18 때문이었고, 적극적인 참여를 통해 5·18의 진실을 증언하고자 했던 이유도 5·18 때문이었다. 5·18에 대해 관심을 갖게 될 경우 그에 대한 분노와 원망을 자신이 감당하기 어려울 것이라 생각했으며, 5·18에 대해 무관심하게 지내왔던 것의 이면에는 관심을 가져봐야 이 복잡한 상황을 바꾸기란 어려울 것이라는 체념이 자리했다. 관심과 무관심은 개인이 선택할 수 있는 전략이며, 이는 개인의 삶에서 발생하는 사건이나 변화에 따라 달라질 수 있는 것이다.

④ 부당한 재현과 양가감정

유가족 2세대 구술자들은 '양면성' '이중성'과 관련된 경험을 공통적으로 보고했다. 민주화운동의 선봉에 섰던 '열사'와 '영웅'이라는 수사의 이면에는 '빨갱이'와 '폭도'라는 평가가 자리하고 있었다. '양면성'과 '5·18에 대한 양가감정'은 이러한 경험에서 기인하는 것으로 보인다. 이들은 사회적 관심과 인정이 있을 때는 안정감과 소속감을, 사회적 낙인과 왜곡이 있을 때는 회의감과 분노를 경험했다. 이들은 종종 사회적 관심의 이면에 자리한 5·18에 대한 부인과 왜곡을 목격했으며, 형식적 진실규명으로 피해가 지속되는 현실에 분노감을 드러냈다. 이러한 반응은 5·18 유가족 2세대뿐만 아니라 대부분의 국가폭력 피해자에게서 동일하게 나타났다. 그들은 자신의 명예가 회복되고 진실이 규명될 것을 기대하지만, 동시에 국가에 대한 두려움과 공포 또한 지니고 있었다.

이러한 특징을 종합해보면, 유가족 2세대의 생애 경로는 ① 불안정한 성장환경: 결핍과 상실감, ② 5·18에 대한 속박, ③ 진실규명에 대한 양가감정으로 재유형화할 수 있다. 각 유형에 해당하는 생애 사례의 구조적 특징을 간략히 정리하면 〈표 3〉과 같다.

4) 사례 재구성: 유가족 2세대

① 5·18의 속박, 그리고 승화
김서암 : "나의 유족회 활동은 아버지의 5·18을 이해하려

〈표 3〉 5·18 유가족 2세대 트라우마의 유형적 특성

연번	이름	중심현상	생애 경로	트라우마 유형
1	손광호	상실감, 경제적 어려움, 억울함, 분노, 슬픔, 체념	상실→방관자→ 5·18에 대한 속박→ 진실규명에 대한 양가감정	상실의 고통, 사회적 낙인, 양가감정
2	김서암	경제적 어려움, 슬픔, 두려움, 진실을 알리기 위한 활동, 가족 내 폭력의 재생산	불안정한 성장환경→ 적극적 증언→ 5·18에 대한 속박	폭력의 재생산, 사회적 낙인
3	기동경	경제적 어려움, 억울함, 무관심, 침묵, 돌봄의 부재, 친밀성의 장해	양육 결핍→ 방관자/진실규명에 대한 양가감정	양육 결핍, 양가감정

는 노력이었어요."

　김서암은 1986년 광주에서 1남 1녀 중 장녀로 태어났다. 5·18 당시 18세였던 그의 아버지는 시민군으로 활동하던 중 체포되어 상무대로 끌려갔고, 전기고문과 모진 폭행을 당했다. 그녀가 어린 시절부터 아버지는 매우 폭력적인 행동을 반복했는데, 이에 대해 그녀는 "모든 아버지가 그러는 줄로 알았다"고 말했다. 아버지의 행동이 무섭고 겁이 났지만 당연한 것으로 받아들이며 지내야 했고, 어머니 역시 가정폭력의 희생자였다. 아버지의 폭력은 일상이었다. 천둥 번개가 치는 날이면 아버지가 가족 모두를 구석으로 숨으라고 소리를 쳤다. 식사를 하다가 TV에서 전두환이 나오면 상을 뒤집어엎는 일이 부지기수였고, 이런 일이 있을 때마다 김서암은 숨어서 눈물을 흘렸다.

　매년 5월이 되면 아버지의 이런 행동은 더욱 심해졌다.

그녀가 유치원을 다녀온 어느 날 어머니는 "아빠가 아파서 그래"라며 숨겨놓았던 5·18 관련 비디오를 보여주었다. 5·18 당시 상황이 그대로 담겨 있던 그 영상은 어린아이가 보기에는 매우 충격적이었다. 그날은 그녀가 '아버지의 5·18'을 경험한 날이었으며, 아버지를 이해하기 시작한 날이었다. 그러나 아버지의 폭력의 원인을 알게 되었다고 해서 고통스럽지 않은 것은 아니었다. 계속되는 가정폭력에 어머니가 집을 나가지 않을까 전전긍긍했고, 어머니의 뜻을 거스르거나 사춘기의 갈등 한번 없이 "애 늙은이"처럼 행동해야 했다. 어렸을 때 동생과 함께 TV를 보다 "고아원"이 나오면 "우리도 저기에 가게 될 수도 있겠다"는 생각이 들어 행동을 더 조심히 했다. 초등학생이던 어느 날 잠결에 아버지의 흐느끼는 소리가 들렸고, 놀라서 자는 척을 했지만 잠들어 있는 자신을 보며 아버지가 "미안하다"고 말했던 기억이 아직도 생생하다. 그날 이후 김서암은 아버지의 행동을 조금 더 이해하고 용서할 수 있게 되었다. 대학에 진학할 당시 주변의 친구들은 '5·18 유공자'의 자녀인 자신이 가산점을 받아 학교에 가는 상황을 부러워했지만, "우리 아빠는 5·18 때 뭐 했나 몰라"라는 말에서 5·18 피해자의 특권에 대한 질투 어린 시선을 느꼈다. 대학에서 사회복지학을 전공하게 된 것은 자신과 같이 힘든 일을 겪는 사람들을 도와주고 싶다는 막연함 때문이었다.

　　동생 또한 이런 과정에 함께 노출되었고, 순하기만 했던 동생은 군대에 다녀온 뒤로는 말수가 줄어 지금은 거리를 둔 채 생활하고 있다. 어려서는 자신과 대화도 많이 하고 가까운 친구 같았던 동생은 가족들과 대화를 단절한 채 친구들과만 어울리며 직장에도 적응을 하지 못하고 있다. 이런 동생의 변화가 '5·18 트라우마'의 영향일지도 모른다는 생각에 그녀는 늘 마음이 무겁다.

그녀는 어려서부터 "빨갱이의 자식" "폭도의 자식"이라는 소리를 듣곤 했다. '빨갱이'가 무슨 뜻인지 '폭도'가 어떤 사람인지조차 모를 때였다. 동네 나이 든 어른들조차도 "보상을 받았는데 또 저런다"며 손가락질을 했다. 그래서 자신이 5·18 유공자의 자녀임을 떳떳하게 말하지 못했고, 이를 숨긴 채 살아야 했다. 영화 〈화려한 휴가〉가 개봉되었을 때, 그는 용기를 내어 댓글을 달았고, 그의 댓글에는 응원하는 사람도 있었지만, "폭도, 빨갱이 자식"이라는 댓글도 적지 않았다. 그때 5·18을 대하는 사람들의 태도가 모두 같지 않음을 알게 되었다. 그녀의 어머니는 아버지의 억울함을 풀기 위해 몸을 사리지 않고 5월 관련 단체에서 주최한 거의 모든 행사에 참여하며 열성적으로 활동하고 있다. 그녀 또한 학창 시절부터 어머니를 따라 5월 관련 행사에서 봉사활동을 하면서, 정권에 따라 사람들이 5·18을 대하는 것이 달라지는 모습을 자연스럽게 접할 수 있었다. 시간이 흘러 진실이 알려지기 시작하면서 사람들은 5·18을 기억하려고 애쓰는 것처럼 보였다. 그러나 그들의 관심은 1년 중 5월에만 한정되어 있었고, 그 시기가 지나면 사람들의 관심은 시들해지는 듯했다.

어느 날 5·18 2세대들의 모임에 참여해 사람들과 이야기를 나눈 것이 마음에 큰 위로가 되었다. 그녀는 5·18이 자신의 삶의 일부인 것을 알게 되었고, 태어나는 순간부터 자신은 5·18과 연결되어 있는 것 같다고 진술했다. 아버지는 5·18을 증오했고, 아버지가 이를 겉으로 드러내서 다시 기억하게 만드는 것은 너무도 힘든 일이었다. 아버지가 하지 못하는 일을 자신이 대신해야겠다는 생각에 2세대들과의 모임에 열심히 참여했고, 언론사들의 인터뷰에도 여러 차례 응했다. 꺼내기 어려운 이야기였으나 도움이 될 것이라고 생각했기 때문이다. 그러나 언론사들은 "내 이야기보다는 그들이 듣고자 하는 이야기만" 도려내 사용했고, "5·18 유공자들이 폭력성이 높다"는 식의 보도를 했다. 몇 차례 인터뷰에서 같은 이야기를 반복하고 비슷한 결과들이 되풀이되자 이후에는 인터뷰를 피하게 되었다.

그녀는 대학을 졸업하고 '가정폭력 상담'을 9년째 해오고 있다. 처음에는 하고 싶지 않았지만, 현재는 가정폭력 상담을 하면서 상처받았던 자신의 모습을 발견하게 되고, 그들에게 도움을 주며 자신 또한 치유되는 것 같다고 말했다.

김서암의 사례는 5·18의 고통을 알리는 증언자이자 전달자로 나선 유가족 2세대의 전형성을 보여준다. 자신의 아버지가 가정폭력만 일삼는 폭군이 아니라 5·18 당시의 폭행과 고문으로 인해 여전히 고통받고 있다는 사실을 알리는 것은 자신의 건강한 정체성을 찾는 데 필요한 과정이기도 하다. 또한 이 사례는 국가폭력의 결과가 가정 내 폭력으로 재생산되는 과정을 보여주고 있다. 가정 내 폭력의 재생산은 특히 여성에게 더 가혹했으며, 이는 국가폭력 피해 경험에 젠더 차가 있음을 의미한다.

나아가 김서암은 자신의 가정폭력 경험을 '가정폭력 상담사'라는 직업 활동을 통해 승화시키며, 자신의 삶이 5·18과 연결되어 있음을 더 적극적으로 수용하는 유형적 사례에 해당한다.

② 진실규명에 대한 양가감정: 양육 결핍

기동경 : "처음부터 아버지가 없었기 때문에 상실감을 느껴본 적이 없어요."

기동경은 1980년 광주에서 독자로 태어났다. 아버지는 그가 태어난 지 얼마 지나지 않아 5·18에 참여하여 5월 21일 사망했는데, 당시 아버지 나이는 23세였다. 이후 할아버지, 할머니와 함께 살았는데, 그의 조부모는 아버지와 어머니 모두 사망했다고 말했다. 자세한 내용을 묻기에는 너무 어렸고, 딱히 알고 싶다는 마음도 들지 않아 그런 채로 살았다. 그리고 해마다 5월이 되면 부쩍 예민해진 할아버지는 "자식을 잡아먹었다"며 그를 많이 때렸다. 그러던 중 초등학교 6학년이 되었을 때 돌아가신 줄로 알았던 어머니로부터 연락이 왔고, 어머니에게 들었던 그동안의 삶은 그가 할아버지를 통해 듣고 자랐던 것과는 차이가 있었다. 어머니의 이야기를 듣고 나서도 그는 조부모에게 어머니한테 왜 그랬는지에 대해서 묻지 않았다. 어머니는 그에게 함께 살 것을 제안했으나, 어색함이 싫어 거절했다. 어머니의 존재가 "원래 있었다 없으면 애틋하겠는데, 태어날 때부터 쭉 없어서 별 감정이 없다"는 것이다.

그리움, 공허함을 느끼기에 삶은 늘 쫓기듯 지나갔다. 할아버지는 아무 일도 하지 않았고, 그에게 바르게 살 것만을 강조했다. 생계는 할머니에 의해 쪼들리며 꾸려졌다. 그는 할아버지의 무능함과 무책임함을 원망하며 살았으나, 후에 할아버지가 "빨갱이의 부모"라는 낙인 때문에 취업을 할 수 없었고 늘 사복 경찰이 따라붙어 아무것도 할 수 없었다는 사실을 전해 들었을 때, 할아버지의 삶을 조금이나마 이해할 수 있었다.

그는 늘 경제적인 압박에 시달렸고, 늘 현실적인 걱정이 앞섰다. 먹고사는 것이 그에게는 최일선의 문제였다. 삶이 고단하고 힘들 때면 "기댈 곳이 없다"는 것에 원망을 하기도 했다. 고등학교 시절에는 전두환을 암살하는 상상을 하곤 했는데, 영화 〈26년〉에서 자신이 상상했던 일들이 펼쳐지는 것을 보고 묘한 감정을 느꼈다고 한다. 꿈을 좇기보다는 실리를 택해야만 했던 그는 자신을 "계산적인 사람"이라고 설명했다. 대학을 선택할 때도, 직장을 선택할 때도 그에게 중요한 기준은 "나에게 이득이 되는 것"이었다. 그는 "5·18에 대한 관심이 없었다"고 말하면서도 "5·18을 알게 되면 원망과 분노가 커질 것 같았기 때문"이라며 설명했다. 대학을 졸업하고 안정적인 직장을 갖고 가정을 꾸려 살아가면서 그는 더 소심하고 조심스러워졌다. 자신이 이룬 소중한 현실이 깨질까봐 두려워서였다. 안정적인 삶을 살아가기 위해 무리하지 않는 것, 실리를 따지는 것이 그에게는 최선의 가치가 되었다. 1남 1녀의 자녀를 둔 부모가 되니 할아버지가 자신에게 던진 원망 섞인 말들을 어느 정도 이해하게 되었고, 어머니와는 더 자주 만나게 되었다. 아버지를 경험하지 못했던 그는 자신이 자녀들을 어떻게 대해야 할지 몰라 당황스러울 때가 종종 있다. 자녀를 혼내고 나서 어떻게 다가서야 하는지, 사랑과 애정을 어떻게 전달해야 할지 고민하는 자신의 모습에서 그는 자신의 아버지를 떠올렸고, 5·18을 생각하게 되었다. 5·18로 인해 고아처럼 자라야 했고, 남들과 같은 가족관계를 경험하지 못했던 것에 대해서 "아무렇지 않다"고 말하지만, 그의 내면에는 근본적인 공허함과 결핍이 자리하고 있으며, 이 출발점 역시 1980년 5월이었다.

기동경은 5·18 당시 부친이 사망한 2세대라는 점에서 앞의 유가족 2세대와 다른 점이 있다. 기동경의 사례에서 상실감은 매우 두드러짐에도 그는 상실감을 경험한 적이 없다고 진술했다. 그는 경제적 어려움과 정서적 학대, 의지할 곳이 없다는 것에 대한 고립감을 경험했다. 그럼에도 그의 감정은 매우 편평한flat 느낌을 주어 독특함을 나타냈다. 그는 부모가 있는 2세대와 자신의 삶이 다름을 인식하고 있었으며, 이러한 차이는 앞서 제시한 김서암의 사례와 구분된다. 김서암이 가족관계를 지키려고 노력했던 반면, 기동경은 구조적·기능적 가정이 존재하지 않았기 때문에 그가 호소한 정서는 상실감이라기보다는 결핍에 가깝다. 이러한 경험이 그가 5·18과 사회에 냉소적인 태도를 갖게 만들고, 방관자 혹은 주변인으로서의 삶을 선택하게 한 것으로 보인다. 그럼에도 그의 구술 방향은 5·18과 항상 닿아 있어 양가적인 특징을 드러낸다.

4. 인권침해 내용 분석: 5·18 유가족의 인권침해와 트라우마

이상의 결과를 토대로 5·18 유가족 1세대와 2세대에게 드러나는 국가폭력의 전이 과정과 트라우마의 특징을 인권침해 차원과 연결하여 제시하면 다음과 같다.

여기에서 볼 수 있는 것처럼 5·18 유가족 1세대와 2세대는 가족의 사망으로 상실을 경험한 이후 인정투쟁과 진실규명 과정에서도 다양한 인권침해를 새롭게 경험했다. 20개 항목으로 추출된 인권침해와 트라우마 경험을 ① 피해의 재생산, ② 취약한 가정환경, ③ 사회적 낙인, ④ 고통의 세대 전이라는 4개의 범주로 묶어 살펴볼 수 있다.

① 피해의 재생산

피해의 재생산은 주로 유가족 1세대에 해당하는 것으로 그들은 직간접적으로 트라우마에 노출되었다. 죽음을 직접 목격했거나, 사건 현장에 함께 있었던 경우가 많았다. 남편의 죽음과 가족의 죽음은 그들의 삶을 변화시켰고, 평화로웠던 가족의 일상에 큰 파장을 일으켰다. 또 다른 피해를 입게 될까 두려워 억울한 죽음을 호소하지 못했고, 슬픔을 나눌 수 없는 경우도 있었다. 가까웠던 이웃과 친척들까지도 곱지 않은 시선을 보내기도 했으며, 사복 경찰의 감시를 받으며 더욱 심한 고통을 겪었다. 가족의 죽음을 받아들이는 것은 쉽지 않았으며, 부모님은 자녀의 죽음을 서로의 탓으로 돌려 심하게 갈등하기도 했다. 남편의 죽음으로 경제적 어려움이 컸고, 남편의 죽음은 자신의 탓이 되어 시어머니와의 갈등이 발생했으며, 어린 자녀들을 돌보는 데도 어려움이 많았다. 생애 전반에 걸친 이러한 고통스러운 경험은 이들이 매우 심각하게 국가로부터 안전권을 침해받아왔으며, 안전권의 위협은 다시 가족을 구성하고 유지할 권리를 위협하는 요인이 되었음을 시사한다.

"엄마하고 아버지하고, 그 짧은 생을 사시면서, 좋게 사신 걸 한 번도 못 봤어요. 맨날~ 둘이 싸우고- 그러니까 무슨- 교육이 얼마나 집안 교육이 됐겠어요? 안 데리고 왔다고. 안 데리고 왔는데 니가 잡아 죽었냐- 인자 남편- 이고 뭐고 할 것 없어요. 니가, 자식 잡아먹었다고 인자. 아버지한테 그런 거죠. (중략) 부부가 인제, 완전, 원망으로~ 인자- 사셨죠. 그러다가 엄마 돌아가시고 얼마나~ 아버지가, 고통을, 인자- 마음적인 고통을 받고- 아버지한테 진짜- 제가 생각을 해도 엄마는 아버지한테 따뜻한 밥을 그날 이후로는 안 해줬어요." (박순환)

"어떤 제대로 된, 의료 처리를 못 받은 거죠. 그냥 결국은 병원에서 우리가 보통 마이신 가루라 하죠? 그것만 이렇게, 상처 부위에다 이렇게 바르고. 그러고 나서 어떤 정상적인 의료 치료를 아예 못 받은 거니까. 병원도 마찬가지 그 고쳐주 뭐 이렇게 치료를 해주면은, 같은 간첩이라 한통속이라 되

니까 그것도 아는 사람 없으면 그 자체도 안 되는 상황이었거든요." (손광호)

대부분의 유가족 1세대는 정부 기관으로부터 사찰과 감시를 받은 경험이 있었다. 그럼에도 항변을 할 수 없었던 것은 또 다른 피해가 발생할지도 모른다는 두려움이었다. 이들은 국가로부터 보호를 기대하기는커녕 신체의 자유를 비롯한 안전권의 위협을 경험해야 했으며, 표현의 자유를 계속해서 억압당했다. 국가에 의한 가족의 억울한 죽음과 피해 사실을 밝히기 위해 자신을 국가에 노출해야 한다는 사실은 국가폭력의 진실규명 과정이 품고 있는 아이러니이며, 이 과정에서 국가폭력에 대한 공포와 2차 트라우마를 경험하기도 한다.

"안기부 애들이 저를 매일 관리를 합니다. 어디를 가는지. 혹시 누가 국가 원수가 내려오면은, 3일 전에 저를 잡아놔요. 잡아다가 같이 자기들하고. 그 안기부 차를 타고 제가. 해남을 갔다가. 갔다 왔다 보면은 사실 대통령 왔다 가고. 그런 어려운 생활을 제가. 한 10년 이상 했습니다." (전소태)

② 취약한 가정환경
유가족 2세대의 경우 부모의 사망과 부상 후유증으로 경제적 어려움을 겪었고, 이는 진로 선택과 삶에 대한 태도에도 영향을 주었다. 어린 나이에 가장의 역할을 도맡아야 했으며, 현실적인 문제로 늘 고민해야 했다. 그런 점에서 이들은 아동

권에 포함되어 있는 보호와 돌봄, 발달과 발전의 권리를 제대로 누릴 수 없었다. 아동권에서는 한 개인이 사회의 존엄한 주체로서 성장하고 삶을 영위하기 위해서는 아동기에 조화로운 인격 발달이 필요하며, 이를 위해서는 적절한 보호와 배려가 필요함을 강조하고 있다. 하지만 그들이 처한 환경에서 이를 기대하기란 매우 어려웠으며, 오히려 신체적 혹은 정신적인 학대와 방임을 경험했다. 또한 부모의 부재는 돌봄에 대한 경험의 부재로 이어져 현재 자신의 자녀를 양육하는 데도 영향을 미쳤다.

한편 경제적 어려움은 5·18 유공자 실태조사에서도 보고된 바 있으며, 이는 국가폭력으로 인한 피해가 충분히 보상되지 못했음을 의미한다. 일시적인 보상금은 근본적인 문제를 해결하는 데 도움이 되지 못했다.[16]

"가세가 확 갑자기 기울은 거예요. 근데 아버지는 또, 자식들 먹여 살리니까 또 운전하고. 새벽에 나갔다가 저녁에 퇴근하시고 그러니까, 그 시간 동안 애들이 방치가 되는 거예요. 그럼 어쩔 수 없이, 갑자기 애어른이 된 거죠." (손광호)

"아빠가 경제활동을 못 하다 보니까, 엄마가 혼자 돈을 버는 것도 한계가 있고, 그래서 엄마가 너무 힘들어하셨어요." (김서암)

"엄마가 집을 나갈 거- 같다라는 불안감이 들기 시작하더라고요. 이렇게는 우리 엄마가 못 버티겠구나, 그 어린 나이에도 그랬어요. 그래서, 계속, 아, 내가 엄마를 위해 할 수 있는 거는 그 나이에 없었으니까는, 내가 할 수 있는 거는 엄마 말을 최대한 잘 듣자! 그래서 엄마가 말하는 거는 뭐든지 다 했어요." (김서암)

③ 사회적 낙인

유가족 1세대와 2세대들은 5·18 유가족에 부과된 사회적 낙인을 여러 형태로 경험하면서 5·18의 부정적 영향을 호소했다. 가까웠던 친척과 이웃마저도 "폭도" "빨갱이"라며 그들을 멀리했고, 유공자로 인정을 받은 이후에야 가족의 죽음을 떳떳하게 말할 수 있었다. 특히 2세대들은 "빨갱이" "폭도의 자식"이라는 말을 주변에서 듣기도 했다. 유가족 2세대에게 사찰과 감시와 같은 일은 일어나지 않았으나, 일상에 도사리고 있는 사회적 낙인과 편견을 경험했고, 이는 이들이 생애 전반에 걸쳐 차별받지 않을 권리, 즉 평등권을 상당히 침해받아왔음을 보여준다. '폭도' '빨갱이'라는 호명은 적대와 경멸, 비하의 의미를 내포한다는 점에서 이들의 존엄을 훼손하고 사회적으로 고립시키고 배제시키는 차별의 기제로 사용됐다. 결국, 이러한 경험은 자신의 성격이나 행동은 물론, 결혼과 사회생활에도 부정적인 영향을 미쳤고, 그 원인이 5·18이라는 생각에 국가와 사회에 대한 원망과 분노를 드러내기도 했다.

"인제 빨갱이 자식이다, 이렇게 말을 하는 부분- 인제 둥글

둥글 말하는 거는 초등학교 때도 들었어요. 그때 더 많이 오히려 들었던 것 같아요." (김서암)

"누구한테 호소하고 이야기해봤자, 해결도 안 되고. 방법도 없고. 뭐, 국가에서- 나라에서 그래 보상법에 해가지고. 돈도 줬고. 유족이란 타이틀도 줬고. 다 해줬냐. 근데 뭘, 뭘 또 해줄까. 자꾸 해달라고 하지 말아라. 내가 할 만큼 했, 정부에서 할 만큼 해줬는데. 뭘 더 이상 바래. 그리고 얘기하는데." (손광호)

④ 고통의 세대 전이

2세대들은 연령에 따라 부모의 부상을 직접 목격했거나, 다른 가족을 통해 부모의 사망을 전해 들었으며, 부모의 후유증을 성장 과정에서 지속적으로 목격했다. 5·18과 관련된 자극에 노출된 이후 그들은 5·18과 꾸준히 관계 맺게 되고, 이 과정을 통해 집단트라우마의 세대 전이가 진행되는 것으로 보인다. 또한 2세대들은 자신의 삶에 5·18이 끼친 부정적 영향으로 인한 원망과 분노를 경험했으며, 현재까지도 고통이 지속되고 있다고 보고했다. 전두환의 재판 과정을 지켜보는 것은 힘든 일이었으며, 진실규명과 책임자 처벌이 실현될 것인가에 대한 걱정과 기대를 동시에 하고 있었다. 이는 피해자와 그 가족이 갖는 진실에 대한 권리, 정의에 대한 권리, 그리고 피해회복에 관한 권리가 침해된 것으로 해석할 수 있다.

유가족 2세대는 5·18 당시 사망한 사례와 부상을 당해 현재까지 후유증이 지속되고 있는 사례로 나눌 수 있었다. 부상자, 구속자의 2세대와 사망자의 2세대가 겪은 경험은 제각기 달랐으나, 여기에서는 상세히 분석하지는 못했다. 향후 연구에서는 부모가 생존해 있는 2세대와 부모가 사망한 2세대 각각에 대한 심층 연구가 필요할 것으로 보인다.

"아빠가 엄마한테 많이 신체적으로, 지금으로 보면 어떻게 보면 가족폭력이죠? 신체, 언어적인 건 항상 있으셨고, 신체적인 것도 있었는데 (중략) 특집으로 많이 나오잖아요. 그걸 보면은 좀 더 심하게 그러세요. 식사하시다가 상 엎어서 인제 뭐, 된장찌개나 그런 게 뭐, 저한테 다 이렇게 뒤집어쓴 적도 있었고." (김서암)

"그래서 그거랑 연…… 연관이 되는 것 같아요. 5·18을 안 보는 것. 굳이 해봤자? 이런 느낌? 바뀌지도 않을 텐데. 뭐 나이 먹고 더 커서도 더 관심이 없는…… 다고 해야 될까? (중략) 어차피 빨갱이라 할 사람들은 계속 있을 테고, 지금도 이러는데, 예~전에도 그랬고. 사실 포기하는 것- 같아요." (기동경)

"태어날 때부터 그냥 5·18이랑 붙어 있었던 것 같은…… 느낌이에요. (중략) 삶이 항상 같이 있었던 것 같애요. 그냥…… 없어- 멀리하면 될 줄 알았는데, 그게 아니더라고요…… 그냥…… 하루하루가 다- 연관돼 있는 거다 보니까." (김서암)

"내가 아버지의 역할을 봐왔거나 어떻게 해야 된다거나 그런 걸 경험해보지 않으니까. 지금 내 자식을 키울 때 감정 표현이라든지 행동에 대해서 그게 좀 어려워요. 이게 하⋯⋯ 어 그⋯⋯ 내 애를 키우는 게 좀 어려운 것 같아요." (기동경)

가족 내부의 균형이 깨지게 되면서 가족 환경이 불안정해지고, 이 불안정성은 고스란히 자녀들의 몫이 되었다. 또한 5·18과 관련된 낙인과 차별을 경험하게 되는데 이 과정에서 가족 차원에서 재생산된 트라우마의 집단적 성격이 드러난다. 요컨대 유가족 1세대의 트라우마가 2세대에게 자연스럽게 전이되면서 고통의 굴레가 재생산된다는 것이다.

5. 패러다임 모형: 트라우마의 재생산 기제

1) 유가족 1세대

5·18 유가족 1세대의 트라우마 경험에 대한 내용 분석 결과를 각각의 범주들과의 관계성을 중심으로 분석하기 위해 근거이론의 패러다임 모형에 따라 재구성했다(〈그림 1〉).

① 인과적 조건: 중심현상에 원인이 되는 사건

가족의 죽음으로 인한 상실은 유가족 1세대를 5·18과 국가폭력의 주변인으로 단시간에 바꾸어놓았다. 사랑하는 가

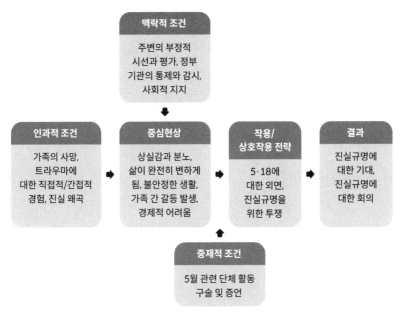

〈그림 1〉 5·18 유가족 1세대의 패러다임 모형

족을 잃어버리고 가족의 죽음을 인지하게 된 것이 5·18과 관련된 트라우마의 출발점이 된다. 죽음을 직접 목격한 경우 생생한 이미지가 재현되는 경험이 지속되고 있었으며, 사망 사실을 사후적으로 인지한 경우는 상대적으로 생생한 이미지를 가지고 있지는 않았다. 그러나 실종과 사망을 인지하게 되기까지의 과정에서 주변의 왜곡된 시선을 경험하기도 하면서 고통은 가중되었다.

② 중심현상: 인과적 조건에 의해 발생한 현상

가족의 상실로 인한 상실감과 분노는 한 가족과 그 속에 속한 개인의 삶을 완전히 바꾸어놓았다. 가족이 죽은 책임을 다른 사람에게 돌리기도 했으며, 정상적인 돌봄의 기회를 뺏긴 형제들은 가족의 죽음을 원망하기도 했다. 가족의 통합적 기능이 약화되면서 불안정한 생활을 하는 경우가 많았다. 생계유지의 중심에 있던 남편의 죽음은 경제적 어려움으로 이어졌고, 자녀의 죽음으로 인한 상실감을 견디지 못해 화병을 얻거나 억울한 죽음을 밝히기 위한 투쟁에 뛰어들면서 생계유지의 어려움을 겪었다. 가족의 갈등은 오랫동안 지속되기도 했으나 대부분 일시적이었으며, 시간이 지나면서 가족의 죽음을 공유하고 애도하는 양상으로 변했다.

그러나 가족의 억울한 죽음을 밝히기 위해 시위 현장에 참여하게 됨으로써 경제활동을 등한시하게 되고, 결과적으로 자녀들에게 적절한 돌봄을 주지 못하거나 경제적 어려움을 경험하게 되는 악순환은 계속됐다. 가족의 사망 이후 직장을 그만두고 진실규명에 전념하거나, 생계유지보다는 가족의 억울한 죽음을 밝히기 위한 활동에 몰두하는 등 세상을 대하는 방식이 이전과 확연히 달라지기도 했다. 모든 사례에서 나타나지는 않았으나, 5·18로 인한 피해가 자신에게까지 이어질 것이 두려워 5·18과 관련된 모든 기억을 지우려 애쓰거나 침묵하는 등 회피 전략을 사용하는 경우도 있었다. 어떤 이는 적극적인 증언자로서의 활동을 선택한 반면, 어떤 이는 회피와 방관을 통해 안전을 도모하기도 했다. 그러나 세월이 흘러 과거청산이 진전되는 국면에 따라 자신의 회피와 외면을 후회했고, 적극적인 참여자로 바뀌어갔다.

③ 맥락적 조건: 중심현상에 영향을 미치는 상황

5·18은 국가폭력의 박물관이라고 여겨질 정도로 국가폭력의 모든 형태를 보여준다는 특징이 있다. 이러한 폭력의 형태 중 매우 중요하게 봐야 할 것은 유가족에 대한 공안 기관의 감시와 인권침해다. 신군부는 부정적인 파급 효과가 생길 것을 우려해 유가족들을 통제하고자 했다. 정부 기관에서는 유가족들의 동선을 미리 파악해 여러 발생할 수 있는 상황을 사전에 차단하려고 했다. 가까운 이웃과 친척들조차도 가족의 죽음에 대해서 손가락질하거나 왜곡된 시선으로 평가하는 경우도 있었다. 이러한 감시와 통제, 차별과 낙인은 5·18 피해자들과 유가족, 그리고 그들의 2세대에서 공통적으로 보고되는 진술이다. 이는 5·18 트라우마가 지닌 문화적이고 복합적인 성격을 증거한다.

④ 중재적 조건: 주변 환경이나 상황

유가족들은 그들 가족의 억울한 죽음을 밝히기 위한 단체 활동에 참여함으로써 그들의 심리적 고통을 완화시키고자 했다. 유사한 경험과 고통을 공유하는 유가족 집단의 위로와 지지는 그들이 속한 국가/사회와 공동체에서는 경험할 수 없는 것이었으며, 유족회를 중심으로 강한 결속력을 갖게 만들었다. 그리고 사회적 인식의 변화와 인정을 위해 2000년 이후에는 구술과 증언, 언론사 인터뷰와 같은 적극적이고 폭넓은 활동을 하면서 자신이 처한 상황을 알려왔다.

⑤ 작용/상호작용 전략: 개인의 대처 전략

억울한 죽음을 밝히고 진실규명을 위한 적극적인 투쟁을 하거나, 그들의 피해 사실로부터 거리를 두고 외면하려는 시도, 이 두 가지 선택지는 표면상 분명한 차이가 있는 것처럼 보인다. 하지만 그 이면에는 유사한 면을 공유하고 있음을 알 수 있다. 진실규명을 위한 투쟁은 5·18의 진실을 알리고 억울함을 해소하고자 하는 열망을 전제로 하며, 그 이면에는 자신 역시 국가폭력의 피해자가 될지도 모른다는 두려움이 있었다. 그리고 외면과 회피는 피해 사실에 대한 지속적인 관심을 전제로 하며, 그 이면에는 5·18과의 접촉과 관심이 자리하고 있었다. 이 역시 5·18 유공자 2세대들의 사례에서 드러났던 것과 마찬가지로 국가폭력이 가지고 있는 양면성, 양가적 속성의 일환이라고 해석할 수 있겠다.

⑥ 결과: 각 과정을 통한 결과

적극적인 투쟁은 진실규명과 명예회복에 대한 기대와 그 실현 가능성을 염두에 두기 마련이다. 그러나 1980년을 지나 지금까지 오랜 세월 반복되는 투쟁은 정쟁 속에서 그 색깔이 희미해지거나 뚜렷해지기를 반복했고, 그 결과 현장에서 싸우고 있는 유가족들에게 희망과 절망을 반복해서 경험하도록 했다. 진실규명에 대해 또다시 실망하고 싶지 않다는 기대, 이 과정에서 실망하게 될 경우 또다시 감수해야 하는 상처에 대한 두려움을 수반한다. 국가폭력은 가해자인 국가가 피해 사실을 인정해주어야 한다는 아이러니가 있는 까닭에 근본적으

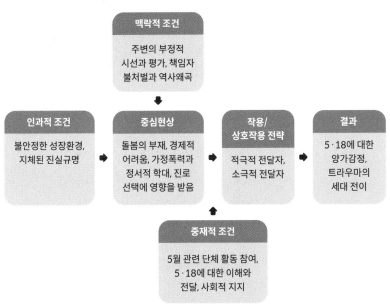

〈그림 2〉 5·18 유가족 2세대의 패러다임 모형

맥락적 조건
주변의 부정적 시선과 평가, 책임자 불처벌과 역사왜곡

인과적 조건
불안정한 성장환경, 지체된 진실규명

중심현상
돌봄의 부재, 경제적 어려움, 가정폭력과 정서적 학대, 진로 선택에 영향을 받음

작용/상호작용 전략
적극적 전달자, 소극적 전달자

결과
5·18에 대한 양가감정, 트라우마의 세대 전이

중재적 조건
5월 관련 단체 활동 참여, 5·18에 대한 이해와 전달, 사회적 지지

로 양가성을 갖고 있다. 그리고 그 해결 과정에서 유가족들이 경험하게 되는 고통과 감정은 피해자의 그것과 다르지 않다는 점에서 유가족 또한 피해자라고 할 수 있다.

2) 유가족 2세대

유가족 2세대의 패러다임 모형은 〈그림 2〉와 같다.

① 인과적 조건
지체된 진실규명은 피해자들이 트라우마로부터 회복하

는 것을 어렵게 만들었고, 그동안의 보상은 당시 폭행과 고문 등으로 입게 된 신체적 상해를 회복하는 데 충분치 않았다. 더욱이 반쪽에 불과한 진실규명으로 인해 5·18에 대한 왜곡은 지속되고 있으며, 책임자의 처벌이나 사과가 이루어지고 있지 않아 그들 부모의 심리적 고통은 계속되고 있었다. 부모가 사망한 경우에는 부모 양육의 결핍으로 인한 피해가 더욱 광범위했으며, 그들의 경험은 생애 초기부터 발생해 평생 지속되었다. 2세대는 5·18 트라우마를 직접적으로 경험하는 경우가 매우 드물다. 오히려 성장 과정에서 목격하게 되는 부모님의 정서적 반응과 부모님의 부재로 인해 경험하게 되는 상실감이 2세대의 트라우마가 형성되는 출발점으로 보인다.

② 중심현상

유가족 2세대들은 불안정한 성장환경을 경험했다. 경제적 어려움은 몇 년에 걸쳐 이어진 것이 아니라 그들의 성장 과정 내내 영향을 미쳤고, 경제적인 문제를 해결하는 것이 그들에게 선결 과제였다. 자신이 원하는 학교로 진학을 하거나 직업을 선택하는 것에도 영향을 미쳤으며, 이 과정에서 좌절과 분노를 경험했다. 이와 더불어 5·18의 상처를 고스란히 가지고 있던 아버지는 정서적으로 불안정했으며, 이것이 가정폭력으로 이어지기도 했다. 더러 가족이 해체되기도 했으며, 어린 나이에 가장의 몫을 감당하기도 했다. 또한 가족이 해체될 것이 두려워 숨죽여 살아야 했고, 삶에 적응하기 위해 아버지의 폭력과 분노를 이해하고 받아들이기도 했다. 이들은 자신이 5·18과 연결되어 있다고 말했다. 그들의 삶에서 5·18은 다시 시작되었고, 현재까지도 진행 중인 것으로 보인다.

③ 맥락적 조건

유가족 2세대들은 주변 사람들로부터 '빨갱이의 자식'이라는 식의 부정적인 사회적 시선과 차별적 평가를 경험했다. 특별법이 제정되면서 대중의 평가는 달라졌고, 사회의 인정은 그들과 그들의 부모를 선량한 시민, 민주화유공자로 만들었다. 그러나 5·18에 대한 부정적 평가와 왜곡된 보도가 끊이지 않고 이어지고 있으며, 여전히 밝혀지지 않은 5·18의 진상과 책임자가 처벌되지 않은 불안한 상황은 그들의 부모와 자신에게 적지 않은 영향을 미치고 있었다.

④ 중재적 조건

유가족 2세대들은 그들과 비슷한 피해를 경험한 2세대들의 모임에 참여함으로써 그들의 경험을 이야기하고 나눌 수 있게 되었다. 소속감과 연대감은 자연스럽게 만들어졌고, 누군가는 적극적으로 또 누군가는 소극적인 방식으로 참여하고 있었다. 5·18과 관련된 봉사활동을 하고, 5·18에 대해 스스로 자료를 찾아보기도 했다. 이들은 자신의 경험을 주변에 전달하고 왜곡된 정보들이 수정되기를 원했으며, 이 과정에서 적절한 사회적 지지는 그들에게 가장 큰 보상이 됐다.

⑤ 작용/상호작용 전략

유가족 2세대들은 그들이 경험하는 중심현상에서 벗어나기 위해 적극적 참여자의 역할을 선택하기도 했으나, 5·18에 대해 회피하거나 방관자의 삶을 선택하는 경우도 적지 않았다. 적극적 참여자는 그들의 경험과 역사적 진실을 주변에 전달하면서 그들 부모의 고통을 이해하기 시작했고, 그들의 불안정한 성장환경과 심리적 고통의 의미를 찾을 수 있었다. 반면 5·18에 대해 관심을 가지지 않고 노출을 최소화하려는 시도도 있었다. 그러나 이들은 꾸준히 5·18에 대한 주의를 기울이고 있었으며, 그들의 삶에서 5·18은 분리되지 않는 밀접한 관계성을 지니고 있었다. 이들에게 5·18은 '불행한 유년 시절의 상징'이었으며, '절대적 상실감의 원천'이었기에 자신의 피해 경험을 다시 떠올리는 것 자체가 힘들었을 것으로 보인다. 그러나 침묵하기 위해서는 그 대상을 떠올리고 경계해야 한다는 역설 속에서 그들은 참여자 혹은 증언자가 되었다. 그들은 각자의 방식으로 그들의 경험과 삶을 이야기하고자 하는 시도를 하고 있었다. 이들이 선택한 작용/상호작용 전략은 중심현상에서 발생한 심리적 고통과 고단한 삶에 대한 의도적인 행위이며, 자신에게 당면한 과제들을 해결하기 위한 과정에서 선택되는 것이다.

⑥ 결과

이상의 과정을 통해 유공자 2세대들은 5·18에 대해 양가감정을 가지며, 5·18과 연결되어 있다는 유대감 또한 지니고 있는 것으로 보인다. 유대감이란 표현은 긍정적인 함의를 내포하지만 사실 이들 사이의 연결은 '속박'에 더 가깝다고 평가하는 것이 적절하다. 5·18과의 연결은 그들이 선택하거나 선택할 수 있는 것이 아니었다. 이들은 5·18에 속박되어 긴밀하게 연결되어 있다. 사회적 인정이 충분할 경우엔 5·18에 대한 긍정적인 기대를, 사회적 인정이 불충분할 경우엔 5·18에 대한 회의감과 불안감을 경험했다. 그리고 자기 자신이 다른 사람들과 다르며, 5·18과 연결되어 있다는 결론으로 이어지면서 5·18에 대한 양가감정을 더욱 공고히 하고 있었다.

그들은 자연스럽게 그들 부모와 5·18에 존재하는 집단트라우마를 내면화하며, 현재도 이러한 경험은 반복·지속되고 있다. 이를 통해 집단트라우마가 전前 세대로부터 다음 세대로 전이되며, 사회·문화적 영향을 통해 새로운 형태로 재생산되고 있다는 점을 알 수 있다.

6. 결론 및 제언

〈그림 3〉은 5·18과 유가족 1세대, 그리고 2세대의 관계성을 도식화한 그림이다. 유가족 1세대는 5·18에 대해 부모의 정체성을 가지며, 5·18로 인해 상실한 자녀 혹은 가족의 억울한 죽음을 해명하고자 적극적인 참여를 하게 되고, 이는 사회·문화적 환경의 영향을 받게 된다. 사회·문화적 영향에 의해 인정투쟁의 방식이 달라질 수 있으며, 인생의 후반기에 생계유

〈그림 3〉 5·18과 유가족 1세대 및 2세대의 관계

지의 부담이 줄어들게 되었을 때 사망한 사람이 형제인 경우에도 부모의 정체성을 가지게 되는 것으로 보인다. 반면, 유가족 2세대의 경우는 자녀의 정체성을 가지며 5·18로 인해 부모를 상실하거나, 돌봄을 받지 못한 것에 원망을 하기도 한다. 이 과정에서 5·18에 대한 참여와 회피 여부를 결정하게 되는데, 이 역시 사회·문화적 상태와 자신의 사회·경제적 상태에 따라 영향을 받게 된다. 2세대는 그들의 삶이 5·18과 밀접하게 이어져 있어 속박되며, 지속적인 상호작용을 통해 5·18로 회귀하는 것으로 보인다. 또한 자신이 부모-자녀 간의 관계를 경험해보지 못해 자신이 부모가 되었을 때 자녀의 양육에 어떻게 참여해야 하는지 고민을 하게 되었다는 인터뷰 참여자의 설명에서 2세대의 경험이 그들의 자녀 세대에게까지 영향을 주고 있음을 확인할 수 있었다. 사회적 역할의 변화가 발생했을 때 그들의 경험은 재해석되고, 이 해석은 의식적·무의식

적 수준에서 그들의 가족에게 전달되게 된다는 점에서 5·18 트라우마는 3세대에게까지 전달되고 있다고 할 수 있다. 국가 폭력 트라우마의 확장성은 광범위하며, 후속 연구가 요청되는 대목이다.

　이상에서 유가족 1세대 및 2세대의 복합적 집단트라우마와 이를 인권침해의 관점에서 살펴보았다. 이들은 모두 오랜 세월 동안 심각한 수준의 심리적 고통과 다양한 인권 피해를 경험해왔다. 그들의 고통과 기억은 지금도 여전히 지속되고 있으며, 다음 세대로의 전이가 의식적 또는 무의식적으로 계속 이루어지고 있다. 그들의 아픔을 치유하는 과정에는 현시대를 살아가는 사람들과 사회, 그리고 국가가 동참해야 한다. 피해자의 상처와 아픔을 공유하며 온전하게 기억하는 것이 마땅한 사회야말로 치유의 출발점이며, 궁극적 목표다. 또한 이들에게 아픔과 상처만 있는 것은 아니었다. 역경을 딛고 진실에 직면하는 것이 두려웠을 것이나 이를 가능하게 만든 것은 그들이 가지고 있는 내적 자원이며, 이는 트라우마 치유의 단초가 될 수 있다. 향후 연구를 통해 트라우마를 극복하고 공동체로 복귀할 수 있게 만드는 자원과 기제를 다학제 관점에서 밝히는 작업이 요청된다.

1   이 글은 《민주주의와 인권》 제21권 3호에 실린 글을 수정·보완한
     것이다.

2   김석웅, 〈국가폭력 가해자 불처벌이 유가족의 심리상태에 미치는 영향:
     5·18민주화운동을 중심으로〉, 《민주주의와 인권》 19(2), 2019, 37~73쪽.

3   5·18기념재단, 〈5·18 민주유공자 생활실태 및 후유증 실태 조사
     연구보고서〉, 2006.

4   Miri Scharf and Ofra Mayseless, "Disorganizing Experiences in
     Second- and Third-Generation Holocaust Survivors", *Qualitative
     Health Research* 21(11), 2011, pp,1539~1553.

5   김왕배, 〈트라우마의 치유 과정에 대한 사회학적 탐색과 전망〉, 《보건과
     사회과학》 37, 2014, 5~24쪽.

6   R. Yehuda, "Parental PTSD as a risk factor for PTSD", R. Yehuda
     eds., *Risk factors for posttraumatic stress disorder*, American Psychiatric
     Association, Inc,, 1999, pp.93~102.

7   R. Yehuda et al., "Low cortisol and risk for PTSD in adult off spring
     of Holocaust survivors", *American Journal of Psychiatry* 157, 2000,
     pp.1252~1259.

8   A. Daud et al., "Children in families of torture victims:
     transgenerational transmission of parent's traumatic experiences
     to their children", *International Journal of Social Welfare* 14(1), 2005,
     pp.23~32.

9   Luciana L. Braga et al., "Transgenerational transmission of trauma
     and resilience: a qualitative study with Brazilian offspring of
     Holocaust survivors", *BMC Psychiatry* 10, 2012, pp.134~145.

10   김종곤, 〈역사적 트라우마 개념의 재구성〉, 《시대와 철학》 24(4), 2013,
     37~64쪽.

11   도미니크 라카프라, 《치유의 역사학으로: 라카프라의 정신분석학적
     역사학》, 육영수 옮김, 푸른역사, 2008.

12   김문선·강문민서. 〈5·18민주화운동 참여자의 80년 5월 이후 삶과
     증언치료 경험에 관한 현상학적 연구〉, 《한국심리학회지:문화 및
     사회문제》 23(4), 2017, 451~473쪽.

13   N. T. Dalgaard and E. Montgomery, "Disclosure and silencing:

A systemic review of the literature on patterns of trauma communication in refugee families", *Transcultural Psychiatry* 52, 2015, pp.579~593.

14 존 W. 크레스웰 등에 의해 정교화된 패러다임 모형은 본디 축코딩의 절차로서 스트라우스 학파의 핵심이다. 이는 개방 코딩 이후 범주 주변에 대한 심화된 분석으로 범주 간 관계를 만드는 일련의 분석 과정을 의미한다. 축코딩은 조건(conditions), 작용-상호작용(actions-interactions), 결과(consequences)를 포함한다. 조건은 '왜, 어디서, 어떻게, 무엇이 일어나는지에 답변을 주는 것'으로, '사람들이 작용-상호작용에 대응하는 양식을 이해할 수 있게 한'다. 조건은 현상에 영향을 미치는 '인과적 조건', 현상에 미치는 영향을 줄이며 변화시키는 '중재적 조건', 시간과 장소라는 차원에서 작용-상호작용을 통해 반응하게 되는 상황이나 문제를 만들어내는 조건의 집합인 '맥락적 조건'이 해당된다. 작용-상호작용은 '사건이나 문제 상황에서 사람들이나 그룹들이 만드는 실질적인 반응'을 의미하고, 결과는 '작용과 상호작용으로 초래되는 것이 예측되는 혹은 실질적인 결과물'을 말한다(김지은, 〈Strauss와 Corbin 근거이론의 변화〉, 《Journal of Korean Academy of Nursing》 49(5), 2019, 509쪽).

15 진실규명에 대한 양가감정은 대부분의 국가폭력 피해자들의 진술에서 드러났다. 그들은 자신의 피해를 알리기 위한 투쟁을 해왔으며, 이 과정에서 희망과 좌절을 반복하며 겪었다. 그들은 자신의 억울함이 해소될 것인가에 대한 회의적인 태도와 기대를 동시에 가지고 있는 듯 보였다(김석웅, 〈국가폭력 트라우마 경험에 대한 근거이론적 탐구〉, 전남대학교 심리학과 박사학위 논문, 2020).

16 5·18기념재단, 〈5·18 민주유공자 생활실태 및 후유증 실태 조사 연구보고서〉, 2006.

혼돈의 틈에서:
5·18 일선대응인의 활동과 트라우마[1]

김 형 주

전남대학교에서 사회학 박사학위를 받은 뒤 전남대학교 5·18연구소에서 교수로 재직 중이다. 최근 쓴 논문으로는 〈5·18, 광주 일원에서의 연행·구금 양상과 효과: 계엄군의 연행·구금이 지역민 및 일선 행정기관에 미친 영향을 중심으로〉가 있으며, 저서로는 《저항과 재현 2》가 있다.

1997년 어느 화창한 봄날 이름도, 얼굴도 몰랐던 한 학우가, 아니 어쨌거나 나의 동기였던 한 녀석이 시위에 참여했다 사망했다. 그 녀석을 편히 보내겠노라 거리에서 이른바 '장례 투쟁'을 하던 어느 날, 나는 전투경찰을 눈앞에 두고 반쪽짜리 벽돌에 왼쪽 관자놀이 언저리를 맞았다. 오토바이에 실려 대학병원으로 갔을 때, 응급실엔 자리가 없었다. 침대는 물론이고 바닥과 복도까지 부상자들로 가득 찼다. 겨우 어느 구석 바닥에 몸을 누이자 '누군가' 달려와 상처 부위를 누르고 붕대를 감았다. 그리고 얼마가 지났을까 또 다른 '누군가' 다가와 상처를 꿰매주었다.

　그때만 해도 나는 나의 울분과 설움만 생각했을 뿐, 몇 박 며칠 동안 우리를 치료했던 의료진을 떠올려본 적이 없었다. 사건 현장에서 피해자를 가장 먼저 마주하며 가장 큰 충격에 휩싸일 그들에 대해 생각해본 적이 없었던 것이다. 그들의 고통에 대해 처음으로 생각해볼 수 있게 된 것은 세월호 뉴스 때문이었다. 나는 생존자를 구했던 '의인', '민간인 잠수사'들이 심각한 트라우마를 겪고 있다는 소식을 접했다. 부끄럽게도 그때서야 '그럴 수 있겠구나' 생각했다.

　그럼에도 나는 그 사실을 나의 연구 주제인 5·18과 연결시키지 못했다. 한동안 5·18 연구도 거리의 그것처럼 '피해자'와 '가해자'의 구도에서 쉽사리 벗어나지 못하고 있었기 때문이다. 다행히도 최근에는 5·18 연구에서도 대상과 공간이 조금씩 넓어지기 시작했고, 그 와중에 나는 2020년 5·18 현장을 직접 경험했던 의사와 간호사, 시신 수습인과 수습위원 등

'일선대응인'을 만날 수 있었다. 그들이 경험한 5·18은 그동안 접해보지 못한 이야기여서 적지 않은 충격을 받았다. 그들은 5·18을 생생하게 경험했음에도 오랫동안 말하지 않았거나 말하지 못한 채 살아왔다. 이 장에는 '피해자를 돕다가 (정신적·육체적) 피해를 입었던' 이름 없는 '누군가'의 이야기가 담겨 있다. 그들이 쏟아낸 말과 말해진 뒤에도 남아 있는 말들을 담아보려 노력했다. 5·18민주화운동의 장에 그들이 있었음을 기억한다.

1. 현장의 제3자

한국사회에서 5·18은 '민주화운동'으로 이해된다. 진상규명과 책임자 처벌, 배상과 명예회복, 정신 계승을 위한 시민들의 지난한 투쟁 속에서 5·18의 성격이 '민주화운동'으로 규정된 것이다. 이에 따라 '폭동'과 '난동' 혹은 북한의 사주를 받은 불순분자들의 데모는 민주주의를 요구하는 시민들이 군대를 동원한 국가의 폭력에 의해 희생된 사건으로 명명되었다. 따라서 가해와 피해의 계선이 명확히 구분되었고, 피해자는 5·18 당시 운동에 참여하여 사망, 부상, 구속, 행방불명을 당한 이들을 의미하게 되었다.

그러나 5·18을 '사회적 재난' 측면에서 이해하게 되면, 직접적으로 피해를 입은 관련자와 그의 유족뿐만 아니라 사건 현장을 마주한 소방관과 경찰, 의사와 간호사, 기자 등도 정신적 외상을 입은 사람들로 포함시킬 수 있다. 통상적으로 이들을 '일선대응인'이라고 부르는데, 현장에 가장 먼저 투입되거나 충격이 큰 외상 사건에 반복적으로 노출되기 때문에 정신건강이 취약한 직업군으로 분류된다.[2]

5·18민주화운동에서도 현장에서 사건을 마주한 '일선대응인'이 있었다. 이들은 거리와 광장, 그리고 일터에서 참혹한 시신과 부상자를 접했으며, 이를 수습했다. 그들은 현장과 밀접한 연관이 있고, 특정한 역할을 수행했지만, 가해자와 피해자 사이에 있었다는 점에서 현장의 또 다른 제3의 참여자라고 볼 수 있다. 따라서 이 장에서는 5·18 일선대응인을 '직접적 피해자'와 구분하여 "5·18을 경험했으나 그 경험이 사건 현장의 피해와 밀접한 관련이 있고, 피해를 기록하고, 수습하는 역할을 수행한 사람들"이라고 규정한다. 일선대응인은 공통적인 경험을 공유했을 뿐만 아니라, 자신의 위치에서 독특한 활동을 경험했을 가능성이 크고, 이를 통해 자신만의 서사와 정체성을 형성해나갈 수 있다. 특히 이들은 가장 가까이에서 피해를 접했고(강도), 상대적으로 자주 그것에 노출되었으며(빈도), 사건이 끝난 후에도 사건을 상기시킬 수 있는 외상 물질에 지속적으로 노출될 수 있는(지속성) 외상 과정에 있었다.

그러므로 이들이 5·18 당시에 어떻게 관여했고, 어떤 경험과 고통을 겪었으며, 5·18민주화운동의 트라우마와 관련해 제기하는 시사점은 무엇인지 살펴볼 필요가 있다. 이 장에서는 5·18 당시 광주에서 활동했던 일선대응인 중 의사와 간호사, 기자, 수습위원, 시신 수습인을 중심으로 이들의 복합적

트라우마에 접근한다.[3]

2. 적극적 대응과 회피

5·18민주화운동의 일선대응인(의료인, 수습위원, 시신 수습인 등)의 범위와 규모는 대략적으로 아래와 같다. 먼저 의료인에 대해 살펴보면, 광주 시내에서 치료를 담당한 병원은 진료과목과 수준, 의료 인력과 병상 규모에 따라 1차병원, 2차병원, 3차병원으로 구분할 수 있다. 1차병원은 김정형외과, 안정남외과, 임학택외과, 김승완외과, 최원섭병원, ○○의원(한양섭 병원장), ○○의원(정영환 병원장), 성심병원, 동진외과, 최외과, 삼일의원, 조세현외과, 임외과, 서석병원, 어수원외과, 김엽정형외과, 이남재외과, 노준채외과, 박윤식외과, 복음외과, 심산부인과, 동진외과, 우제인정형외과, 2차병원은 적십자병원, 기독병원, 국군통합병원, 3차병원은 전남대병원, 조선대병원 등이 있었다.[4]

1차병원은 개별 병원당 의료인 수를 의사 1명, 간호사 1명으로 계산하여 총 23개 병원에 50여 명의 의료인이 근무했을 것으로 추산한다. 2차병원은 적십자병원의 경우 내과, 외과, 산부인과, 정형외과, 이비인후과, 마취과, 소아과, 치과, 응급실, 2병동, 3병동, 중환자실이 있었다. 이 병원에는 여러 명의 의사와 인턴 5명, 간호사 30~40명, 행정직 20여 명, 혈액원 직원 20여 명이 근무했는데,[5] 의사와 간호사만 최소 50명

이상으로 추산된다. 3차병원은 전남대병원의 경우 내과, 일반외과, 흉부외과, 산부인과, 소아과, 이비인후과, 안과, 비뇨기과, 방사선과, 입원병동(1병동, 2병동), 중환자실, 응급실 등이 있었다.[6] 따라서 1차병원부터 3차병원까지 총 의료인 수는 최소 500여 명 이상일 것으로 예상된다.

다음으로 수습위원을 살펴본다. 5월 22일 이후 도청수습위원회, 중앙교회 수습위원회, 남동성당 수습위원회가 꾸려졌다. 일반적으로 수습위원회라고 하면 최후항전을 주장한 시민·학생투쟁위원회를 제외한 도청수습위원회의 시민수습위(일반수습위)와 학생수습위를 말한다. 하지만 이 글에서는 시민·학생투쟁위원회 구성원까지 수습에 참여한 구성원으로 간주한다. 최후항전을 주장한 세력 역시 수습과 관련된 업무 수행과 논쟁 과정에서 파생되었기 때문이다. 수습위원은 시민수습위에 15명, 학생수습위에 10명, 시민·학생투쟁위원회(학생수습위와 중복된 3명 제외)에 9명이 있었다.[7] 마지막으로 시신 수습인의 경우, 다수의 일반 시민들이 시신 수습에 관여했기 때문에 구체적인 수를 추산하기 어렵다. 따라서 5·18민주화운동과 직간접적으로 연관된 일선대응인은 최소 500여 명 이상일 것으로 예상된다. 이는 5·18 관련 사망자와 부상자, 연행자 등 직접 피해자의 수와 비교해도 결코 적지 않은 수이다. 이들에 대한 적극적인 검토가 필요한 이유이다.

이 연구는 일선대응인의 경험과 고통에 접근하기 위해 구술조사를 실시했다. 구술조사에 참여한 구술자는 〈표 1〉과 같다. 표에서 보듯이, 참여자는 총 9명으로 의료인과 기자, 시

연번	이름	성별	나이	학력	당시 직업	현재 직업	혼인 상태	5·18 당시 피해 및 경험	인터뷰		
									일시	시간 (분)	장소
1	*최환국	남	61	중졸	자영업	무직	기혼	구속/구타 및 가혹행위	2021. 1.27.	155	광주 트라우마 센터
2	*장연학	남	59	대졸	고등학생	5월 단체	기혼 (이혼)	구속/구타 및 가혹행위	2021. 2.5.(1차)/ 2.8.(2차)	225	나주 보훈회관
3	**황덕희	여	81	대졸	의료인	무직	기혼	목격, 충격, 공포	2021. 2.3.	80	광주 자택
4	**강혜숙	여	81	대졸	의료인	무직	기혼	목격, 충격, 공포	2021. 2.24.	144	광주 전남대5·18 연구소
5	**임명빈	남	66	대졸	의료인	의사	기혼	목격, 공포	2021. 2.10.	80	광주 수완미래 아동병원
6	***조용하	남	63	대졸	대학생	회사원	기혼	구속/구타 및 가혹행위	2021. 2.8.	115	목포 미래 오피스텔
7	***송영광	남	88	대졸	법조인	무직	기혼	구속/구타 및 가혹행위	2021. 3.4.	105	광주 옛 동구청
8	****장인걸	남	74	대학 중퇴	언론인	무직	기혼	목격, 충격, 공포	2020. 2.15.	82	5·18 민주화운동 기록관
9	****김두만	남	78	대학 중퇴	언론인	무직	기혼	목격, 충격, 공포	2020. 2.1.	98	충남 공주 자택

*직접 참여자 및 시신 수습인, **의료인, ***수습위원, ****기자

신 수습인과 수습위원으로 구성되어 있다. 이들은 연구자가 기존 자료를 검토하여 예비 대상자를 선정했고, 이 대상자를 관련 단체(광주광역시의사회, 광주광역시간호사회, 5·18구속부상자회)와 협의하여 수를 압축했다. 구술생애사는 2021년 1월부터 2월까지 구술자의 자택과 근무지, 광주트라우마센터 등에서

진행했다. 연구의 목적과 설계에 따라 일선대응인 9명의 생애사에 대한 서사적 면접이 이루어졌고, 한 사례당 면접 시간은 1시간 20분에서 4시간까지였다.

1) 5·18 당시의 경험: 목격, 참여/대응

참여자들은 5·18 당시 부상자를 치료하거나 시신을 수습하고, 사태를 바로잡고자 했다. 5·18이라는 사건이 저항과 폭력으로 점철된 사건이었고, 이 과정에서 다수의 희생자가 발생했기 때문에 수습 활동은 불가피했을 수 있다. 하지만 일선대응인은 직업적 특성상 혹은 당시 직책상 수습과 관련된 일을 할 수밖에 없었다. 예를 들어 황덕희는 응급실에서 부상당한 시민들을 치료하고, 최환국과 장연학은 기동타격대로 활동하다 시신을 수습하고 염을 하거나, 가족들을 안내하는 역할을 했다.

이들은 단순히 시민을 치료하거나 사상자를 수습했던 것만은 아니다. 황덕희는 병원 곳곳을 지키고 있던 계엄군을 목격했고, 그들의 눈을 피해 달아났던 대학생들을 환자로 위장시켜 병실에 눕게 하여 피신시켰다. 조용하는 학생수습위원으로 도청에서 다른 수습위원들과 함께 회의를 진행하고 협상을 위해 계엄사를 드나들면서 군인들과 소통하기도 했다.

여기서 주목할 것은 이들이 부상당한 시민들과 사망자들을 수습하는 과정, 그리고 살아남은 자들의 생존을 위해 협상하는 과정에서 추구했던 인간과 삶에 대한 예의이다. 이들은 죽은 자들을 예를 갖춰 떠나보내려 했으며, 산 자들을 어떻게 든 살려보려고 했다. 그리고 이것을 자신만의 자긍심으로 승화시키고 있었다.

2) 5·18 이후의 경험: 저항/증언, 회피, 극복

최환국과 조용하를 제외하고 모든 참여자는 5·18 직후에도 일상의 삶을 산 것처럼 보인다. 특히 황덕희와 임명빈은 다른 참여자와 달리 안정된 직업을 갖고 있었기 때문에 상대적으로 빠르게 일상으로 복귀했다. 하지만 조용하의 경우 5·18 직후를 자신의 인생에서 가장 힘든 시기로 증언했는데, 미래에 대한 희망이 없었기 때문이었다. 당시 대학생이었던 그는 출소 후에도 5·18 관련 전과자라는 낙인 때문에 복적할 수도, 일을 할 수도 없었는데, 아무것도 할 수 없고 아무것도 꿈꿀 수 없었기 때문에 절망적인 나날을 보낼 수밖에 없었다. 비슷한 맥락에서 최환국 역시 힘든 시기를 보냈는데, 진상규명 활동에 매진하느라 변변한 직장을 구하지 못했고, 정치 활동에 뛰어들어 경제적으로 힘들었기 때문이다. 반면 장연학은 1980년대 중반부터 이름 있는 대기업에 취직하여 넉넉한 생활을 했고, 하고 싶은 취미 활동을 모두 즐기며 5·18을 잊고 살았다.

장연학은 이와 같은 경험을 극복의 과정으로 묘사했는데, 5·18과 관련 없는 삶을 살면서 5·18을 잊고 평범한 삶을 되찾고자 했다는 것이다. 최환국 역시 자신이 참여했던 진상규

명 활동과 정치 활동을 사회적 인정을 통한 상흔 극복의 과정
으로 인식했다. 여기서 '극복한다'는 의미를 적극적으로 해석
하여 '벗어남'과 연결하면, 황덕희와 임명빈의 경우도 이에 해
당한다. 황덕희는 빨갱이라는 프레임으로부터 벗어남을, 임
명빈은 5·18이 남긴 지역적 낙인, (5·18에 갇혀 있다는) 사고의
지체로부터 벗어나는 것을 강조했기 때문이다.

이런 특성을 종합해볼 때, 일선대응인의 생애 경로는 '적
극적 참여' '침묵과 회피' '지지자로서 참여'라는 세 가지 유형
으로 요약할 수 있다. 생애 경로가 다양하게 펼쳐진 것은 이들
이 5·18에서 중층적인 역할을 했고, 시기별 경험과 개인적 상
황 혹은 성향이 영향을 미쳤기 때문이다. 예를 들어 최환국과
장연학은 5·18에 적극적으로 참여해 구속까지 경험한 일선대
응인임에도 1980년대와 1990년대의 생애 경로는 진상규명
활동에 적극적으로 참여하거나 정반대로 회피하는 등 그 경
로가 완전히 달랐다. 한편으로 의사와 간호사, 수습위원, 기자
의 경우 5·18 진상규명 활동에 적극적으로 참여하기보다 이
를 지켜보거나 증언자로 참여하는 등 소극적으로 관여했다.

① 적극적 참여: "염을 하던 순간의 기억들이 뇌리를 떠나지
않아"

최환국은 직접적 피해자이면서 일선대응인의 피해를 보
여주는 인물이다. 그는 광주 출신으로 1960년 5남매(3남 2녀)
중 넷째로 태어났다. 중학교를 졸업하고 기술을 배워 직장 생
활을 하다가 1979년 7~8월 무렵부터 새시sash 공장을 운영했

고, 1980년 5월에는 시내에서 학생들의 시위와 경찰 및 군인의 진압을 목격하고 시위에 뛰어들었다. 시위에 뛰어든 날짜는 정확히 특정할 수 없으나 5월 19일로 추정된다. 또한 5월 21일 계엄군의 총격 장면을 목격한 후부터 남광주시장 사거리 조선대병원 후문 부근에서 총을 지급받고 시민군으로 5월 27일 새벽까지 활동했다. 그는 군용 지프차를 포위했다가 최루탄을 압수하고 군인들을 풀어주기도 했고, 지원동에서 경계근무 중 계엄군 부대를 목격했으나 총을 쏘지 못하기도 했다. 또 도청에서 시신 관리를 맡아 시신 수습에 필요한 솜과 비닐 등을 사오고, 입관한 시신을 가지런히 정돈해 시민들이 가족 유무를 확인할 수 있도록 도왔다. 그는 26일 밤 대인동 소방서 뒤쪽 여관에서 잠을 자다 27일 새벽 계엄군에 연행되었다. 상무대에서 영창 생활을 하며 갖은 구타를 당하다가 광주교도소를 거쳐 다시 상무대에서 기소유예로 풀려났다.

그는 석방 후에 요정에서 일하면서 손님들이 남긴 음식을 먹으며 몸을 회복했고, 공업사 등에서 일했다. 그 와중에도 진상규명 투쟁에 적극적으로 참여하다가 1985년 국회의원 선거부터 한 정치인의 캠프에 참여해 청년 조직을 관리하는 등 정당 활동을 시작했다. 이후 7년 동안 정당인으로 살면서 5·18의 진상을 규명하고, 책임자를 처벌하기 위한 활동을 벌였다. 하지만 이 때문에 가정과 경제 생활에 어려움을 겪었다. 지금도 5월이 되면 계엄군에게 쫓기거나 누군가와 싸우는 꿈에 시달리는데, 특히 시신 수습의 경험은 선명하게 그의 머릿속에 남아 이를 더 자극했다. 시신을 수습할 도구가 부족한 상황에서 부분적으로 염을 한 희생자의 모습과 가족을 찾아 시신을 둘러보고 오열하던 시민들의 모습을 보았던 경험이 그의 죄책감을 가중시킨 것이다.

② 침묵과 회피: "떳떳했지만 말할 수 없었다. 손가락질 받을까봐"

조용하는 학생수습위원으로 사건을 수습하려다 피해를 입은 인물이다. 그는 1958년 목포에서 태어나 목포중학교와 목포고등학교를 나온 목포 토박이다. 전남대 농과대학에 입학하면서 광주에서 거주했는데, 1980년 당시에는 전남대 3학년이었지만 나이는 25세로 또래에 비해 많은 편이었다. 늦은 나이에 초등학교에 입학했고 고등학교 때 재수를 했기 때문이다. 그는 정부 장학금을 받으며 대학에 재학 중이었고, 대학 졸업 후 공무원으로 취업이 보장된 상태였다. 하지만 5·18 당시 수습위원으로 활동하다가 구금된 경력 때문에 공무원이 될 수 없었다. 또한 내부에서도 많은 오해와 비난을 받았는데, 그가 계엄군과 결탁해 도청 내부의 다이너마이트 뇌관을 해체했고, 최후항전을 거부하고 투항을 선동했다는 소문이 퍼졌기 때문이다. 하지만 다이너마이트는 다른 인물이 제거했고, 최후항전을 반대하는 결정 역시 수습위원회가 내린 결정이었다. 그럼에도 조용하는 그와 관련된 모든 낙인을 감내하며 수십 년 동안 오명 속에서 살았다.

그는 5월 26일 도청을 빠져나왔고, 27일 계엄사에 연락해 자수를 했는데, 알려진 바와 달리 그 역시 수사 과정에서 구타를 당했다. 그는 상무대 영창에서 생활하다가 교도소에 구금되어 12월 30일에 석방되었다. 석방 후에도 한동안 대학에 복적하지 못하고 아무 일도 하지 못해 쓸모없는 존재로 전락했다고 느꼈다. 항상 정보과 형사의 감시 아래 있었으며, 시청의 소개로 검침원 자리를 제안받았으나, "관청의 일을 하면 손가락질 받을까봐" 일을 하지 않았다. 그는 1984년 1학기에 대학에 복적하여 졸업을 하고, 1986년 12월 말 결혼하여 서울에서 직장 생활을 한다. 이후 1993년 5월, 다시 고향인 목포로 내려와 사업을 했는데, 5·18 관련자라는 이유로 상당한 차별을 겪었다. 사업의 특성상 공무원과 다른 사업자를 자주 만나야 했는데 그때마다 '사회적 고립감'을 느꼈다는 것이다. 예를 들어 사업을 추진할 때 공무원이 협력하지 않은 경우가 많았는데, 같은 사업을 다른 지인이 추진하면 성사되는 경우가 다반사였다. 또한, 5·18 관련자라서 멀리해야 한다거나 조심해야 한다는 등 자신에 대한 뒷말을 지인을 통해 듣는 경우도 많았다.

그럼에도 그는 자신의 입장과 태도, 활동에 대해 함구했고, 5·18 관련자들 내부의 의심과 오해에도 굳이 변명하지 않았다. 그에게 5·18은 시민들의 생명을 구할 수 있는 의미 있는 실천의 기회이기도 했으나, 수습이 좌절돼 한순간에 '역적'의 굴레를 뒤집어쓰게 되면서 인생이 무너지게 된 변곡점이 되기도 했다. 따라서 조용하의 생애 유형은 수습에 관여했다가 피해를 입은 일선대응인의 전형적인 특징을 보여준다.

③ 지지자로서 참여: "군인이든 시민이든 환자를 살리는 것이 간호사로서 나의 사명"

황덕희는 조선대병원 간호사로 부상자를 치료하다가 피해를 입은 인물이다. 그녀는 1940년 화순에서 태어났는데 한국전쟁 당시 화순군 동복면 면장이었던 아버지는 인민군에 의해 저수지에서 총살당했다. 그녀의 어머니는 머슴들을 동원해 저수지의 물을 빼고 아버지의 시신을 찾아 뒷산에 묻었는데, 이후에도 큰오빠와 둘째오빠, 그리고 언니가 '산사람'들에게 끌려가 둘째오빠는 죽고, 큰오빠와 언니는 머슴 출신 '산사람'의 도움으로 몰래 도망쳐 나왔다. 그럼에도 황덕희의 어머니는 반공주의에 빠지기보다, 상대를 용서했고 보상이나 처벌도 원치 않았다. 이와 같은 경험과 어머니의 태도가 간호사로서 5·18을 맞았던 황덕희의 삶에 영향을 주었다.

그녀는 간호사로서 군인이나 시민을 동등하게 치료했고, 광주 사람들이 폭도나 빨갱이로 매도당할 때도 적극적으로 반박했다. 특히 황덕희는 이 같은 낙인에 억울해하고 분노했다. 왜냐하면 그녀 역시 좌익에 의해 아버지와 둘째오빠까지 희생되는 아픔을 겪었지만, 보복보다 용서와 화해를 택했고, 5·18민주화운동 과정에서도 이념적 편향 없이 간호사로서의 역할을 성실히 수행했기 때문이다. 다시 말해 역사적 트라우마, 특히 분단 트라우마가 5·18 트라우마와 중첩되면서 부정적 감정을 가중시킨 것이다.

황덕희는 5·18 당시 조선대병원 간호부장이었는데, 5월 19일 서울 출장 후 내려오는 길에 터미널에서 심상치 않은 분위기를 감지했다. 또한, 조선대병원과 가까운 체육관에 계엄군의 본부가 설치되고 병원 곳곳에 계엄군이 진주하는 것을 목격하거나, 계엄군으로부터 부상을 당한 시민을 치료하면서 5·18을 직접 경험하기 시작했다. 그녀는 계엄군에게 쫓기는 30여 명의 학생들을 환자와 보호자로 위장시켜 구해주고, 군인들의 눈을 피해 뒷문으로 환자를 들여보내 치료했으며, 이름을 가명 처리하는 등 치료와 보호에 힘썼다. 이와 같은 활동은 그녀에게 큰 보람과 자긍심으로 남았다. 특히 그녀는 5월 27일 도청에서 목격한 시신들의 처참한 모습을 잊지 못했다. 그때부터 그녀는 식사를 할 수 없었고, 무서움 때문에 잠을 자지 못했다. 심지어 안정제까지 처방받았으나 증상은 쉽게 해소되지 않았다. 특히 그녀는 한국전쟁 당시 총살을 당해 저수지에 수몰되었던 아버지의 시신을 목격한 바 있었기 때문에 충격이 더 컸다.

5·18민주화운동 이후에도 경제적인 어려움은 없었으나, 5·18에 직접 참여했거나 목격했던 큰아들과 둘째아들이 트라우마로 인해 한국에 정착하지 못하고 미국으로 이민을 갔다. 그럼에도 그녀는 광주간호사협회장, 광주병원간호사협회장, 교육청 보건간호사 교육 등의 활동을 하며 5·18을 직간접적으로 알리는 활동을 꾸준히 해왔다. 현재는 고혈압과 당뇨, 우울증과 공황장애, 심장 스탠스 시술 등을 받으며 건강이 좋지 않은 상태임에도 5·18과 관련된 증언을 계속하고 있다.

3. 정신적 고통과 후유증

1) 공포와 분노, 불안: 5·18과 관련된 트라우마

연구에 참여한 참여자들은 여러 형태의 인권침해를 경험했다. 특히 이들은 광주 시내와 자신의 직장에서 군인의 폭력을 목격함으로써 극심한 공포와 불안을 느꼈다. 계엄군들이 시민들을 무차별적으로 폭행하고, 참여자들이 일하는 직장에까지 들어와 폭언하고, 협박했기 때문이다. 예를 들어, 황덕희는 서울로 출장을 갔다가 내려오는 길에 광주 시외버스터미널에서 계엄군이 학생들을 팬티만 입힌 채로 군용트럭에 짐짝처럼 던져 싣는 것을 목격하고 너무 무서웠고, 자신의 두 아들이 생각나 무작정 집으로 걸어갔다고 진술했다. 또한 임명빈은 전남대학교 의과대학에서 공부하면서 대학에 진주한 계엄군과 총상 환자, 시신과 가족을 찾아다니며 오열하는 유족들을 보면서 앞으로 무슨 일이 생길지 모른다는 두려움에 떨었다.

참여자 중 특히 의료인은 계엄군과 시민 모두를 치료하고 보살피면서 이중적 불안에 시달렸다. 계엄군과 시민이 적대적으로 날카롭게 대립했기 때문에, 어느 한쪽을 치료하면 다른 한쪽이 의료인을 비난하거나 위협했기 때문이다. 실제로 적십자병원에서는 의료진이 군인을 치료했는데, 학생들이 몰려와 군인을 찾자, 죽어서 영안실에 안치했다고 거짓말을 해 군인을 살린 적이 있었고, 길 잃은 전투경찰을 병원 보일러실에 숨겨놓고 1주일 동안 밥을 먹인 적도 있었다. 또한 군인들에게 쫓기는 학생들을 환자복을 입혀 숨겨주기도 했다.

이처럼 의료인은 계엄군과 시민군 양측으로부터 불안을 느낄 수밖에 없었다. 이는 다른 피해자들이 계엄군의 일방적인 폭력을 직접적으로 경험하며 피해를 입은 것과 대조된다. 따라서 이들의 외상은 사건 현장뿐만 아니라 각자의 역할과 상황까지 구체적으로 파악해야 충분히 이해될 수 있다. 참여자들이 적극적 참여자들과 일정한 거리감을 두면서도 5·18의 정당성을 설파하는 이유도 이 때문이다.

2) 우울, 박탈과 고립: 피해자를 돕다가 피해를 겪음

참여자들은 부상자를 비롯한 시신의 참혹한 장면을 목격하면서 정신적 충격 및 공포를 경험했다. 참여자들은 직업적 특성상 부상자와 시신을 자주 목격할 수밖에 없었는데, 이와 같은 이유로 사건 당시부터 현재까지 수면장애를 앓거나, 악몽을 꾸는 등 트라우마에 시달리고 있었다. 특히 참여자들이 마주했던 시신은 자상이나 총상을 입어 그 모습이 더 참혹했고, 숫자도 많았다. 예를 들어 전남대병원의 경우 21일에는 밀려드는 총상 환자로 응급실과 복도, 외부 현관 밖까지 침상을 놓고 치료를 할 수밖에 없었으며, 의사와 간호사들은 병원에서 숙식을 해결하며 환자들을 치료했다. 또한 일부 의료진은 5월 27일 도청에서 시신 검안에도 참여했는데, 이 일로 인해 수면제와 안정제를 처방받아야만 했다. 이들 중 일부는 현재까지 5·18 사진을 보지 않거나, 시신과 관련된 영상도 외면했는데, 당시의 기억이 떠올라 고통스러웠기 때문이다. 이는 트라우마의 한 형태로 '회피'를 통해 고통을 방어하려는 행위로 파악된다.

또한, 참여자들은 자신이 목격했거나, 염을 했던 사망자, 그리고 자신이 치료했으나 목숨을 잃은 환자에게 미안해했다. 자신이 사건의 진실을 제대로 보도하지 못했거나, 부상자를 살려내지 못했다는 죄책감에 시달렸기 때문이다. 기자의 취재 내용은 보도 검열에 막혀 왜곡된 채 지면에 실렸고, 시신 수습인은 시신을 확인하며 오열하는 가족들을 보면서 미안함이 커졌다. 의료인은 고통에 몸부림치다 죽어가던 부상자를 살리지 못한 것을 가장 가슴 아픈 장면으로 기억했다.

참여자들이 겪었던 극심한 공포와 불안은 정신적 외상으로 남았고, 위경련이나 우울증에 시달렸다. 특히 5·18에 적극적으로 참여했거나 희생자와 직접 대면한 경험이 많은 참여자는 그 정도가 심했고, 매년 5월이 다가오거나, 관련 뉴스를 접했을 때, 그리고 증언에 참여할 때마다 증상이 심해졌다. 특히 간호사였던 황덕희와 강혜숙은 5·18 이후에 생긴 수면장애와 위경련이 현재까지 이어지고 있고, 주기적으로 처방을 받아야만 생활을 유지할 수 있다. 이와 같은 건강권의 침해는 꿈이라는 무의식의 세계에서도 지속되었다. 이들은 악몽 혹은 가위눌림으로 인해 적절하게 휴식을 취하지 못했다.

3) 집단적·개인적 오명: 주변의 부정적 평가 및 시선

참여자들의 피해는 비단 신체적·정신적 측면에 국한되지 않았다. 이웃과 지인은 5·18에 관련되었다는 이유로 이들을 멀리했다. 특히 조용하는 계엄군과 협상을 주도하고 원만한 사태 수습을 주장했다는 이유로 5·18 당사자와 시민들로부터 이중으로 고립되었다. 참여자들은 평등한 사회 구성원으로서 존중받아야 할 권리(평등권)를 침해당했고, 노동할 수 있는 권리를 침해받음으로써 경제 생활이 위협받았다.

또한, 참여자들은 반성하지 않은 책임자에게 분노했다. 책임자가 반성하기는커녕 직업적 사명감이나 인도적 차원에서 부상자를 치료하고 시신을 돌봤던 일선대응인의 활동조차 왜곡해 정치적으로 악용했기 때문이다. 참여자들은 이들을 단죄해 역사를 바로 세워야 자신들과 후대의 고통이 사라질 것이라고 믿었다. 진실에 대한 권리, 정의에 대한 권리의 훼손이 이들의 피해회복에 대한 권리마저 위협하고 침해하는 결과를 초래한 것이다.

참여자들은 5·18에 대한 폄하와 왜곡에도 분노했는데, 특히 광주 시민을 폭도와 빨갱이로 매도하는 것에 분개했다. 특히 기자와 의료인은 사건을 객관적으로 인지하려 했고, 계엄군에 적대적 행위를 하지 않았기 때문에 분노가 컸다. 이와 같은 왜곡과 폄하는 5·18 당시부터 지속되어왔지만, 5·18 관련자에 대한 보상과 명예회복이 '유공자'의 형태로 본격화되자 노골화되었다. 5·18에 대한 근거 없는 가짜 뉴스들은 참여자들의 고통을 더 가중시켰다.

4) 속박: 말하기에 대한 사명감, 벗어남에 대한 집착

참여자들은 끊임없는 증언을 통해 진실을 알리려 했다. 그러나 이런 활동이 적잖이 부담스러웠다. 증언을 할 때마다 악몽과 우울감에 시달렸기 때문이다. 그럼에도 이들은 증언하기를 멈추지 않았는데, 진실을 알리는 활동을 통해 죄책감에서 벗어나고 싶었기 때문이다. 이는 '기억할 의무'와도 연결된다. '기억할 의무'는 진실에 대한 알 권리, 가해자에 대한 불처벌과 한 짝을 이루는데, 이를 통해서만이 피해회복이 가능하며, 동일한 사건의 재발을 예방할 수 있다. 참여자들은 증언을 통해 광주가 5·18에서 벗어나거나 상처를 극복해야 한다고 주장하기도 했는데, 진상규명의 일환이든 미래를 향한 노력이든 증언에 대한 강박은 이들이 아직도 5·18에 정신적으로 속박되어 있는 것을 보여준다.

또한, 참여자들은 광주가 5·18에서 벗어나 가해자를 용서하고 미래로 나아가야 한다는 것을 강조했다. 그들이 이렇게 말할 수 있는 것은 그들의 독특한 위치 때문이다. 그들은 사건에 참여하기보다 수습하는 입장에 있었다. 또한 상대적으로 신체적 피해의 정도가 낮았고, 직업을 유지하면서 경제활동을 지속할 수 있었다. 따라서 계엄군에 적극적으로 저항하는 입장과는 차이가 있었다. 물론 이들이 5·18과 관련된 과제를 인식하지 못하고 있는 것은 아니다. 이들 역시 진상규명과 책임자 처벌, 부인과 왜곡과 같은 문제를 인식하고 있었다. 그럼에도 용서와 미래를 강조한 것은 광주가 5·18의 상흔을 극복하고 미래로 나아가야만 더 나은 도시로 성장할 수 있다고 믿기 때문이었다. 하지만 그와 같은 생각 역시 5·18에 강하게 속박되어 있기 때문에 파생된 것으로 볼 수 있다. 만약 광주가 정치적·경제적·사회적으로 미성숙 혹은 저발전된 상태라면 그것은 5·18뿐만 아니라 다른 요소들이 영향을 미친 결과일 가능성이 크기 때문이다. 따라서 이러한 인식은 5·18로 인해 광주가 계속적인 피해를 경험하고 있다는 피해의식의 산물로 보인다.

5) 회피: 5·18에 대한 침묵

참여자들은 자신의 경험을 말하지 않으려는 모습도 보였는데, 당시의 충격을 떠올리기 싫거나 2차 피해를 우려했기 때문이다. 이미 정신적 고통을 겪고 있는 조건에서 말하기 자체는 이를 더 촉발하는 기제로 작용할 수 있다. 그로 인해 가족이나 지인이 또 다른 피해를 입을 수 있었다. 실제로 이들은 감시와 사찰을 받은 경험이 있거나, 사회적 차별을 경험했다.

또한 참여자들은 5·18을 둘러싼 내부의 갈등과 외부의 시선을 의식하며 말을 아꼈다. 5·18민주화운동 기간 동안 많은 사람들이 다양한 방식으로 참여했는데, 도청에서의 최후항전은 내부 갈등의 분기점이 되었다. 특히 최후항전에 동참한 관련자들의 목소리가 컸는데, 이 과정에서 다른 관련자 혹

〈표 2〉5·18 일선대응인의 권리침해와 트라우마

피해자 유형	시기	인권침해 경험	권리침해 유형	주요 심리사회 기제/트라우마
일선 대응인	5·18 당시	①광주에서 일어난 소식을 듣거나 현장을 보고 공포와 분노를 느꼈다.	안전권	공포, 자기방어 기제
		②부상자와 시신 등 참혹한 육체를 다루면서 정신적 충격을 받았다.	안전권, 건강권	공포, 과각성, 자기방어 기제
		③희생자에게 미안함을 느꼈다.	연대권	생존자 죄책감, 무력감
		④계엄군과 시민 모두를 상대하면서 양쪽으로부터 불안을 느꼈다.	안전권	두려움
	5·18 이후	⑤5·18을 생각하면 가슴이 아프고 우울하다.	건강권	죄책감, 과각성
		⑥5·18 관련자라는 이유만으로 주변에서 곱지 않은 시선으로 바라보거나 차별함으로써 고립감을 느꼈다.	평등권 (차별받지 않을 권리)	낙인, 차별
		⑦반성하지 않는 책임자를 보고 분노했다.	정의에 대한 권리	정치적 불신, 냉소
		⑧폄하와 왜곡, 비방에 분노했다: 빨갱이로 매도하는 것에 분노했다.	진실에 대한 권리	오명, 낙인, 고립, 분노
		⑨증언을 할 때마다 악몽과 우울증에 시달렸지만 5·18에 대해 계속해서 증언하고자 했다.	진실에 대한 권리, 건강권	미안함, 속박
		⑩광주가 5·18에서 벗어나거나 상처를 극복해야 한다는 것에 강한 집착이 있다.	피해회복에 대한 권리	불신, 냉소, 피로
		⑪5·18의 경험을 말할 수 없었고, 주변 사람에게 말하지 않으려 했다.	진실에 대한 권리	부인/침묵/망각/ 단절/말조심/회피

은 일반 시민들의 의견은 주변화되었다. 이는 필연적으로 갈등을 동반할 수밖에 없었다. 한쪽에서는 최후항전 참여자들이 특별한 역할을 했고, 그만큼 고통받았다는 점을 인정해야 한다는 입장과, 그들이 5·18을 독점하려 한다는 반박이 계속되었기 때문이다. 이 과정에서 최후항전이 아니라 수습을 주장했던 참여자는 투항파로 낙인찍히기도 했다.

5·18 일선대응인의 피해와 트라우마 경험을 인권침해 피해자들의 권리라는 관점에서 상호 연결하면 〈표 2〉와 같다.

4. 가해와 피해 사이의 '틈'을 주목하며

5·18 당시 일선대응인은 고통받은 사람을 돕기 위해 사건에 뛰어들었음에도 계엄군으로부터 생명권과 안전권이 위협당하고, 일부는 구속까지 당하는 등 극심한 고통을 경험했다. 또한 외상후스트레스장애PTSD 혹은 복합적 외상후스트레스Complex PTSD의 전형으로 간주되는 회피와 재경험의 특징을 공유하고 있었다. 따라서 일선대응인이 적어도 심리적 외상의 측면에서 피해자의 범주에 속할 수 있음을 확인할 수 있었다. 그러나 일선대응인의 트라우마는 직접적 피해자의 그것과는 다르다. 예를 들어 연구참여자들은 피해자를 돕거나 사건을 수습하려는 중립적·인도적 행위를 통해 5·18에 관여했는데도 '광주 사람'이라는 이유로 폭도나 빨갱이로 내몰렸다는 것에 상당한 불만과 분노를 드러냈다. 또한, 부상자와 사망

자를 수습하는 자체의 활동이 있었음에도 희생자에 대한 죄책감을 가지고 있었다. 다시 말해 피해자를 돕다가 피해자가 되는 과정이 직접적 피해자와 다른 가장 큰 특징이라고 볼 수 있다. 일선대응인의 트라우마가 가진 특성과 함의를 구체적으로 살펴보면 다음과 같다.

먼저, 일선대응인은 5·18에 정서적·정신적으로 강하게 속박되어 있었다. 일선대응인의 생애의 표면만을 본다면 대다수는 5·18과 상관없는 삶을 산 것처럼 보인다. 이들은 학살 현장에서 목격했던 장면을 외면하거나, 기억하지 않으려 했고, 혹은 정반대로 (살아남은 자의) 사명감 혹은 미안함으로 5·18에 대해 말하고자 했다. 중립적 역할을 수행한 당사자였음에도 적극적 말하기 또는 회피의 태도를 보였다는 것은, 자신의 의지와는 상관없이 이미 5·18에 강하게 포섭되어 있었고 집단적 오명에서 이들 또한 자유롭지 않다는 것을 의미한다. 따라서 과거에 겪은 정신적 사건이 현재의 행동을 지배하는 현상을 '트라우마'라고 한다면, 일선대응인은 5·18 집단트라우마를 겪고 있다고 볼 수 있다. 학살이 진행되는 현장에 가장 가까이 있었기에 일선대응인은 말하기와 회피를 반복할 수밖에 없었다. 이는 매우 고통스러운 과정이었다. 특히 말하기에 적극적으로 나선 일선대응인은 증언의 반복적 수행으로 인한 피로를 호소했으나 불충분한 과거청산 때문에 말하는 것을 멈출 수 없다고 밝혔다.

다음으로 일선대응인은 부상자와 사망자를 수습하거나 사태를 개선하는 등 공공의 이익을 위해 활동했다는 점에서 유사성을 공유하고 있지만, 트라우마 패턴은 다양했다. 이것은 일선대응인의 사건 이입(감정) 및 경험의 강도, 역할(직업)이 달랐기 때문이다. 시신 수습인이었던 적극적 참여자와 의료인의 트라우마 강도는 매우 강했지만, 서로 다른 결을 드러냈다. 적극적 참여자는 자발적으로 5·18에 동참하여 구속까지 경험했기 때문이고, 의료인들은 자신의 직장에서 자신의 업무를 수행하면서 사건과 마주했기 때문이다. 다른 한편 수습위원과 기자도 트라우마의 패턴과 정도에서 차이를 보였다. 일부 수습위원은 구속 상태에서도 상대적으로 나은 조건에서 생활했으며, 5·18 활동을 두고 내부로부터 비난을 받았기 때문이다. 기자의 경우 직업적 특성과 문화에서 오는 차이가 존재했다. 즉 사태를 객관적으로 바라봐야 하는 직업의 특성상 감정이입을 거의 할 수 없었고, 사건이 빠르게 전개되었기 때문에 높은 공감대를 형성할 시간이 부족했다. 그들은 매일매일 급박한 상황 속에서 장면을 묘사하고, 분석하는 메모를 작성했으며, 기사화하여 본사에 송고했다. 또한 신군부가 언론을 통제했기 때문에 감정이입을 절제해야 했다.

이러한 결과는 5·18 트라우마가 여러 집단에서 다층적으로 나타나고 있다는 것을 보여준다. 일선대응인은 일반적인 재난의 현장뿐만 아니라, 국가폭력이 가해지는 그 순간에도 일정한 역할과 임무를 담당하고, 그로 인해 의도치 않게 사건에 휩쓸리거나, 능동적으로 대응할 수밖에 없다. 따라서 5·18 일선대응인에게서 두드러지는 특징과 함의는 그들이 국가폭력으로 인한 피해를 마주하며 또 다른 피해에 노출되었다는 것이고, 그들이 감내해야 했던 다른 층위의 피해를 외면하지 말아야 한다는 것이다. 일선대응인의 트라우마에 대한 조명이 필요한 이유다.

따라서 국가폭력의 현장에 개입한 일선대응인에 대한 폭넓은 조사와 연구가 필요하다. 특히 대상을 의사와 간호사, 기자뿐만 아니라 소방관과 경찰(전·의경 포함), 응급 구조사, 민간인 조력자 등으로까지 확대할 필요가 있고, 범위도 5·18과 같은 강도 높은 폭력뿐만 아니라 상대적으로 약하다고 판단되는 시위 진압과 같은 또 다른 국가폭력으로 확장할 필요가 있다. 이를 통해 일선대응인의 트라우마와 관련된 이론을 체계화하고 개별적·조직적 지원 방법을 개발해야 할 것이다. 이러한 과정을 통해 우리는 5·18을 비롯한 국가폭력과 그것이 파생시킨 결과에 대해 새롭게 접근할 수 있을 것이다.

1 이 글은 《민주주의와 인권》 제21권 3호에 실린 글을 수정·보완한
   것이다.

2 고미숙·박경숙, 〈중환자실 간호사의 심리적 트라우마 체험 연구〉,
   《예술인문사회 융합 멀티미디어 논문지》 8(7), 2018, 611~622쪽.;
   박재풍·김병화, 〈경찰관의 외상후스트레스장애(PTSD) 실태와
   제도적 대처 방안 수립에 관한 연구〉, 《한국공안행정학회보》 25(3),
   2016, 109~138쪽.; 이나윤, 〈소방공무원의 외상 후 성장 구조 모형〉,
   서울대학교 간호학과 박사학위 논문, 2019.; 이정애, 〈탐사보도의
   취재·제작 관행과 취재원의 '피해 관련 태도'의 관계 유형에 관한
   연구: 취재 대상이 사건 피해자인 경우를 중심으로〉, 연세대학교
   언론홍보대학원 석사학위 논문, 2009.

3 통상적인 일선대응인 분류와 달리 경찰이 제외된 것은 이 직업군의 당시
   위치 때문이다. 경찰은 계엄군에 비해 상대적으로 많은 폭력을 행사하지
   않았고 오히려 계엄군에게 폭행을 당하기도 하고, 연행된 시민들에게
   빵과 우유를 제공하기도 했다. 하지만 큰 틀에서 경찰은 5·18 당시에도
   신군부의 억압적 통제 장치로 기능했기 때문에 여기에서는 그들을
   제외한다. 하지만 5·18에 대한 과거청산이 충분히 궤도에 오르게 되면,
   그들의 트라우마 역시 다룰 수 있다고 본다.

4 5·18사료편찬위원회, 《5·18광주민주화운동자료총서 제24권》,
   광주광역시, 2000.; 5·18사료편찬위원회, 《5·18광주민주화운동자료총서
   제25권》, 광주광역시, 2000.; 광주광역시 의사회, 《5·18의료활동 I》,
   1996.; 광주광역시 의사회, 《5·18의료활동 II》, 2018.

5 광주광역시 의사회, 《5·18의료활동 I》, 48쪽, 183쪽, 186쪽.

6 전남대학교 의과대학, 《전남의대 50년사》, 1996.; 전남대학교 의과대학,
   《전남의대 70년사》, 2016.

7 황석영·이재의·전용호, 《죽음을 넘어 시대의 어둠을 넘어: 광주 5월
   민중항쟁의 기록》, 창비, 2017, 308쪽, 322~327쪽, 335~348쪽.;
   한국현대사사료연구회, 《광주5월민중항쟁사료전집》, 풀빛, 1990,
   125~238쪽.

오월과 함께 살아가기:
5·18 목격자의 인권침해 경험과 집단트라우마[1]

김 명 희

경상국립대학교 사회과학연구원장, 사회학과 교수. 사회적 고통의 사회적 치유를 위한 학제
간 연구방법론을 모색하며, 이행기 정의와 폭력의 문제를 주로 연구하고 있다. 주요 논저로 《트
라우마로 읽는 대한민국》《세월호 이후의 사회과학》《통합적 인간과학의 가능성》 등이 있다.

1980년으로부터 몇 년 지난 어느 날, 우연한 기회에 1980년 5월을 사진으로 담은 책자를 통해 '광주의 진실'에 접속했다. 《소년이 온다》의 작가 한강이 말하듯 그 순간이 내 가장 연한 부분이 부서지는 순간이었다. 광주의 진실을 알리는 것이 시대의 사명이고 양심을 지키는 일이라 믿었던 한 시절을 함께 지나 이 정도면 되었겠지 안도하려던 순간, 다시 2014년 세월호 참사를 목격했다. 그때 오랫동안 잊고 있었던 내 가장 아린 부분이 되살아났다.

목격자의 존재론적 위치와 생애 경험에 대해 탐문하고 글을 써야겠다고 마음먹게 된 것은 이 때문이었다. 어쩌면 한국 현대사는 같은 패턴으로 반복되는 국가폭력과 사회적 참사를 다양한 위치에서, 또 다양한 매개를 통해 조우했던 목격자들의 정동에 힘입어 여기에 이르게 되었는지도 모르겠다. 기록된 역사에서 주변화되었던 그들의 목소리와 시좌視座를 통해 어쩌면 우리는 우리 시대를 움직이는 동력과 앎의 체제에 한 걸음 더 깊이 다가설 수 있을지도 모르겠다. 5·18 집단 트라우마 연구는 이 같은 막연한 기대감으로 시작되었다.

실제로 만나 들은 5·18 목격자들의 이야기는 하나의 갈래와 유형으로 담기지 않는 것이었다. 부끄러움 이전에 온몸의 신경을 곤두세운 집단적 공포의 체험이 있었고 여직 되살아나는 악몽 속에 그날의 기억을 가두어버린 고통의 서사가 있었다. 이것들이 펼쳐질 때 내 안의 가장 단단한 부분이 깨졌다. 그렇기에 이제 더욱 확실히 안다. 5·18을 목격하고 살아남은 이들의 다양한 고통과 복잡성을 직시하는 것. 그들과 함께

가는 작업이 희망의 조건임을.

1. 왜 5·18 목격자인가?

통상 국가폭력이 자행되고 다루어지는 제반 과정에서 '목격자'라는 범주는 독특한 위치를 점한다. 목격자는 현장에 참여하고 있는 당사자이자, 외상적 사건을 목격하고 살아남은 생존자이며, 목격한 사건에 대해 진술할 수 있는 잠재적인 증언자로서의 위상을 지니기 때문이다.

같은 맥락에서 소샤나 펠먼·도리 라우브와 아닐 예니궐[2]은 목격자를 다음과 같은 방식으로 정의한다. 첫째, '사건의 순간에 구경꾼onlooker으로 있었던 사람', 둘째, '경험이나 사건을 겪고 살아가다 이후 그것을 진술하거나 증언을 할 수 있는 사람'이 그것이다. 이러한 관점에서 목격자들의 증언은 실제로 발생했던 사건을 검증하기 위해 사용될 수 있다는 잠재력을 갖는다.[3] 특히 국가범죄 목격자는 국가에 의한 중대한 인권침해와 정치적 폭력의 유산을 극복해가는 이행기 정의 과정에서 핵심적인 역할을 수행한다. 목격자의 증언은 진실규명과 민주주의를 촉진하는 정치 참여의 형식일 뿐 아니라[4] 이들 목격자가 직접적 피해자의 지지자가 되는가 방관자가 되는가에 따라 이행기 정의의 향방이 달라질 수 있기 때문이다.[5]

1980년 5월항쟁에 참여한 군중의 규모가 최소 15만에서 최대 20만 명으로 추산되고 당시 광주시 거주 시민의 규모만 72만 명을 웃돈다는 것을 감안한다면 사건을 직접 체험하지는 않았다 할지라도 언론 보도와 유언비어 등을 통해 5·18의 집합 경험을 공유하고 목격한 시민의 규모는 상당할 것으로 추정된다. 1988년 천주교 광주대교구 정의평화위원회가 진행한 《광주 시민 사회의식 조사》 결과에 따르면 시위의 목격(84.5%)과 최루탄 발사 장면의 목격(72.4%)은 거의 모든 광주 시민이 공유한 경험인 것으로 나타났다. 이뿐만 아니라 공수부대원의 구타를 목격했다는 응답은 전체 응답자의 59.5%, 부상자를 목격했다는 응답은 전체의 70.8%로 나타나 항쟁 당시 공수부대의 구타와 부상 피해가 얼마나 일반화되어 있었는지를 알 수 있다.[6]

하지만 앞서 말했듯 5·18 관련 법제에서 피해자란 직접적/물리적 폭력의 당사자들로 협소하게 규정됨으로써 5·18을 목격한 경험과 함께 삶을 살아가야 했던 시민 생존자들의 인권침해 피해와 집단트라우마는 그간 별다른 주목을 받지 못했다. 일반범죄와 달리 국가범죄 피해의 특성에서 두드러지는 광범위성과 집단성을 고려한다면, 국가범죄의 목격자 또한 마땅히 피해자로 간주할 수 있다. 국가범죄 피해자란 "법이나 일반적으로 정의된 인권을 침해하는 명시적 또는 묵시적 국가 행동과 정책들로 인한 경제적·문화적·물리적 해악, 고통, 배제 또는 착취를 겪는 개인들이나 개인들의 집단들"로 정의된다.[7] 이러한 정의를 참고할 때 목격자들이 경험한 여러 형태의 정신적 후유증과 사회적 고통 또한 피해victims의 한 형태이며, 이에 대한 고찰은 국가범죄 피해자학[8]의 경험적 유형학과 이행기 정의의 진전에 중요한 의미를 갖는다.

　5·18 목격자의 집단트라우마에 대한 최초의 학문적 통찰은 '5월증후군' 개념으로 알려져 있다.[9] 이는 연구팀이 제안한 '복합적 집단트라우마'의 양상과 상당 부분 유사하다. 하지만 이 개념은 현상을 포착할 "의학적, 심리학적 소견" 및 "과학성을 획득할 수 있는 객관적 자료"가 부족하다는 이유로 발전되지 않았고,[10] 오히려 보상이 마무리되는 시점에서 PTSD 개념에 의존해 수행한 여러 심리조사 작업은 배상 또는 입증의 정치 속에서 의료전문가의 권력이 강화되는 과정과 맞물려 있었다.[11]

　이는 비단 한국사회만의 풍경이라 할 수 없는데, 2000년 9·11테러 이후 재난 트라우마 담론의 부상과 함께 여러 재난 참사의 현장에 있던 목격자의 트라우마는 PTSD 진단명으로 포착되는 경향성을 보인다. 하지만 국가범죄 목격자의 트라우마를 PTSD라는 개념으로 포착하려는 시도는 이들의 고통을 드러내고 실체화하는 데 효과적일지 몰라도, 인권침해로 인한 트라우마를 의료화하고 탈정치화하는 우를 범할 수 있다. 대표적으로 쥐 실험에 근거해 트라우마 목격자 모델TWM, Trauma Witness Model을 제안한 연구[12][13]는 "외상 경험에 노출"되거나 "외상성 사건을 목격한 한 개인에게서 대리적으로 발생"하는 목격자의 PTSD에 대처하는 데 사회적 지지social support가 지닌 중요성을 강조한다. 그러나 이 모델에서 목격자(목격쥐)의 트라우마는 우울증과 불안감이라는 신경생리학적 수준으로 환원되고 이를 완화하기 위한 '사회적 지지'의 해법 또한 항우울제 치료를 제언하는 의과학적 해법의 제한성을 벗어나지 못한다. 이와 달리 연구팀이 제안한 복합적 집단트라우마 개념과 인권 기반 공동체 접근법에서 국가범죄 목격자는 직접적 피해자와 가해자의 관계를 매개하는 교량적 범주인 동시에, 그 자체가 인권침해 사건의 피해생존자라 할 수 있다.

2. 5·18 목격자의 여러 유형

1) 5·18 목격자의 분류와 연구 과정

이상의 논의를 토대로 이제 5·18 목격자의 인권침해 경험과 집단트라우마에 대한 사례연구의 결과를 본격적으로 살펴보기로 하자. 이 글에서 '5·18 목격자'란 '직접적 피해자'와 구분하여 5·18을 직간접적으로 목격하고 살아남은 생존자로서, 상이(부상)·구속을 경험하거나(직접적 피해자) 유가족, 일선 대응인에 해당하지 않은 자를 말한다.

사건 당시의 시점에서 5·18 목격자는 세 유형으로 다시 분류할 수 있다. 첫째로, 참여적 목격자다. 이들은 실제 항쟁 과정과 대항적인 무력시위에 적극 참여했으나 직접적 피해자로 분류되거나 민주유공자로 보상받지 아니한 자들이다. 이들은 잠재적인 피해생존자로서의 특징들을 공유할 수 있다. 둘째로, 우연적 목격자다. 이들은 항쟁에 적극적으로 동조하지는 않았으나 우연히 5·18 학살과 군대의 만행을 목격하면

〈표 1〉 5·18 목격자 모집단의 분류와 규모(1980년 기준)

구분	정 의	규모(명)
참여적 목격자	항쟁의 모든 과정과 무력시위에 적극적으로 참여했으나 항쟁 과정에서 불이익 처분을 모면한 사람, 시위에 적극적으로 참여하면서 살상 피해를 직접 목격한 사람 등	34,000
우연적 목격자	항쟁에 적극적으로 동조하거나 참여하지는 않았지만, 살상 피해를 우연히 목격한 사람 등	15,000
광주 거주자로서의 목격자	항쟁 기간에 주로 광주에 거주하면서 피해 상황을 견문하거나 가두방송을 청취한 사람	727,627

서 정신적 충격과 피해를 입은 사람들이다. 셋째, 광주 거주자로서 목격자 또는 현장 거주자들이다. 이들은 5·18항쟁 당시에 광주 지역의 거주자로 10여 일간의 시위 항쟁을 목격하거나 피해 상황을 견문하거나 항쟁의 마지막 날 밤 가두방송을 청취한 사람들이다. 이들은 고립감과 공포감, 죄책감, 무력감을 체험한 사람이라고 할 수 있다.[14] 이상 서술한 목격자의 유형과 규모를 표로 나타내면 〈표 1〉과 같다.[15]

우리는 5·18 목격자의 집단트라우마를 분석하기 위해 ① 현재까지 공식 출간된 40권가량의 5·18민주화운동 증언집[16]을 분석했고 ② 총 16명의 5·18 목격자의 생애사를 새롭게 수집했다. 구체적으로 참여적 목격자 5명, 우연적 목격자 5명, 광주 거주자로서의 목격자 6명의 생애사에 대한 서사적 면접이 진행되었다.

대부분의 연구참여자들은 자신의 5·18 체험에 대해 연구자와의 면담을 통해 '처음으로' 진술한다는 공통점을 보였다. 이는 5·18 목격자의 경험이 주목을 받지 못했던 직접적 피해자 중심의 기존 조사 관행을 일부분 반영하는 것이다. 상당수의 구술자들에게 1980년의 경험은 '말할 수 없었던' 억압의 경험이었으며, 이들은 1990년대 5·18을 둘러싼 제도적 과거청산이 이루어진 이후에도 자신의 5·18 경험을 말하지 않았다. 이들에게 신군부가 집권했던 1980년대는 5·18의 연속인 상황으로 정의되었고, 가해자가 생존해 있을 뿐 아니라 여전히 권력을 행사하는 현재의 시점에서 5·18을 말한다는 것을 여전히 조심스러워하는 특징을 보였다. 그럼에도 대부분의 연구참여자들은 자신의 발화를 '증언'의 맥락에서 받아들이고 있었고, 따라서 이들의 생애사는 5·18이라는 사건만이 아니라 자신의 삶을 증언하는 성격을 띠었다.

또한 대부분의 구술자들은 단지 5·18 당시 광포했던 살상의 현장과 참혹함만을 목격했던 것은 아니었다. 이들은 1980년 5·18 이전의 횃불시위를 목격했고, 광주 시민들의 저항과 주먹밥을 목격했고, 광주MBC가 불타는 장면과 통신이 두절된 '광주의 고립'을 목격했으며, 두 개의 가두방송·선무방송, 그리고 이어지는 5월 27일 새벽 총소리와 집단적 공포를 시청각적으로 목격했다. 따라서 이들의 5월 18일에서 5월 27일의 경험은 개인적인 동시에 집합적 경험의 성격을 띠며, 그 속에서 '광주 사람' 혹은 '광주 시민'으로서의 집합적 정체성을 형성해갔다.

2) 인과적 집단과 세 유형적 사례

〈표 2〉는 사건 '이후' 구술자들의 생애 경로와 집단트라우마를 분석해 세 갈래로 패턴화된 유형적 사례 중 7개 사례의 특징을 요약한 것이다.[17] 여기서 유형적 사례는 나이, 학력, 사회적 지위와 같은 외형적 조건이 아니라 서로 다른 경험의 내용이 비교의 관점에서 의미를 갖는 사례로, 다른 개인의 생애사에서 찾아볼 수 있는 구체적 일반성을 담지한 사례라고 할 수 있다.

이러한 관점에서 1980년에서 2000년대에 이르는 목격자들의 생애 경로는 ① 목격자-피해자, ② 목격자-방관자, ③ 목격자-전달자라고 하는 세 유형의 인과적 집단으로 재구성될 수 있다.[18] 물론 각 범주의 경계는 고정적이기보다 유동적이며 상호 중첩되지만, 5·18 이후 정신적 피해가 재생산되는 방식과 직접적 피해자와 관계 맺는 상호작용 방식에서 유형적 차이를 드러낸다.

먼저 '목격자-피해자' 유형은 신체적 상이나 구속 등을 경험하지는 않았지만, 5·18 당시의 잔혹한 살상을 목격하고 살아남은 생존자로서 당시에 경험한 정신적 상흔이 악몽과 수면장애 등 신체적인 차원의 피해와 연동되어 재생산되거나 생애사적 피해로 발현되는 패턴을 보였다. 즉 이들의 경험과 외상 피해는 직접적 피해자 중심의 5·18 피해자 구제책과 보상 과정에서 주변화되고 배제되었음에도, 국가폭력의 직접적 피해자와 유사한 특징들을 보였다.

〈표 2〉 5·18 목격자 트라우마의 유형적 특성

연번	이름	나이	성	목격자 유형1	중심현상	생애 경로	트라우마 유형
1	이승환	59	남	참여적 목격자	공포-〉참여/ 목격한 사실을 부인/은폐함	목격자-피해자	어머니 사별 이후 정신적 충격 재경험
2	윤의재	63	남		공포-〉참여/ 목격한 사실을 부인/회피함	목격자-방관자	가족주의/보신주의, 말조심 트라우마
3	장서순	61	남		공포-〉참여/ 목격한 사실을 은폐/침묵함	목격자-방관자	정치적 무관심, 거리두기, '광주 출신' 피해의식
4	장순옥	68	여	우연적 목격자	충격과 공포-〉 피해 사실을 피해로 말하지 못하고 뒤늦게 피해자로 인정받기를 원함	목격자-피해자	정신적 충격이 2세대에 재생산, 보상 환상
5	성지원	75	남		충격, 자책, 슬픔-〉 정신적 피해를 알리고/피해자를 돕기 위한 삶	목격자-전달자	살아남은 자의 죄책감, 알코올중독, 5월증후군, 지식인으로서의 부끄러움, 2세대에게 미안함
6	윤옥임	60	여	광주 거주자로서 목격자	충격, 분노, 슬픔 -〉광주의 진실을 알리기 위해 학생/ 노동운동에 투신 (헌신)함	목격자-전달자	살아남은 자의 죄책감, 죽은 자와의 연대, 5월증후군, 2세대에게 미안함 (자녀 콤플렉스)
7	최미강	55	여		무서움 -〉대학에 입학해 5·18 의 진실을 알고 무력감과 분노, 죄책감과 함께 광주의 진실을 알리기 위한 학생/ 사회운동에 투신 (헌신)함.	목격자-전달자	살아남은 자의 죄책감, 죽은 자와의 연대, 세월호 트라우마와 조우, 대안적인 교육/ 공동체 운동에 투신

'목격자-방관자' 유형은 5·18 이후 신군부의 서슬 퍼런 사회 통제를 경험하며 피해자와 거리를 두는 방식으로 국가폭력의 위협으로부터 자신을 방어하고자 했던 상호작용 전략을 보여주었다. 이들에게 신군부가 집권했던 1980년대는 곧 1980년 5월의 연장이었으며, 이들은 40년에 가까운 시간이 흐르는 동안 자신이 목격한 사실을 일절 발설하지 않았다. 이같은 '목격자-방관자'의 생애 경로는 1980년대 사회 전반에 침묵의 정치문화가 고착되는 사회 과정과 정치적 보신주의의 발생 맥락을 일부분 설명해준다.

이와 달리 '목격자-전달자' 유형은 피해자와 적극적으로 연대하는 상호작용 전략을 형성한다는 점에서 앞의 두 유형과 차이가 있다. 이 같은 '목격자-전달자' 유형은 광주의 진실을 전달하고 5·18의 사회적 의미social meaning를 만드는 일련의 활동과 자신의 삶의 방식을 일치시키는 특성을 보였다. '목격자-전달자' 유형은 5·18 집단트라우마가 지닌 역동성과 정치성을 시사하는 한편, 5·18 진실규명 활동이나 1990년대 분신 정국 국면 등 국가폭력 피해자를 돕기 위한 제반 활동에서 이차적인 인권침해를 경험하는 특징을 보였다.

3. 5·18 목격자의 인권침해 경험과 집단트라우마

이상의 유형적 사례에 대한 생애사적 이해를 토대로 5·18 목격자들의 피해와 트라우마 경험을 인권침해 피해자의 권리라는 관점에서 상호 연계하여 고찰하면 〈표 3〉과 같다.

분석 결과 5·18 목격자들은 사건의 발생 시점, 5·18 이후 해당 사건을 다루는 사회 과정, 지체된 과거청산 과정에서 심각한 인권의 훼손을 경험한 것으로 나타났다. 인권침해로 인한 목격자 트라우마 경험을 21개 항목으로 나누고 6개 상위 항목으로 종합하면 다음과 같이 범주화할 수 있다.

1) 생명권의 침해와 공포/생존자 죄책감

첫째, 5·18 당시 ① 참혹한 살상과 잔인한 범죄의 장면을 직접 목격한 시민들은 직접적인 신체적 폭력을 경험하지 않았다 할지라도 정신적인 충격 혹은 공포와 함께 생명권의 침해를 경험했다. 또한 ② 잔인한 학살과 혐오스러운 장면에 노출된 정신적 충격은 악몽과 불면의 증상으로 이어지면서 여러 형태의 후유증을 남겼고, 심한 경우 청력의 손상과 같은 건강상의 문제를 초래했다. 예컨대 아이를 임신한 상태에서 퇴각하던 계엄군의 가택수색을 경험했던 장순옥은 5·18 이후에도 지속적인 불안과 초조, 심리적 공포와 과각성에 시달려야 했다. 임신한 몸으로 5·18 당시 체험한 신체적·정신적 공포는 생후 4개월인 여아의 사망과 건강에 직접적 영향을 미침으로써, 재생산권[19]의 침해로 이어졌다.

"응. 벽에다가. 그- 쏴부러! 그리고 남자들 다 나와, 주, 죽- 뭐 어쩐다고 했어. 남자들! 남자라고 생긴 다 나오라고, 막

이래~ 긍께 인자, 신혼 초인디- 그래도~ 요 남자 이자 죽어, 자자, 잡혀갖고 죽어불까봐, 그거에 또 덜덜덜 떨었지. 임신 중에 원래, 저- 겁이 많잖아요. 근디 인자, 더 이상 인자 못 견딘게 내가 얼~른, 부엌으로 가서 인제 이렇게- 안, 총 안 맞을라고! 총 안 맞을라고 이렇게 엎드렸지. 그- 찬 데서 인자. 급하니까. 그러고. 그러고 제일~로 놀랜 것은 그거여. 응······ 아이구······ (한숨)" (장순옥)

"인자 그런 게 있어. 그냥 항~상 뭐 보면, 나는 엔~만하면 거 문, 잠그는 거 안 할라 한데, 철~저하게 문, 잠그고, 뭐 그런, 공포-가 있드라고. 그게 보여요, 보였어요. 그게······" (장순옥)

광주라는 도시 자체가 전쟁터였기에 광주 거주자 대다수는 여러 형태로 생명의 위협을 경험했다. 예컨대 고등학생이었던 최대식은 5월 19일 화순 집으로 가기 위해 대인동 시외버스터미널로 향하던 중 눈앞에서 터진 최루탄 가루를 뒤집어쓰고 급성폐렴에 걸려 8박 9일 동안 병원 신세를 져야 했다.[20]

실제 대검과 곤봉으로 시민을 진압하던 군인들의 만행을 목격하고 시위에 참여했던 고등학생들에게 삶과 죽음의 경계를 넘는 경험은 감당하기엔 너무나 큰 사건이었다. 일례로 고등학생 신분으로 시위에 참여한 이후 총격 사건의 생존자가 된 이승환은 40여 년이 지난 오늘날까지도 불면을 일으키는

〈표 3〉 5·18 목격자의 인권침해와 트라우마

피해자 유형	시기	5·18 목격자의 인권침해 경험	인권침해 유형	주요 심리사회 기제/트라우마
목격자	5·18 ~ 5·18 직후	① 참혹한 살상과 폭력을 목격하면서 생명의 위협과 공포를 느꼈다.	생명권, 안전권, 건강권	공포, 자기방어 기제
		② 잔인한 학살과 혐오스러운 장면에 노출되면서 악몽과 불면을 경험했다.	안전권, 건강권	공포, 과각성, 자기방어 기제
		③ 무고하게 희생당한 이들을 목격하면서 무력감과 죄책감을 경험했다.	연대권	생존자 죄책감, 무력감
		④ 살기 위해 타인을 외면하고 도망쳤던 자신에게 부끄러움을 느꼈다.	연대권	부끄러움, 자존감 훼손
		⑤ 5월만 되면 우울해지거나 관련된 정보를 접하는 것을 피하게 되었다.	정의에 대한 권리	5월증후군 의도적 회피/거리두기
		⑥ 5·18 이후 감시와 사찰의 공포를 경험했다.	사생활권, 정치적 참여권	과각성, 공포, 속박
		⑦ 5·18의 경험을 말할 수 없었고 참여 사실을 주변 사람에게 숨겨야 했다.	사생활권, 표현의 자유, 정치적 참여권	피해자 부인/침묵/망각 말조심 트라우마
		⑧ 5·18로 인한 정신적 충격을 이야기하고 치유할 기회를 갖지 못했다.	피해회복의 권리	언설의 어려움 공모된 침묵
		⑨ 가까운 이의 죽음을 충분히 애도할 시간을 갖지 못했다.	연대권, 애도할 권리	지연된 애도
		⑩ 5·18의 진실이 침묵되고 아무 일도 없었다는 듯 유지되는 일상에 대한 허무와 분노를 느꼈다.	진실에 대한 권리	체념, 분노
		⑪ 5·18로 인해 정당한 학습의 기회를 박탈당했다.	교육권	박탈감
		⑫ 언론의 왜곡 보도와 폭도라는 오명에 고립감과 분노를 느꼈다.	진실에 대한 권리	오명, 낙인, 스티그마 고립, 분노

피해자 유형	시기	5·18 목격자의 인권침해 경험	인권침해 유형	주요 심리사회 기제 /트라우마
목격자	5·18 과거 청산	⑬ 5·18 이후로 정부와 언론을 신뢰하지 못하게 되었다.	진실에 대한 권리 정치적 참여권	정치적 불신, 냉소
		⑭ 5·18로 인한 정신적 충격은 가족 차원의 피해로 이어졌다.	재생산권 피해회복의 권리	가족 트라우마 연좌제 효과
		⑮ 광주 출신이라는 이유로 군대와 취업에서 차별과 불이익을 경험했다.	평등권 (차별받지 않을 권리)	낙인, 차별 광주 출신이라는 피해의식
		⑯ 광주 출신이라는 사회적 낙인과 곱지 못한 시선을 경험했다.	평등권 (차별받지 않은 권리)	사회적 낙인 광주 출신이라는 피해의식
		⑰ 가해자가 처벌되지 않는 현실에 대한 분노와 체념, 두려움을 느꼈다.	정의에 대한 권리	학습된 무기력/체념 가해자에 대한 두려움
		⑱ 5·18의 진실이 계속해서 왜곡되는 현실에 대한 분노와 두려움을 경험했다.	진실에 대한 권리	분노 가해자에 대한 두려움
		⑲ 5·18로 인한 피해를 지원하기 위한 활동 과정에서 또 다른 피해를 경험했다.	연대권 정치적 참여권	활동가 소진 이차적 트라우마
		⑳ 5·18로 인한 피해(고통)가 인정되지 않는 현실에 대한 분노와 소외감을 느꼈다.	피해회복의 권리	분노, 소외감(배제) 보상 환상
		㉑ 5·18 이후 사회운동에 뛰어들면서 가족관계를 잘 돌보지 못한 데 대한 미안함을 갖게 되었다.	재생산권 돌봄의 권리	가족 트라우마 자녀(가족) 콤플렉스

잔혹한 폭력의 잔상들을 생생하게 이야기한다.

"그때는 막~ 중간에 막 깨더라고. 중간에, 잠자면 막, 나도 모르게 탁 깨요. 불뚝 인나, 놀래가지고. 뭔-일인가 모르지만, 잠을 못 자겠더라고. 여러 번 그랬어, 상당 기간. 긍게 나는 그- 원인이 그건지도 모르고…… 뭐다냐고 그저, 사춘기 때고 그래가지고 그냥…… 말았지. 근디 그- 충격에서 아마 그랬던 거 같애. 눈에 선~헌디, 그때 당시에서는…… 총 쏘고 막 그러는 것이…… 에에. 그리고 (내려치는 동작을 하며) 곤봉으로 막 내려치는 것이. 곰, 금남로에서. 여, 막 잡아채~요, 막! 개 패듯이. 거, 눈에 선허는디 거, 그때 당시에는." (이승환)

서석고등학교 3학년이었던 조선호는 헬기 소리만 들으면 피가 거꾸로 치솟는 느낌과 함께 분노감을 느꼈고 30대에 이르기까지 매년 5월이 다가오면 머리가 아프고 무기력증 같은 증상을 겪었다. 이러한 증상은 이후 완화되었으나 지금도 헬기 소리만 들으면 화들짝 반응하는 증상은 없어지지 않았다.[21] 그런데 이러한 공포와 무력감은 살상을 직접적으로 목격한 이뿐 아니라 5·18이 진행되는 열흘 동안 흉흉한 소문을 들으며 생존의 공포를 느꼈던, 또 5월 27일 가두방송과 총소리를 들으며 솜이불에 몸을 숨겨야 했던, 대다수 광주 시민들이 공유한 것이기도 하다. 구술자들은 5월 27일 진압군이 들어오던 날, 집 가까운 곳에서 귓속을 후벼 파던 어느 여성의 가두방송 소리와 누군가를 죽이기 위해 쏘아댔을 기관총 소리에 눈을 감고 숨을 죽이며 이불을 뒤집어썼던 기억을 저마다 말한다. 그 순간 경험했던 '비정한' 공포는 수많은 광주 시민들이 공유한 집단트라우마의 중심 서사를 구성한다.[22]

"그…… 그분 목소리가 새벽에 나와서 도와주라고 얼~마나 애원했는데요. 누구 하나 개미 새끼 한 마리 안 나갔죠. 도청 사수한다고. 다 진압한다고 나와서 도와주라고 시민이 있으면 못 할 거 아닙니까. 그 사람들이 그 생각을 하고 우리한테 하소연을 했던 거죠. 그날 그 자리에 있으면 죽는다는 것을 뻔히 알기 때문에 안 갔죠. 처음에, 공수부대가 금남로에 진압했을 때 곤봉으로 뚜드려 패고 그다음 날을 그다음 날 했을 때하고는 전혀 다르죠. 이미 인자 군인이 장악을 하고 군인들이 이렇게 했다는 것을 이미 들어와서 하니까. 어떤 사람도 앞에서 나설 수 없는 상황이 돼버렸죠, 그게 비겁하면서도 또 그 부분에서 살아야 하기 때문에 집에서 숨을 수밖에 없었죠." (윤옥임)

"그 후에 어떤 죄책감 같은? 죄책감은 아니지만 뭔가- 그런 걸 보고서도? 했다는 어떤 비겁함? 이 더 맞을 것 같애요. 이제 그런 것들이 인제 쌓여서 이제 약간 알코올, 근데 나만 그런 게 아니라 젊은 교수들이- 다 거의 아마…… 술 먹고 울고 그런 상황들이 많이 계속되고" (성지원)

따라서 대부분의 구술자들은 ③ 무고하게 희생당한 이들을 목격하면서 무력감과 죄책감을 느꼈고 ④ 살기 위해 타인을 외면하고 도망쳤던/희생을 외면했던 자신에게 부끄러움을 느꼈다고 말한다. 대다수 광주 시민들이 ⑤ 5월만 되면 우울해지거나 관련된 정보를 회피하는 증상 등으로 나타나는 5월증후군은 당시 겪었던 공포와 무력감, 또한 살아남은 자가 통상 감내하게 되는 생존자 죄책감[23]의 복합적 표현이라고 볼 수 있다.

2) 계속되는 인권침해: 감시와 사찰, 말할 수 없음

하지만 5·18 직후 신군부의 사건 은폐와 살벌한 언론·여론 통제 분위기 속에서 피해 사실을 말하는 것만으로 폭도로 몰려 새로운 피해를 입을 수 있는 상황이었기에 대부분의 목격자들은 ⑥ 감시와 사찰의 계속되는 공포 속에서 ⑦ 5·18의 경험을 말할 수 없었고 참여 사실을 가까운 이들에게도 숨겨야 했다. 즉 10년 동안 지속된 5·18의 은폐 국면과 지체된 과거청산은 ⑧ 5·18로 인한 정신적 충격을 이야기하고 치유할 기회를 박탈함으로써 이들의 피해회복(배상)의 권리를 심각하게 훼손했다. 5·18 목격자들이 통상 드러내는 언설의 어려움과 재외상화re-traumatization는 1980년 5월 이후에도 계속되고 누적된 인권침해가 초래한 후과이기도 하다.

"구체적으로 내가 이렇게 했던 거 뭐, 뭐 그런 게 있잖아요.

일절 천~문 얘기를 안 했어 나는. 혹시라도 뭐 잘못될까 봐
서. 그런 거 있어요." (장서순)

"옛날 기억이 막 나. 이게…… 불면증세가 생기더라고. 옛날
에 충격받아갖고 어릴 때는 인자, 불면증이 저, 잠 못 자고
그랬지마는, 그래서 그냥, 어린 마음에 그냥…… 그런갑다
허고 그냥…… 이렇게 병원 갈 생각도 안 했었고, 옛날에는.
그런 시절도 아니었고." (이승환)

적절한 시점에 치유받을 권리를 박탈당한 것은 ⑭ 5·18
로 인한 정신적 충격을 지속시키는 요인이 되어 가족 차원의
피해나 트라우마로 전이되는 현상으로 이어지기도 했다.

3) 학습권의 침해와 지연된 애도

생명과 신체를 위협하는 안전권, 건강권의 침해만이 아
니라 5·18 당시 내려졌던 휴교령과 이후 사건을 다루는 학교
의 대처 방식은 항쟁의 주요한 참여자였던 광주 지역 고등학
생들의 학습권/교육권은 물론 애도할 권리 또한 침해하는 결
과를 초래했다.[24] 군대에 의한 시민의 공격과 학살이라는 불
가해한 경험은 5·18 직후 학교 안에서도 철저히 침묵해야 했
고 함구해야 했다. 당시 광주 지역에서 시위에 참여했던 상당
수의 고등학생들은 한동안 '아무것도 할 수 없다'는 무력감에
시달렸고 ⑨ 가까운 이의 죽음을 애도할 시간조차 갖지 못했

던 기억을 아프게 회고한다.

"그래서 항상 그- 비어 있는 책상을 보는 것도- 응. 끝까지 그 친구가- 쫌, 쫌 있으면 오려나- 했는데- 그렇고, 학교는 응…… 그- 5·18-이, 을, 어…… 내 기억을 상기시키지 않고, 빨리! 입시 체제로." (윤옥임)

이 속에서 당시 중학생 또는 고등학생으로 5·18을 직간접적으로 목격했던 연구참여자들은 ⑩ 5·18의 진실을 아무도 이야기하지 않고 아무 일도 없었다는 듯 일상이 유지되는 것에 허무와 분노를 느꼈고, 상당수는 입시 준비와 학업에 어려움을 겪거나 학업을 중단하기도 했다. ⑪ 결과적으로 5·18과 이후의 대응 과정은 중고등학생들이 사회문화적 성원으로서 누려야 할 학습과 교육의 권리를 위협했던 것이다.

"이렇게. 한 달을 수업을 안 한다는 거는 너무 큰 거잖아요. 그렇다고, 이번처럼- 코로나처럼- 시험 날짜가 (웃으며) 연기되는 것도 아니고, 시험 날짜는 동일한데- 한 달을 수업을 안 하니까- 엉망인 거죠, 이건…… 재난이죠, 재난……" (윤옥임)

"(휴교가) 한 달 정도 됐을 걸요. 우리는 고3이니까, 선생님들이 집에서 공부하라 했는데, 하는 애들도 있었겠지. 근데 나는 정말 틈만 나면 나가려고 (했지). 어떻게 해야 되는지가 잡히지가 않으니까, 우리가 당장 살 수 있는지도 없는지도 모르는데, 나는 그때는 대학 간다는 생각을 하지를 못했어요. (중략) 난 좀 심하게 앓았어요. 그런 회의(감)들을" (정미례)[25]

4) 진실의 왜곡과 집단적 오명

그러나 "대학 가서 뭐 하나"라는 회의감과 방황의 시간보다 더 충격적이었던 것은 5·18의 발생 당시부터 이후까지 계속되었던 언론의 왜곡 보도로 인한 소통의 단절이었다. 대부분의 구술자들은 ⑫ 언론의 왜곡 보도와 폭도라는 오명에 고립감과 분노를 느꼈던 경험을 이야기한다.

"그러고, 얼마 있어서, 학교를, 했죠. 등교를 했는데, 아~무도 말해주지 않았어요. 어떤 일이 있었고 왜 쉬었는지. 단한~마디도 선생님들이 말해주지 않았어요. 나중에 내가-이 사건을 알고, 정~말 분노했던 지점이, 이 지점이었어요. 어른들도, 선생님들도, 단 한~마디도 해주지 않았어요." (이미현)

따라서 중고등학교 시절 5·18을 경험했던 대다수의 연구 참여자는 ⑬ 5·18 이후 정부와 언론을 신뢰하지 못하게 되었다고 말한다. 특히 광주를 떠나 서울이나 타지역으로 대학에 진학하거나 이주를 한 경험이 있는 구술자들의 경우 진실의 왜곡으로 인한 인식의 간극이 새로운 정신적 충격을 유발하면서 사회적 고립감과 오명으로 이어졌던 경험을 호소했다.

"어 나는- 광주에서 왔는데, 오- 그거는- 뭐 폭도가 아니고, 지금 저 전두환이 우리 다 죽인 거야. (웃으며) 이런 얘기를, 할 수가 없-죠. 다-들 그냥 그런 정도라 어디서 불났는데 사람이 좀 죽었나 봐, 이 정도의- 굉장한 인식의 간격이 큰 상탠데- 근데, 그것도 인제 저한테 충격이었던 거죠. 그 정도로 인식을 하고 있구나…… 아 그리고, 별로 뭐 중요한 문제로- 우리가 살아가는데, 어…… 그 죽음-에 대해서, 어…… 그렇게 질문하지 않는구나~ 이런 것들을 확인할 때마다 굉장히- 힘들었죠." (윤옥임)

즉 5·18의 진실에 대한 권리침해는 "폭도" "빨갱이" 등 '광주 사람'에 대한 사회적 낙인과 집단적 오명을 강화하는 결과로 이어졌다.

"5·18 끝나고 부부 동반으로 서울을 갔는데, 기가 막히더라고. 분명히 이 친구들도 광주에서 살았던 고등학교 동창들 친군데, 그 친구들이 뭐라고 하냐면 자기가 광주 사람인 게 부끄럽대. 우리 남편은 말을 조리 있게 못 해. 성격상. 나중에는 내가 이야기를 했어. 도저히 내가 참을 수 없고, 얘기 안 할 수가 없는 상황 속에서 (얘길 했지). 그 친구들이 한 10년 지나니까 (말을 하는데), **서울에서는 전라도라는 호적 자**

체를 숨기기 위해서 언어를 바꿀 정도로 그렇게 살았다고 하더라고." (강조는 필자, 정순덕)[26]

이러한 집합적 오명은 심한 경우 "전라도라는 호적 자체를 숨기기 위해 언어를" 바꾸거나 이름을 바꾸는 행위전략을 낳기도 했고, 여러 형태의 문화적 폭력과 차별의 경험을 수반했다. 예컨대 ⑮ '광주 출신'이라는 이유로 군대와 취업에서 차별과 불이익을 경험하거나, ⑯ '광주 출신'이라는 사회적 낙인과 곱지 못한 시선을 경험한 것이다. 특히 대부분의 남성 구술자들은 어김없이 군대에서 겪었던 구타와 차별의 경험을 언급한다.

"인제 그렇게 해서 나는 뭐 5·18을…… 뭐 겪었고요. 인제 개인적으로는 인제 내가 저 학교를 졸업하고, 군대를 인제 가잖아요 잉? 군대를 가, 인제 갔을 때에 광주- 출신이라고 내가 말을 안 해요. 왜냐면 그때 당시에 광주라고 한다 하면은 그때는 구타도 많고 막 그랬거든. 군대에 구타도 많았으니까. 근데 인제 결국은 인제 알게 되잖아요, 광주 출신인 거 알고 사투리가 나오고 하니까. 근데 그때 당시는 그 집합하고 막 구타도 많애요 잉? 그때는? 자고 있으면은 딱, 딱 깨워. 나와라고. 경상도 그 고참이. 경상도 쪽 고참이. (웃음) 너 광주지? 이리 나와 새끼야. 데모했지? 막 그래가지고, 구타도 당하고. 어 그런 것은 많~이 있었어요. (중략) 그러고 인제, 인제 대학 졸업해가지고 어디 취업 같은 데 할 때에는,

광주 물론 인제 실력도 안 좋았지마는. 응? 광주- 출신-이
라 해서 글쎄요, 꼭 그때 당시에는 그런 지역, 그런 게 있었
어요. 예. 그래가지고 어떤 그 면, 면접이라던가 취업이라던
가 그게 쪼끔, 내 생각에는 안, 뭐 해드려요? 쪼끔만요." (장
서순)

군대에서 '광주'라는 고유명사는 더 이상 안온한 '고향
의 품'이 아니라 '밑도 끝도 없는 구타'의 태생적 유발 요인이
었다. '광주 출신'이라는 이유 하나만으로 두들겨 맞았던 것
이다.[27]

5) 가해자 불처벌과 피해의 재생산

신군부가 집권했던 1980년대 계속되었던 진실에 대한
권리침해는 5·18 목격자 및 광주 시민들의 사회문화적 성원
권과 시민권(평등하게 대우받을 권리)을 제약하는 결과를 초래
했다. 이는 곧 지역감정과 소외감을 강화하는 효과를 낳았다.
또한 이는 역설적으로 5·18 피해자들을 향한 광주 시민들의
'이중적 시선'을 구성하는 기제가 되거나, 5·18과 관련한 정보
를 의도적으로 회피·부인하면서 5·18 피해자들과 거리를 두
는 상호작용 전략으로 이어지기도 했다.

"시시비비를 하다가도 동네에서라든가 여쪽에 뭐 (작은 목
소리로) 야야, 야 너 저 시끼, 누군지 아나? 5·18 뭐, 임마. 예

를 든다면 예를 들어 시시비비하다가 (작은 목소리로) 아, 시끼 언능, 언능 가, 언능 가부러. 좀 가부러! 그렇게 때 말릴 정도로, 같은 광주 사람이면서도 5·18에 대해서만 나오면은 픽 피했죠. 부인하고." (윤의재)

"5·18 긍께 유족들이나 그런 사람들한테 아까도 내가 말씀 드렸잖아요. 개인적으로는 그분들한테는 위로라 할라면 어떻게, 어떻게! 내가 해도, 그분들을 위로할 수 있는 상황은 아니지만, 저는 내 가정을 갖고 또 내가 살아야 되기 때문에 그런 거에 불편함이나 그런 것 땀세 너무, 제발 그만 좀 해라. 그런 얘기도 많이 했죠." (윤의재)

마찬가지로 많은 목격자들에게 여전히 ⑰ 가해자가 처벌되지 않는 현실은 정치적 체념과 두려움을 양산하는 요인이 되며, ⑱ 5·18의 진실이 계속해서 왜곡되는 현실은 현재까지도 분노와 두려움으로 체험되고 있었다.

"그게 어떤, 세상이 아무리 바뀌었다고 해도. 그 사람이 전두환이 가족? 정호영이 가족? 그게 아니라- 지금도 마찬가지잖아요. 우린 권력이 제일, 지금도 우리나라가 권력이……안 급니까? 그 무섭, 무서운 젤 무서운 것이 권력인데 어떻게 저같이 힘없는 놈이, 가정 이루고 잘 편하게 사는데- 내 불이익이, 내 아까 침에도 그러잖아요. 5·18에 대해서 얘기할라면 내 그래서." (윤의재)

6) 피해자를 돕기 위한 활동에서 새로운 피해를 입음

다른 한편 5·18 진실의 부정과 가해자가 처벌되지 않은 부정의한 현실은 망자에 대한 깊은 부채감을 지녔던 목격자들로 하여금 5·18 왜곡을 시정하거나 희생자들의 죽음에 사회적 의미를 부여하기 위한 '목격자-전달자'의 생애 전략으로 이어지기도 했다.

"(서울 사람들은) 광주에 대해서 아무것도 몰랐어요. 그래가지고 내가 서클을 갔던 이유도, 광주항쟁에 대해서 물어보는 유일한 이념 서클이 거기밖에 없었어요." (정미례)[28]

"그리고…… 그리고 이제- 그…… 죽음에 대한- 책무-감이- 계속 사실 그런 생각도 했어요. (울먹이고 웃으며) 아우, 그 관들을 좀 안 봤으면…… 너무 이거는 실체-잖아요. 이렇게. 어떤 그 책으로 읽은 거 하고, 눈으로 관이 태극기가 덮여서 한 50개가 이렇게 있고 계-속, 관이 들어오는 거를, 목격한 거는, 그 죽음-이 그 사람들 잘못이 아니-고, 누구라도 거기에서 이제 죽을 수 있는 건데~ 어쨌든 나는 거기-에 직접적으로 가담을 인제 안 해서 살아남았-지만, 그 죽음에 대한 의미를 어…… 사회적으로, 역사적으로, 이거를 살~려내야 된다- 안 그러면 개-죽음이다." (윤옥임)

그리고 이들은 ⑲ 5·18로 인한 피해를 지원하기 위한 활동 과정에서 또 다른 피해를 경험하는 패턴을 보였다.

"이걸 한편에 이 심리적으로 5·18과 얼마나 이게 잔인했든
가를 좀 보여주기 위해서는, 이걸 내가 정신장애인이 얼만
큼 있는가 하는 것들을 한 번 밝혀야 되겠다는 생각이- 들
어서 시작을 했고…… 그러고 나서 이제 쭉 그 한 과정에서
이제 여러 가지, 핍박을 좀 받지요. 그런 연구를 하다, 하다
보니까 강의실-에도 (웃으며) 보안대가, 보안대- 애들이, 학
생들 가장해서 (웃으며) 들어와가지고." (성지원)

"그니까 대학교 막 들어가서 공부-를 하고-서부터는 이미
5·18의 거의 한가운데는 아니지만, (웃음) 5·18이 이, 깊이 이
렇게 어- 무의식까지도 이렇게 지배되어지는 그런 삶들을
살았던 것 같아요. (중략) 근데 광주 같은 경우는 이렇게 지
하에- 다방이 있으면- 막~ 도망가다가 이렇게 지하 계단
으로 들어가면 다방에서 문 열어주잖아요. 나는 고것만 생
각을 했던 거지. 그니까 서울에서도 (스읍) 그때도 최루탄
과 지랄탄이 막 쏘길래 막, 정~말 숨을 못 쉬겠는 거야. 그래
서- 그 지하로 들어갔는데, 내려버리더라고 셔터를~ (중략)
그때 생긴 트라우마가 굉~장히 심했어요. 지금까지도, 예,
좀 심해요. 지금까지도 그 폐쇄 공포증. 이런 게 그때 생겨가
지고…… 지금도 아주 힘든 날- 같은 경우는 꿈속에서 막 너
무 그 닫힌 공간에서 막 내가 아주 힘들어~" (최미강)

또한 5·18로 인해 자신의 삶의 행로를 바꾸면서 학생운동과 사회운동에 투신했던 활동가들의 대부분은 소진과 경제적 빈곤을 경험했던 기억을 지니고 있었고, ㉑ 5·18 이후 사회운동에 뛰어들면서 가족관계를 잘 돌보지 못한 데 대한 미안함과 가족 콤플렉스를 갖고 있었다.

"큰애가 정말 제- 저-를 많이 애, 힘들게 했었어요. 그니까 (한숨) 걔 초등학교 1학년 때 제가 활동가로 들어갔기 때문에 걔가 동생을 (울먹이며) 다 봐야 했어요." (윤옥임)

이제까지 살펴보았듯, 5·18 당시 겪었던 인권침해만이 아니라 이후에도 계속된 인권침해 경험과 지체된 이행기 정의 실현은 5·18 목격자들의 집단트라우마를 동심원적으로 확대·재생산하는 결과를 초래했다. 그리고 일부 목격자들의 경우 ㉒ 5·18로 인한 피해(고통)가 인정되지 않는 현실에 대한 분노와 소외감을 강하게 드러냈다.

"그러니까 인자 나 혼자만, 가슴앓이제. 말을 어디따 하도 못 하고. 긍게 내가 언제, 오래 살랑가는 몰라. 살아 있는 동안 애기, 죽은 애기한테 할 일이 이것밖에 없잖아. 피해자-로 인정해달라! 응? 나는 그것밖에 없응게. 죽기 아니면 살기로 헌당게. 그 애기가, 죽은 애기가 뭔 죄가 있어. 전두환이를 어치케 그냥 해야 되는데." (장순옥)

이는 직접적 피해자에 대한 개별적 금전 보상 중심으로 진행되었던 제도적 과거청산의 한계를 반영하는 것이라 볼 수 있다.

4. 5·18 목격자 집단트라우마의 원인과 조건

5·18 목격자의 인권침해 경험과 집단트라우마의 양상을 패러다임 모형으로 구성해 그 인과적 조건(들)을 살펴자면 〈그림 1〉과 같다.

1) 인과적 조건

먼저 세 가지 유형 모두에서 목격자의 트라우마를 발생시킨 인과적 조건은 5·18이라는 광포한 국가폭력을 목격했던 경험만이 아니라 목격한 진실을 왜곡하는 5·18 부인 구조, 그리고 그것이 부과한 집단적 오명과 낙인이다. 다시 말해 5·18이 초래한 생명권의 위협과 정신적 충격의 경험은 진실의 왜곡—사건과 사건에 대한 재현 사이의 간극—으로 인한 진실에 대한 권리침해와 함께 5·18 집단트라우마의 발생 원인이 되었다.

〈그림 1〉 5·18 목격자의 패러다임 모형

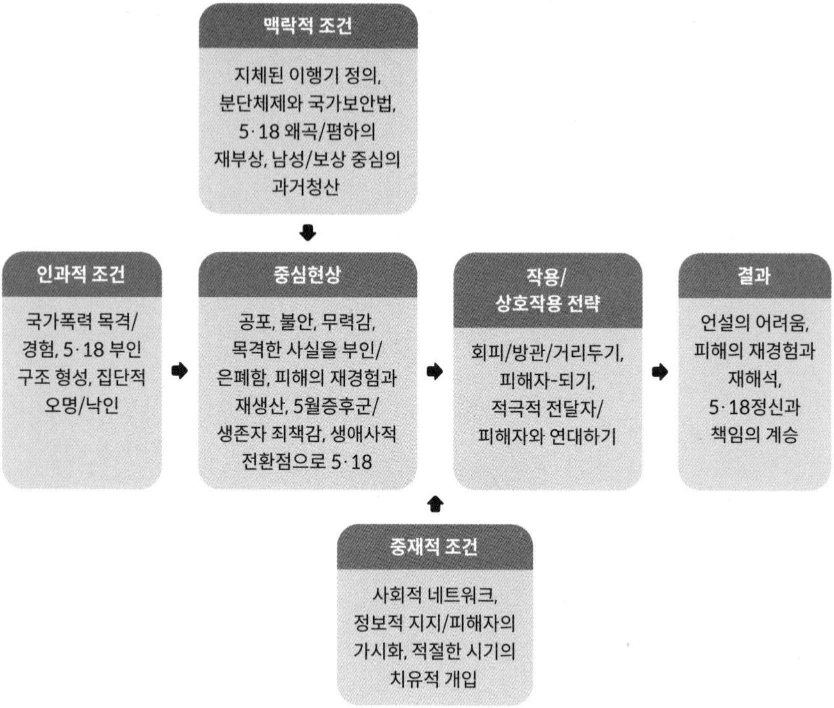

맥락적 조건

지체된 이행기 정의, 분단체제와 국가보안법, 5·18 왜곡/폄하의 재부상, 남성/보상 중심의 과거청산

인과적 조건

국가폭력 목격/경험, 5·18 부인 구조 형성, 집단적 오명/낙인

중심현상

공포, 불안, 무력감, 목격한 사실을 부인/은폐함, 피해의 재경험과 재생산, 5월증후군/생존자 죄책감, 생애사적 전환점으로 5·18

작용/상호작용 전략

회피/방관/거리두기, 피해자-되기, 적극적 전달자/피해자와 연대하기

결과

언설의 어려움, 피해의 재경험과 재해석, 5·18정신과 책임의 계승

중재적 조건

사회적 네트워크, 정보적 지지/피해자의 가시화, 적절한 시기의 치유적 개입

2) 중심현상

그 결과 나타난 주요한 트라우마 현상은 가해자에 대한 공포와 두려움, 살아남은 자의 죄책감, 은폐와 망각·회피 또는 5·18의 진실·정신에 대한 부채감과 책무감 등이다. 무엇보다 너무나도 불완전한 진상규명과 지체된 과거청산은 이러한 피해와 트라우마를 장기화하는 요인이 되었다.

3) 맥락적 조건

동시에 중심현상을 강화한 맥락적 조건으로서 신군부 집권 시기 자행된 감시와 사찰이 새롭게 야기한 인권침해를 들 수 있다. 또한 5·18 목격자에게 부과된 사회적 트라우마와 '빨갱이'라는 낙인을 재생산한 또 하나의 조건으로 분단체제와 국가보안법의 영향을 설정할 수 있다. 이 영향은 참여적 목격자, 우연적 목격자, 광주 거주자로서의 목격자 등 모든 유형에서 유사하게 발견된다.

특히 가해자의 폭력에 대한 공포와 두려움, 생존자 죄책감, 침묵의 공모와 언설의 어려움, 폭도·빨갱이라는 집단적 오명과 호남 차별·광주 출신에 대한 피해의식은 '목격자-피해자' 유형과 '목격자-방관자' 유형이 거의 동일하게 공유하는 특징이라고 할 수 있다. 이 점에서 '목격자-방관자' 유형은 '목격자-피해자' 유형의 최소 비교 사례에 해당한다. 두 유형은 5·18이라는 국가폭력과 과거청산 이전 1980년대 신군부 집권 시기의 사회 통제가 5·18 집단트라우마에 미친 심원한 영향력을 드러내 보여준다.

한편 5·18의 집합 경험과 목격으로 인한 피해가 남성과 여성의 성차에 따라 그 후과와 재생산 방식에서 차이를 보인다는 점도 주목할 필요가 있다. 대표적으로 임신한 몸으로 5·18을 경험하고 생후 4개월 된 딸아이를 잃어야 했던 장순옥의 생애 사례는 여성의 몸을 통해 2세대에게 재생산되는 국가폭력 피해의 젠더화된 경로를 드러내 보여준다. 이를 통해 눈에 보이는 신체적·물리적 손상을 피해 여부를 가르는 기준으로 삼았던 기존의 보상 관행이, 성폭력을 비롯한 여성의 피해를 주변화하고 비가시화하는 남성 중심의 과거청산 과정에 일조해왔음을 알 수 있다.

4) 작용/상호작용 전략

각 사례는 고유한 생애 경로와 작용/상호작용 전략에 따라 서로 다른 발전 경로를 보인다. 특히 '피해자'와의 관계 맺기 방식에서 상호작용 전략의 차이가 드러난다. '목격자-피해자' 유형이 피해를 재경험하거나 피해자성을 인정받기 위한 상호작용 전략을 드러낸다면, '목격자-방관자' 유형은 피해자와 거리를 두는 방식으로 피해자가 되지 않기 위한 생애 전략을 구사한다는 점에서 차이를 보인다. 이와 달리 '목격자-전달자' 유형은 피해자와 적극적으로 연대하는 상호작용 전략을 형성한다. 즉 '목격자-전달자' 유형은 부인과 회피라는 자기방어 기제를 주요한 작용/상호작용 전략으로 삼은 '목격자-피해자' 및 '목격자-방관자' 유형과 달리 광주의 진실을 증언하고 전달하며 5·18의 사회적 의미를 만드는 작업과 자신의 삶의 방식을 일치시키는 특징을 보인다. 이들은 '치유'와 '보상'의 외면적 효과에 집중하는 앞의 두 유형(보상-환상)과 달리 '진실'과 '애도'를 통한 트라우마 극복의 생애 전략을 보여준다는 점이 특징적이다.

5) 중재적 조건

이러한 차이를 조절하는 중재적 조건으로 ① 직접적 피해자의 가시화 정도 ② 정보적 지지 및 사회적 네트워크 여부(조직되지 않은 피해자 등)를 상정할 수 있다. 이는 직접적 피해자의 고통과 피해의 실상이 사회적으로 알려지고 공론화되는 정도에 따라, 5·18 당시 목격했던 사실을 해석하는 정보를 제공하는 사회적 네트워크의 자원과 양상에 따라, 피해자와 방관자, 그리고 지지자(전달자)의 태도와 상호관계가 역동적으로 변화할 수 있다는 점을 시사한다.

6) 결과

결과적으로 5·18 목격자의 집단트라우마 유형은 여전히 해소되지 않은 가해자와의 관계나 기존의 사회적 관행에 오랜 시간 속박되어 여전히 언설/증언의 어려움을 보이거나(목격자-피해자/목격자-방관자), 5·18로 희생된 망자와 다른 인권침해 사건의 피해자들과 연대하면서 5·18의 진실과 정신을 공동체에 전달하는 적극적 수행 집단으로의 삶을 구가하는 방식으로 나타났다(목격자-전달자).

5. 5·18 목격자의 두 얼굴과 정치적 책임

한국의 과거청산 과정에서 국가범죄 피해자의 트라우마는 학문적이고 정치적인 쟁점으로 부상했지만, 이제까지 5·18 트라우마에 대한 연구는 대부분 '직접적 피해자' 범주에 집중되어 있었다. 구속자, 사망자, 유가족의 트라우마를 PTSD 모델에 근거해 조명한 연구,[29] 5·18 기동타격대의 사회적 트라우마티즘에 대한 생애사 연구,[30] 5·18 자살 피해의 발생과 재생산 과정에 대한 연구,[31] 5·18 유가족의 트라우마에 대한 질적 사례연구[32] 모두 직접적 피해자와 유가족에 주안점을 두어 진행된 연구라 할 수 있다.

이와 달리 이 글은 기존 피해자 유형에서 주변화되었던 '목격자' 범주에 주목해 5·18 집단트라우마에 대한 이해를 진전시키기 위한 하나의 시도였다. 특히 이 장에서는 PTSD 기준에 기초한 생물 정신의학적 트라우마 모델이 목격자 트라우마를 발생·재생산한 인권침해와 부정의의 차원을 은폐하고, 국가범죄의 피해생존자이자 잠재적인 증언자로서 5·18 목격자가 지닌 집단트라우마의 역동적·복합적 성격에 대한 이해를 차단하는 인식론적 장치가 될 수 있음을 지적했다. 이로부터 이 연구는 인권침해 피해자의 권리 관점에서 국가범죄의 생존자이자 피해자, 동시에 증언자/전달자로서 5·18 목격자들의 집단트라우마가 지닌 복합적 특성을 보다 심도 있게 이해할 이론적·실증적 근거를 마련하고자 했다.

5·18 목격자의 사례가 이행기 정의 실현에 시사하는 이

론적·실천적 함의를 도출해보자면 다음과 같다.

첫째, 개념적 차원에서 이 연구의 결과는 PTSD 진단기준에 맞추어 목격자 트라우마를 실증적으로 연역하려는 국내외 시도들이 갖는 한계를 드러내 보여준다. 현상적 수준에서 5·18 목격자의 트라우마는 PTSD 모형의 몇 가지 감별기준을 공유하지만, 그것을 넘어서는 여러 형태의 집단트라우마 패턴과 발생 경로를 드러낸다. 5·18 목격자는 가해자인 신군부로부터 생명권, 안전권, 건강권의 위협과 침해를 경험하고, 가해자와의 관계에서 트라우마의 패턴과 발전 경로가 상당 부분 종속되어 있다는 점에서 국가범죄의 직접적 피해자가 지닌 트라우마의 유형과 상당한 공통점을 보인다. 이는 5·18이라는 이름의 국가폭력이 광주 시민 전체를 대상으로 한 무차별 살상의 성격을 지니며, 국가범죄 생존자로서 5·18 목격자들의 트라우마가 1980년대 신군부의 통치 장치들과 계속되는 인권침해에 의해 일정 방향으로 구조화된 점에 기인하는 것이라 보인다.

이 점에서 5·18 목격 피해자 또한 이중의 피해자라고 할 수 있는데, 이들은 폭력 그 자체와 그로 인한 신체적 정신적 후유증의 피해자였고 사회적 침묵이 이들을 망각과 부인으로 몰아넣고 있다는 점에서도 피해자였다. 이렇게 볼 때 5·18 목격자는 인도에 반하는 범죄로서 5·18 국가범죄의 집단성과 광범위성, 장기 지속적 성격을 입증하는 5·18 피해자 유형학의 중추적 범주라 할 수 있다.

둘째, 하지만 5·18 목격자의 집단트라우마 패턴은—직접적 피해자와 사뭇 달리—국가폭력의 희생자/피해자와의 관계가 중요한 또 하나의 축을 형성하면서, '말할 수 있음'의 가능 조건에 따라 훨씬 더 역동적이고 관여적인 발전 유형을 드러내 보인다. 이를테면 '목격자-전달자'의 유형에서 잠시 살펴보았듯이 목격자의 발화와 증언(또는 침묵/외면)은 직접적 피해자의 트라우마의 경감에 일정한 인과적 영향력을 행사할 수 있다. 반면 목격자 트라우마에 대한 PTSD 모델은 국가폭력 목격자들이 통상 당면하게 되는 도덕적 갈등과 정체성의 훼손을 설명할 수 없으며, 5·18 부인과 왜곡, 집단적 오명의 영향 속에서 형성된 다양한 형태의 목격자 트라우마의 작동을 포착하기에도 역부족이다. 그런 점에서 ① 자신의 미래를 변화시킬 충격적인 사건과 집단정체성에 귀속된 구성원들이 ② 사건과 사건의 재현 사이의 간극을 경험할 때 트라우마가 발생한다는 문화적 트라우마[33] 가설과 사건을 직접 체험하지 않은 집단에 트라우마가 전승되는 속성에 주목한 역사적 트라우마[34] 가설이 5·18 목격자 트라우마의 정치성과 행위성을 설명하는 데 여전히 유효하다.

결론적으로 5·18 목격자 사례 연구 결과는 국가범죄 피해자의 구제책에도 전향적 해법을 시사한다. 이를 참조할 때 진실규명 및 과거청산 작업에서 목격자의 참여는 피해회복을 둘러싼 국가의 책임만이 아니라 사회의 책임, 즉 시민들의 정치적 책임을 환기시킬 새로운 논의의 장을 마련한다는 점에서 중요한 의미를 갖는다. 따라서 목격자의 집단트라우마에 대한 조명은 개별적인 금전 보상 중심으로 진행된 제도적 과거청산 과정에서 직접적 피해자(와 가족)들이 감내해야 했던 고립과 소외, 고통과 폭력의 사이클에 제동을 걸기 위한 학문적 노력의 일환이며, 피해자-사회 중심의 치유[35] 방법론을 구체화하기 위해 피해갈 수 없는 관문이라 할 수 있다.

1 이 글은 《민주법학》 제78호에 실린 글을 수정한 것이다.

2 Anil Yenigül, "Witnessing and Testimony of Traumatic Events
and the Function of Cultural and Collective Memory in Harold
Pinter's Ashes to Ashes", *Research MA Dissertation*, 2012; Shoshana
Felman and Dori Laub, *Testimony: Crises of Witnessing in Literature,
Psychoanalysis, and History*, Routledge, 1991.

3 Anil Yenigül, "Witnessing and Testimony of Traumatic Events and
the Function of Cultural and Collective Memory in Harold Pinter's
Ashes to Ashes", Ibid., pp.8~9.; Elizabeth Jelin, *State Repression and the
Labors of Memory*, University of Minnesota Press, 2003, p.61.

4 지난 수십 년간 범죄 절차에서 피해 목격자(victim witnesses)의 역할은
대폭 강화되었다. 과거 정치적 폭력의 유산을 다루기 위해 설립된
진상규명위원회 또한 진실을 규명하는 사회적 형식으로 목격자(증인)를
책임져야 한다는 생각에 기반하고 있다. 목격자의 증언은 그 자체로
과거를 극복하고 민주주의를 촉진하는 정치 참여의 장치이기도 하기
때문이다. Sibylle Schmidt, "Perpetrators' Knowledge: What and How
Can We Learn from Perpetrator Testimony?", *Journal of Perpetrator
Research* 1(1), 2017, pp.85~86.

5 5·18 이행기 정의의 주요한 행위자로서 가해자-목격자-피해자의
관계 동학에 주목한 사례연구로 김명희, 〈한국 이행기 정의의
감정동학에 대한 사례연구: 웹툰 〈26년〉을 통해 본 5·18 부인(denial)의
감정생태계〉, 《기억과 전망》 34, 2016, 55~101쪽.

6 천주교광주대교구 정의평화위원회 편, 《광주 시민 사회의식 조사:
광주민중항쟁을 중심으로》, 빛고을출판사, 1988, 25~27쪽.

7 David Kauzlarich et al., "Toward a Victimology of State Crime",
Critical Criminology 10, 2001, p.176.

8 1990년대 중반 이후 급진적 피해자학(radical victimology)이 가두
범죄(street crime), 아내 강간, 기업 범죄 피해 연구 결과를 축적하면서,
국가범죄 피해자학(victimology of state crime)이 정립되기에
이르렀지만, 국가범죄 연구에 비해 국가범죄 피해자학은 많은 진전을
이루지 못했다. 하지만 최근 미얀마 사태에서 확인되듯 전 지구적으로
계속되는 국가 테러나 전쟁 범죄의 현재성을 고려한다면, 국가범죄

피해자학의 성격, 범위, 분포를 정립하려는 시도나 국가범죄 피해자 유형에 대한 연구는 더 진전될 필요가 있다.

9 오수성, 〈광주오월민중항쟁의 심리적 충격〉, 앞의 책, 190~207쪽.

10 같은 책, 207쪽.

11 PTSD 진단명에 입각한 5·18 유공자의 심리 피해에 대한 계량적 연구는 다음을 참고하라. 오수성·신현균, 〈5·18 피해자들의 생활스트레스, 대처 방식, 지각된 사회적 지지와 외상 후 스트레스, 심리건강 간 관계〉, 《한국심리학회지: 임상》 27(3), 2008, 595~611쪽.; 오수성·신현균·조용범, 〈5·18 피해자들의 만성 외상 후 스트레스와 정신건강〉, 앞의 책, 59~75쪽.

12 Gaurav Patki et al., "Witnessing Traumatic Events Causes Severe Behavioral Impairments in Rats", *International Journal of Neuropsychopharmacology* 17(12), 2014, pp.2017~2029.; Gaurav Patki et al., "Witnessing Traumatic Events and Post-Traumatic Stress Disorder: Insights from an Animal Model", *Neuroscience letters* 600, 2015, pp.28~32.

13 Brandon L. Warren et al., "Neurobiological Sequelae of Witnessing Stressful Events in Adult Mice", *Biol Psychiatry* 73(1), 2013, pp.7~14.

14 엄밀히 말해 1980년 사건 당시를 기준으로 한 이 세 가지 분류적 집단 이외에도 1980년 이후 여러 5·18 재현물을 통해 5·18을 간접적이고 사후적으로 목격한 '사후 목격자' 혹은 '사후노출 목격자'를 상정할 수 있다. 하지만 이 연구에서 '사후노출(목격)자'와 구분하여 '목격자'의 범주를 1980년 5월항쟁이 진행되는 열흘 동안 시공간적으로 사건 현장 또는 광주 지역에 있었던 사람으로 제한할 것이다.

15 참여적 목격자와 우연적 목격자의 규모는 5월 18에서 26일까지 매일 참여한 군중의 수에 기반해 시위에 참여하거나 구경을 했거나 근처를 지났다고 가정된 규모를 근거로 하되, 항쟁의 날짜별 진행에 따른 특성을 고려하여 산출되었다. 광주 거주자로서의 목격자의 규모는 1980년 당시 전라남도 광주시 인구에 근거한 것이다.

16 전남대학교 5·18연구소와 5·18기념재단이 엮어 출간한 구술증언집은 사건사 중심의 기록이긴 하지만, 5·18을 직간접적으로 지원했던 활동가들의 구술을 여럿 포함하고 있다. 이 활동가들은 참여적 목격자에 해당하지만, 5·18 당시의 사건사적 진실을 복원하는 데 주안점을 두어 참여자들의 내적 경험에 대해서는 유의미한 정보를 제공하지는 않는다. 반면 최근 5·18 왜곡 및 부인에 맞서 5·18 40주년을 전후로 해서 출간된 자전적 회고 형식의 증언집에는 5·18 이후의 삶에 대한 증언도

소략하게나마 수록하고 있어 이 연구의 기초 자료로 활용되었다.

17 연구참여자의 신원 보호 및 개인 정보 보호를 위해 표와 본문에 제시된 이름은 모두 가명으로 처리했다.

18 잠재적인 피해자이자 진실의 전승 집단(carrier group)으로서 정치적 폭력의 목격자가 수행하는 이중적 역할은 목격자이자 전달자가 갖는 서사론적 가능성에 주목한 이재봉의 연구나 5·18 여성을 분석하며 한순미가 제안한 '목격자-전달자' 개념이 더 선명하게 표현한다고 생각한다. 이 개념을 차용해 이 연구는 국가폭력 목격자의 트라우마 동학을 피해자로서의 목격자의 경로를 나타내는 '목격자-피해자'와 국가폭력의 방관자로서 경로를 나타내는 '목격자-방관자', 그리고 국가폭력의 증언자이자 진실의 전승 집단으로 나아가게 되는 '목격자-전달자'라는 세 가지 형태로 유형화했다(이재봉, 〈목격자와 전달자, 그 서사론적 가능성〉, 《코기토》 89, 2019, 103~140쪽.; 한순미, 〈오월 여성 데칼코마니: 대신에/동시에 말하기〉, 《상허학보》 63, 2021, 509~549쪽).

19 인권으로서 재생산권은 모든 사람이 성과 관련하여 어떠한 차별과 강압, 폭력으로부터 자유로울 수 있는 권리이자 섹슈얼리티와 관련된 신체적, 정서적, 정신적, 사회적 안녕 상태를 지시하는 '성·재생산 건강과 권리(Sexual and Reproductive Health and Rights, SRHR)'에 준용한다. 성·재생산 건강과 권리에 대한 개념사적 고찰은 다음을 참고하라. 김동식, 〈'인권'으로서 성·재생산 건강과 권리에 대한 이해와 정책적 지향점〉, 《젠더리뷰》 60, 2021, 4~13쪽.

20 광주서석고등학교 제5회 동창회 편, 《5·18 우리들의 이야기: 1980년 5월, 나는 고등학교 3학년이었다》, 심미안, 2019, 298쪽.

21 같은 책, 298쪽, 302~303쪽.

22 같은 책, 95쪽.

23 외상적 사건의 목격자가 경험하는 트라우마 패턴으로 '생존자 죄책감'은 널리 알려져 있다. 생존자 죄책감은 베텔하임의 초기 저술에서 처음 언급되었고 리프턴, 호르비츠 등이 이에 기초해 이론적 바탕을 만들었다. 이들은 죄책감이 생존자 증후군의 주요 증상이라고 보았다. 생존자의 자기비난은 좀처럼 사라지지 않고 끈질기게 자기 강박적이며 자아 파괴적인 성격을 지니는데, 생존자는 왜 살아남았는지를 집요하게 자문하여 자신을 괴롭히는 특징이 있다. 이러한 도덕적 자기 비난은 생존 목격자가 공유하는 특징 중 하나이다. 그러나 생존자 죄책감에 대한 의과학적 해법과 사회적 해법은 차이가 있다. 적어도 의사에게 생존자 죄책감은 정당한 자책이 아니라 병리적 증상이다. 특히 PTSD

진단범주의 도입을 통해 살아남은 자의 죄책감은 정신치료의 대상이 되는 증상이자, 트라우마 사건을 경험했는지 여부를 확인하는 진단의 지표가 되었다. 디디에 파생·리샤르 레스만, 《트라우마의 제국》, 127~128쪽.

24 오유석은 광주 외곽 지역들에서 시위대에 동조하고 합류했던 사람들이 "기층 민중과 노동자계급에 우선하여 나이가 어리거나 젊은 청년·학생(고교생 포함)들이었다"고 정리한 바 있다. 오유석, 〈외곽 지역의 항쟁으로 본 5·18 민중항쟁〉, 학술단체협의회 편, 《5·18은 끝났는가》, 푸른숲, 1999, 157쪽.; 정호기, 〈집단기억의 다중성과 계승의 현재〉, 앞의 책, 61~62쪽에서 재인용.

25 광주여성희망포럼·광주전남여성단체연합, 《(구술로 엮은) 광주 여성의 삶과 5·18》, 심미안, 2010, 255쪽.

26 같은 책, 283쪽.

27 광주서석고등학교 제5회 동창회 편, 《5·18 우리들의 이야기: 1980년 5월, 나는 고등학교 3학년이었다》, 278쪽.

28 광주여성희망포럼·광주전남여성단체연합, 《(구술로 엮은) 광주 여성의 삶과 5·18》, 256쪽.

29 오수성·신현균·조용범, 〈5·18 피해자들의 만성 외상후스트레스와 정신건강〉, 앞의 책, 59~75쪽.; 최정기, 〈과거청산에서의 기억 전쟁과 이행기 정의의 난점들: 광주민주화운동 관련 보상과 피해자의 트라우마 중심으로〉, 앞의 책, 3~22쪽.

30 강은숙, 〈'5·18 사람'으로 살아간다는 것: 5·18 시민군 기동타격대원의 생애사〉, 앞의 책, 81~114쪽.

31 김명희, 〈5·18 자살의 계보학: 치유되지 않은 5월〉, 앞의 책, 78~115쪽.

32 김석웅, 〈국가폭력 가해자 불처벌이 유가족의 심리상태에 미치는 영향: 5·18민주화운동을 중심으로〉, 앞의 책, 37~73쪽.; 〈5·18민주화운동 유가족 1세대 및 2세대의 집단트라우마〉, 《민주주의와 인권》 21(3), 2021, 97~143쪽.

33 제프리 알렉산더, 《사회적 삶의 의미: 문화사회학》.

34 Dominick LaCapra, *History in Transit: Experience, Identity, Critical Theory*.

35 진영은·김명희, 〈5·18 트라우마와 사회적 치유: 광주트라우마센터 사례를 중심으로〉, 앞의 책, 163~197쪽.

진실을 전달하고 부정의에 맞서 싸우다: 5·18 사후노출자의 트라우마[1]

김종곤

건국대학교 인문학연구원에서 HK연구교수로 재직 중이다. 〈'역사적 트라우마'에 대한 철학적 재구성〉이라는 논문으로 박사학위를 받았다. 애초 정치사회철학을 전공했고, '이데올로기'에 관심이 있었으나 한국사회에서 지배적인 이데올로기는 한(조선)반도가 겪었던 비극의 역사와 그것이 낳은 상흔을 떠나서는 제대로 규명될 수 없다는 생각에 과거사에 관심을 가지게 되었다. 그 후로 줄곧 해방 이후 한국사회에서 발생했던 국가폭력 트라우마를 사회심리철학 차원에서 공부하고 글을 쓰고 있다.

1980년대의 민주화운동은 5·18에 대한 트라우마로부터 시작되었다고 한다. 광주와 전남에서 죽어갔던 사람들을 지켜내지 못했다는 죄책감과 아무것도 할 수 없었던 무력감이 자신들을 짓눌렀고, 그에 대한 울분과 속죄하려는 마음 때문에 거리로 나섰다는 것이다. 하지만 비록 대통령 선거가 직선제로 바뀌고 5·18의 가장 책임 있는 전직 대통령 두 명이 법정에 섰지만 진상규명은 만족할 만큼 이루어지지 않았다. 가해자들은 자신들의 책임을 부인하고 역사를 왜곡하면서 망자들을 또다시 폭도나 빨갱이로 몰면서 조롱했다.

5·18은 끝나지 않은 것이다. 1980년대와 같은 방식은 아니지만 역사적 정의를 바로 세우고자 하는 사람들이 책임자 처벌과 진상규명을 위해 그리고 피해자들의 권리회복을 위해 지난한 싸움을 이어갔다. 5·18을 직접 경험하지 않은 사람들조차 그 싸움은 처참했던 역사의 현장을 반복해서 기억하는 것이자, 죽은 망령들의 목소리에 귀를 기울이는 일이기도 했다. 청산되지 않은 과거사인 5·18은 아직도 누군가에게 고통을 안겨주고 있었던 것이다.

그런 맥락에서 '사후노출자'를 피해자의 한 유형으로 포함시켰다. 그들은 살아온 시대도 살아가는 방식도 서로 다르지만 5·18을 지지하고 부인 세력과 맞서 고통받는 사람들의 상처를 어루만지는 조력자·저항자이자, 다른 한편으로는 자신들 또한 정신적 피해를 입은 피해자이기도 하다. 그런 그들은 지금까지 5·18의 논의 안에서 밀려나 있었을 뿐만 아니라 피해자로 고려되지도 못했다.

1. 5·18 피해자로서 사후노출자

이 글에서 '사후노출자post-exposed people'란 5·18항쟁 이후에 역사적 진실[2]을 대면한 사람들을 말한다. 이들은 5·18 당시 광주·전남 지역 바깥에 있었거나 그곳에 거주하고 있었다 하더라도 폭력의 현장을 비롯해 사망자와 부상자, 연행자 등을 직접 보지 못한 사람들이다. 또는 5·18 이후에 출생하여 그것을 직접 경험하지 못한 사람들도 해당된다. 이들은 법률에서 정하는 피해자도 아니고 언급한 직접적 목격자나 일선대응인도 아니다. 이들은 1980년 5월의 '그때 그곳'에서 빗겨나 있으면서 광주항쟁을 추체험한 사람들이다.[3]

그럼에도 사후노출자 역시 5·18을 여러 매체나 증언 등 각종 자료를 통해 접하면서 외상적 경험을 한다는 점에서 피해자의 한 유형이 될 수 있다. 실제로 광주·전남에 아무런 연고도, 희생자나 피해자들과 친분도 없는 사람들이 5·18의 진실을 접했을 때 큰 충격과 함께 공포, 무기력 등을 느꼈으며, 부끄러움과 죄책감으로 고통스러워했다는 점은 이미 잘 알려진 사실이다. 또 어떤 사후노출자의 경우에는 5·18의 진실을 알고 난 후 피해생존자의 편에 서서 5·18의 진실을 알리거나, 각종 재현 작업이나 피해생존자의 치유를 돕는 일을 하면서 직간접적으로 트라우마를 경험하는 것으로 파악된다. 심지어 1980년대에는 진상규명과 책임자 처벌을 호소하며 자신의 목숨을 던진 사후노출자도 있었다. 사후노출자는 몰랐던 진실을 접하면서 정신적인 피해를 당하기도 하지만, 각종 활동

과정에서 거듭해서 외상을 경험하면서 사건 이후의 피해자가 되기도 한다.[4]

이는 사후노출자 역시 넓은 의미에서 5·18의 피해자가 될 수 있음을 말해준다. 물론 사후노출자의 피해와 고통이 직접적 당사자에 견줄 만하다고 말하려는 것은 아니다. 뒤에서 다시 언급하겠지만 사후노출자에 주목하는 주된 이유는 이들의 존재가 진상규명이 제대로 이루어지지 않고, 가해 세력에 의해 5·18의 역사가 왜곡되고 부인되는 과정에서 그 피해가 광주·전남 지역을 넘어 한국사회 전체로 확장되고, 다음 세대에게까지 연속되고 있음을 보여준다는 데에 있다.

그렇지만 지금까지 사후노출 피해자는 5·18 트라우마 연구에서 주목받지 못했다. 이러한 점에서 김명희의 〈5·18 자살의 계보학: 치유되지 않은 5월〉은 시사하는 바가 크다. 이 연구는 1980년 5월 이후에 5·18 진상규명과 책임자 처벌을 외치며 투신이나 분신을 했던 '열사'들의 자살을 숙명적 자살 또는 저항적 자살로 개념화하고 이행기 정의transitional justice의 국면에서 그 원인과 과정을 분석하고 있다. 주목할 점은 김명희가 분석하고 있는 열사들 중에는 사후노출자가 포함되어 있다는 것이다. 예를 들어 김명희는 김종태 열사, 박래전 열사, 김병구 열사 등을 5·18 이후의 자살자에 포함하고 있는데 이들은 광주·전남 지역에 연고가 없다. 또 5·18항쟁에 참여하거나 직접적인 관련성조차 없다. 그럼에도 이들은 광주학살의 진실을 접한 후 그것을 대중들에게 알리고 책임자 처벌을 요구하면서 스스로 목숨을 끊었다.[5] 따라서 이 연구는 사후노출자가 5·18 트라우마를 경험할 수 있으며, 나아가 이들 역시 과거청산의 사회적 조건에 따라 정신적 피해를 입는다는 점을 보여주는 중요한 연구라 할 수 있다.

하지만 김명희의 연구는 5·18과 시기적으로 가까운 사후노출자(자살자)만을 대상으로 하며 지금 현재를 살아가고 있는 사후노출자의 사례는 포함하고 있지 않다. 그러한 점에서 다시 주목할 연구는 심영의의 〈지역 작가들의 변방의식과 트라우마: 광주·전남 지역 작가들의 소설을 중심으로〉이다.[6] 이 논문은 5·18을 경험하지 않은 오늘날의 광주·전남 작가들이 지역에 내재된 역사적 기억을 되풀이하려는 글쓰기의 욕망을 지녔다는 점을 밝히고 있다. 그리고 작가들의 그러한 욕망 형성의 배경을 5·18을 겪은 지역민과 원주민들의 상처가 '지역문화'를 통해 전해지고 있다는 점에서 찾고 있다. 그렇기 때문에 심영의가 연구 대상으로 삼은 작가들 역시 5·18의 사후노출자에 해당한다고 할 수 있다. 그렇지만 이 연구는 비록 사후노출자가 지역의 외상적 문화를 배경으로 형성될 수 있음을 시사하고는 있지만, 그들이 어떻게 5·18의 외상 기억을 자기화하고 그 과정에서 어떤 외상적 경험을 하는지를 충분히 밝히지는 못한다.

이에 이 글은 5·18 피해자의 한 범주로서 '사후노출자'를 제시함과 동시에 오늘날을 살아가는 사후노출자들의 외상 형성 과정과 그 요인을 규명하고자 했다. 글은 다음과 같은 순서로 전개된다. 우선, 이 글은 연구 자료 및 연구 과정을 밝힌 후 연구 자료로 수집된 생애사 구술 텍스트를 토대로 구술자들의 생애 경로가 지닌 특징을 밝힌다. 그리고 사후노출자의 트라우마를 구체적으로 분석하고, 사후노출자의 외상 경험 과정과 그 요인이 시사하는 바를 사회적 치유와 이행기 정의의 맥락에서 제시한다.

2. 연구 자료 및 연구 과정

연구를 수행하는 데 먼저 부딪혔던 난점은 사후노출자의 트라우마 경험을 분석할 연구 자료가 전혀 없다는 것이었다. 물론 5·18과 관련한 구술증언집이나 출간 도서 등은 적지 않다. 하지만 기존 자료들은 트라우마 연구를 위해 생산된 것이 아닐뿐더러 직접적 피해자나 목격자의 목소리를 담은 것이 대부분이다. 사후노출자의 이야기를 담은 텍스트 자체가 없다고 봐도 무방하다. 그런 이유로 새롭게 텍스트를 수집할 필요가 있었다. 사후노출자의 텍스트를 수집하기 위해 2020년 12월부터 2021년 7월까지 총 10명을 만나 생애사 구술면접을 진행했다.

구술자를 선정하면서 우선 고려했던 점은 앞서 제시한 사후노출자의 개념에 비추어 5·18에 직접 참여하거나 당시 현장을 목격한 경험이 없어야 한다는 것이었다. 하지만 이 연구가 사후노출자의 트라우마 분석을 주된 목적으로 삼는다는 점에서 직접 참여와 목격 여부만을 가지고 무작위로 면접 대상을 물색할 수 없었다. 이에 5·18 영상이나 사진 혹은 증언

〈표 1〉 구술자의 일반적 특성

	이름 (가명)	성별	나이	학력	직업	혼인 상태	인터뷰		
							일시	시간(분)	장소
1	박민주	여	50	박사 졸	연구자	기혼	2020.12.10	150	건국대
2	이성훈	남	50	박사 수료	조사관	기혼	2020.12.19	120	서강대
3	이기수	남	50	박사 졸	연구자	기혼	2021.1.27	120	한양대
4	김수완	여	50	석사 졸	다큐 감독	미혼	2021.2.15	120	광주 소재 커피숍
5	박상훈	남	44	석사 졸	연구-활동가	기혼	2021.3.3	70	5·18 기념재단
6	이희정	여	26	대졸	기자	미혼	2021.3.3	60	5·18 기념재단
7	류정열	남	38	석사 졸	애니메이션 작가	미혼	2021.7.1	120	광주 소재 커피숍
8	도미나	여	29	대졸	연극인	미혼	2021.7.1	90	광주 소재 커피숍

등의 외상 물질traumatic material과 접촉한 경험이 있으며, 5·18 진상규명 운동 및 관련 업무에 종사한 경험이 있는 사람들을 중심으로 면접 대상자를 물색하고 선정했다. 각 구술면접은 짧게는 90분에서 길게는 150분 동안 구술자가 살아온 이야기를 충분히 들은 후 연구자가 보충 질문을 하는 방식으로 이루어졌다. 분석 대상인 8명의 일반적 특성은 〈표 1〉과 같다.[7]

3. 생애 경로 및 외상 과정의 특징

1) 5·18과 관계 맺음: 필연적 연루 혹은 자신의 선택

구술자들은 모두 1970년대 이후 출생자이다. 5·18 당시 이들의 나이는 많아야 열 살 정도였거나, 아직 출생하기 전이었다. 이들은 5·18을 직접 경험하지 않았으며, 한참 뒤에야 1980년 광주에서 신군부에 의해 학살이 일어났다는 사실을 알게 되었다. 물론 구술자 중에는 5·18 당시 광주에 있었던 사람들(이성훈, 김수완)도 있다. 광주에 거주하고 있었던 이들은 평소와 다르게 침울하면서도 심란한 주변 분위기를 감지했다고 진술하기도 했다. 하지만 현장을 직접 눈으로 보지는 못했고, 가두방송을 듣지도 못했다. 당시 상황 자체를 인지하지 못했던 것이다.

그렇기에 구술자들의 구술은 자신들이 5·18의 진실을 처음 접한 계기와 그것이 자신의 인생과 연루될 수밖에 없었던 이유를 설명하는 데 더 집중하는 특징을 보였다. 우선, 대부분의 구술자들은 5·18 사진이나 비디오를 보거나 학교 선생님 또는 주변인들의 이야기를 통해 5·18을 처음 알게 되었다. 이들은 그때의 기억을 떠올리며 대체로 "충격적이었다" 혹은 "끔찍했다"고 회고했으며, 한 구술자(박상훈)는 5·18을 몰랐다는 사실에 "부끄러웠다"고 진술했다.

이러한 점에서 이들이 접한 5·18 사진이나 비디오, 이야기는 정신적 사건을 초래한 외상 물질에 해당한다고 할 수 있다. 하지만 외상 물질과 접촉한 뒤 충격적이고 끔찍했으며 또 부끄러움 등을 느꼈다고 했지만, 5·18에 상징적 의미를 부여 하고 의미화한 것은 그 이후의 일이었다. 이들 대부분은 5·18 에 의미를 부여하게 된 계기를 외상 물질과의 접촉보다는 '시 대적 분위기'에서 찾았다. 예를 들어 1970년대에 출생했고 1980년대 말~1990년대 초에 대학을 다닌 구술자들(박민주, 이 성훈, 이기수, 김수완)은 자신들의 청년기를 군부정권과 맞서 싸 울 수밖에 없었던 시대로 인식했다. 그리고 그들이 맞섰던 전 두환-노태우 정권이 광주를 짓밟은 가해 세력이자 불법적으 로 정권을 찬탈한 반민주 세력이라는 점에서 5·18 진상규명 의 요구는 자연스러운 것이었다고 말했다. 이들이 대학을 다 니던 시점에서 5·18은 자신들이 "필연적으로 연루"될 수밖에 없었던 사건이었고 저항의 차원에서 진실을 규명해야 하는 과제로 인식했던 것이다.

반면에 전두환-노태우 정권 이후 대학을 다녔거나 1990 년대에 출생한 구술자들(박상훈, 이희정, 류정열, 도미나)의 경우 에는 앞선 구술자들과는 사뭇 다른 양상을 보였다. 이들 역시 대학 선배의 이야기를 듣거나 인터넷에서 5·18 사진을 본 후 충격을 받고 심지어 부끄러움을 느꼈으며, 그 이후 5·18을 자 기 인생의 중요한 문제로 삼았다. 하지만 박상훈은 군부정권 에 대한 저항이나 민주화운동의 차원이 아니라 1995년 전두 환·노태우의 군사반란 및 내란 혐의에 대해 내려진 불기소 결 정에 부당함을 느끼고 '스스로' 5·18 운동에 뛰어들었다. 1990 년대 이후에 출생한 구술자들(이희정, 류정열, 도미나)의 경우에는 5·18의 역사를 공부하거나 재현 작업을 하면서 희생자와 피해자의 고통에 정서적으로 공감하고 진상규명이 제대로 이루어지지 않았다는 점에 분노하면서 5·18을 자신의 인생으로 끌고 들어온 사례였다. 이들은 5·18과의 관계 맺음이 필연적인 연루라기보다는 '자신의 선택'에 더 무게를 두고 이야기한다는 점에서 앞선 세대와는 차이를 보였다.

2) 문민정부 이후 5·18과 거리 두기: 잠재적 공감자 혹은 전달자

50대의 구술자들(박민주, 이성훈, 이기수, 김수완)은 대학을 졸업하고 대학원에 진학하거나 시민단체나 정부 산하 기관에 한시직으로 취업을 했다. 그러면서 사회 변혁운동과는 거리를 두는 삶을 살기 시작했다. 물론 이러한 삶이 이들만의 특징이라고는 할 수 없다. 이들이 자신들의 저항을 시대적 분위기 속에서 필연적으로 연루될 수밖에 없었던 결과로 해석하는 데서도 알 수 있듯 그들은 민중이나 민족을 자신과 동일시하면서 사실상 주체의 자리를 그것(민중이나 민족)에 내어주고 자기 자신을 소외시켰던 타자적 주체였다고 할 수 있다. 당시 저항운동은 자신들의 개인적 삶의 욕망에서 비롯된 것이 아니라 폭압적 시대의 극복과 민주화라는 과제에 의해 노정된 것이었다.

그렇기에 1990년대 중반 이후 군부정권이 물러나자 이들은 운동의 방향을 상실하게 된다. 아울러 몇몇 구술자들도 이야기하고 있듯, 이 시기는 운동이 더는 대중적 지지를 받지 못하고 사회적 일탈, 발전의 저해 요소, 이기적 집단행위 등으로 해석되기 시작한 때였기에 이전과 같은 방식의 운동에서 사회 변혁의 비전을 찾기가 어려워졌다.

중요한 점은 50대 구술자들이 이 시기의 자기 삶을 구술하는 동안 5·18은 거의 등장하지 않는다는 것이다. 이는 5·18이 시대적 현안을 둘러싸고 진행된 저항운동의 맥락에서 볼 때 '부분적인 의제'였다는 것을 의미한다. 그렇기에 소위 '운동판'을 떠나면서 5·18 또한 자신들의 삶으로부터 거리가 멀어질 수밖에 없었던 것이다. 더구나 이들이 대학을 졸업할 즈음인 1990년대 중반에는 전두환·노태우가 내란 반란죄로 중형을 선고받았고, 그 후 5·18특별법을 비롯해 5·18유공자법이 제정되었으며 희생자와 피해자에 대한 보상이 이루어지는 등 제도적 청산이 이루어진 만큼 5·18은 이들에게 과거와 동일한 무게를 지니지 못한 것으로 보인다.

하지만 이러한 양상이 구술자들 모두에게서 나타난 것은 아니었다. 예를 들어 1990년대 중반 학번인 한 구술자(박상훈)는 군대를 제대하고 광주 망월동 묘역을 찾는 방문객들을 안내하거나 5·18의 역사에 관해 설명하는 일을 하면서 대학 졸업 후의 진로를 5·18과 연관해 찾으려 했다. 그는 이전 세대들과 다르게 5·18을 자기 삶의 중심에 놓고 행동했다는 것을 알 수 있다. 그렇지만 그도 생계를 위해 직장을 잡는 과정에서 5·18과는 한 발 떨어진 삶을 살았다. 이 점에서 이전 세대와 유사한 생애 경로를 밟았다고 할 수 있다.

그렇다고 구술자들이 5·18에 대한 관심을 완전히 끊고 철저한 방관자로 살았다고는 할 수 없다. 왜냐하면 이전에 비해 비록 거리를 두긴 했으나 학문의 영역에서는 5·18을 염두에 두면서 민주주의와 국가폭력 등을 주제로 연구를 해왔거나, 국가폭력으로 인해 고통받는 사람들의 마음을 어루만지는 작업을 해왔기 때문이다. 또한 이들은 얼마간의 시간이 지난 후 5·18과 관련하여 일할 기회가 주어졌을 때 5·18의 진실을 밝히고 그동안 주목받지 못하고 가장자리에 있던 광주 사람들의 목소리를 전달하는 역할을 기꺼이 맡아 그 책임을 다하려는 삶의 자세를 보였다.

이러한 점에서 이들은 문민정부가 들어서면서 5·18로부터 한 발 물러나 있었지만 적어도 먼 거리에서 관심을 가지고 지지를 보낸 사람들이었다. 애초에 사후노출자들은 외상적 물질과의 접촉을 통해 5·18을 사후적으로 목격한 목격자가 되었다가 공감적 청중으로 변모했으며, 이러한 공감적 청중으로서 사후노출자는 적절한 계기를 만나 그것에 조응하면서 5·18의 전달자가 되었던 것이다. 따라서 이들은 5·18 피해 생존자들의 고통에 공감하고 진실을 사회에 전달하는 역할을 잠재적으로 '예비'했던 사람들이었다고 할 수 있다.

3) (다시) 5·18과 관계 맺음: 5·18의 전달자로 설정

한동안 5·18로부터 거리를 두었던 구술자들은 2000년대 중반 이후 다시 관계를 재설정하는 경향을 보였다. 하지만 세대별로 확연한 차이가 있었다. 우선, 50대 구술자들의 대부분은 우연한 기회에 혹은 주변의 추천으로 5·18 연구를 시작했거나 관련 단체의 업무 종사자가 되었다.

이는 최근 들어 5·18 진상조사의 재개 필요성이 사회적으로 제기되고 관련 기관이 수립되었으며, 5·18 연구가 계엄군에 의한 무자비한 살상행위를 폭로하고 피해 규모를 밝히는 차원을 넘어 새로운 시각에서 역사적·정치적 의미를 해석하려는 흐름과 무관하지 않다. 더 본원적으로 이들이 다시 5·18과 관계를 맺게 된 배경을 보자면, 40년이 넘은 시간이 흘렀음에도 여전히 과거청산이 미진하며, 가해자와 그 추종 세력에 의한 역사 부인이 끊이지 않으면서, 5·18의 역사적 정의를 세우는 것이 우리 사회의 중차대한 문제로 부상했기 때문이다.

더구나 이들은 과거 전두환 혹은 노태우 정권에 맞서 민주화 투쟁을 하면서 5·18의 과거청산을 주요 과제로 삼았던 사람들이다. 그런 그들에게 5·18은 한동안 거리를 두고 살았던 시간에도 벗어던질 수 없는 부채감으로 남았던 것으로 보인다. 어쩌면 역으로 5·18과 거리를 두고 살아왔기에 부채감을 안고 살았을 수밖에 없었는지 모른다. 하기에 5·18과 관련한 연구나 업무는 직업과 운동을 일치시켜 자신들의 부채감을 더는 기회였을 것으로 해석된다.

반면 1990년대 이후에 출생한 구술자들(이희정, 류정열 도미나)은 이전 세대처럼 5·18을 시대적 과제로 삼았던 저항운동의 물결 속에 있지 않았으며, 또 어떤 죄의식이나 부채감을 강하게 가지고 있지 않았다. 이희정이 5·18과 관계를 맺게 된 최초의 배경은 2016년 촛불집회였다. 사람들이 광장에 모여 집회를 하는 모습을 본 그는 시간을 거슬러 한국사회에서 벌어졌던 광장 투쟁의 역사를 탐구하면서 5·18에 관심을 갖게 되었다. 그리고 인생의 진로를 바꾸어 대학에서 역사를 전공하고 5·18을 알리는 각종 활동을 하면서 5·18 학살의 부당함에 대한 비판의식과 희생자/생존자와의 정서적 공감대를 한층 더 키워갔다. 그리고 최종적으로 자신의 적극적인 의지로 5·18 곁에서 살아갈 수 있는 직업을 선택했다.

류정열과 도미나는 광주·전남 지역에서 성장하면서 5·18에 대한 문제의식을 지닌 것으로 보인다. 이 두 사람은 5·18을 주제로 애니메이션과 연극을 기획하고 제작하면서 5·18과 깊은 관계를 맺게 되었다. 특이한 점은 그러한 재현 작업들이 기존의 방식과는 다르다는 점이다. 이들의 작업은 기성세대처럼 5·18 현장을 똑같이 복구하는 데 치중하지 않았다. 오히려 이들은 5·18의 재현 불가능성에 문제의식을 지니고 피해생존자들의 삶을 조망하는 것에 집중했으며, 그것의 반복된 작업 과정에서 5·18을 이야기하는 것을 자신의 책임으로 받아들인 사례다.

이처럼 현재 5·18과 관련한 연구나 업무에 종사하고 있는 구술자들 사이에서도 자신의 일을 선택하게 된 배경이나 과정에서 차이를 보인다. 그럼에도 이들은 5·18의 부인 세력에 대항해 그 역사를 알리고 진실을 규명하는 등 전달자로서의 책임을 자기 자신에게 부과하고 있다는 점에서는 공통적이다. 하지만 이 중 어떤 구술자는 이 역할을 수행하는 과정에서 상처를 입고 소진을 경험하기도 했다. 가령, 생존자와 반복적으로 만나면서 우울을 경험하거나, 피로감이 누적되어 소진의 징후를 보이기도 했다. 또한 자신의 일에 회의감을 느끼는 사례도 있었다.

4. 사후노출자의 인권침해와 트라우마

구술자들의 대부분은 외상 물질과의 접촉을 통해서 5·18의 진실을 알게 되었다. 이러한 접촉의 경험은 시간이 지난 후에도 강렬한 기억으로 남아 일부 구술자들은 5·18 희생자의 모습을 떠올리며 고통을 느끼기도 했고, 어떤 구술자는 5·18 관련 매체와 재접촉을 피하려는 경향을 보이기도 했다. 이들은 한편으로 상처 입은 저항자로서의 정서적 특징을 보여주는데, 학살의 가해자가 처벌을 받지 않았다는 점에 분노하며 거리에서 책임자 처벌을 요구하는 활동을 하기도 했다. 또한 구술자들 대부분은 현재 5·18과 관련한 업무에 종사하면서 그 업무 특성상 반복해서 5·18 기록 자료를 열람하고 생존자와 만남을 지속하면서 소진이나 일상적인 우울(슬픔)을 겪고 있었다. 또 일부 구술자는 광주와 피해생존자들을 비하하는 혐오발언에 마음의 상처를 입고 분노하기도 했다.

이런 점에서 사후노출자로서 구술자들의 인권침해 관련 트라우마 경험은 크게 1) 외상 물질과의 접촉 및 책임자 처벌

〈표 2〉 5·18 사후노출자의 트라우마 구술 텍스트 분석

1) 외상 물질 접촉 및 책임자 처벌 요구 과정에서의 트라우마 경험: 충격, 끔찍함, 침습, 회피, 부끄러움, 죄책감	2) 5·18 관련 업무 종사 과정에서의 트라우마 경험: 업무 부담감, 소진(피로감, 인간적 회의감, 방어 기제 상실, 회피적 정서 상태, 직업 애착 상실), 우울(슬픔), 분노, 자책
① 5·18 비디오, 사진 등의 재현물을 보거나 이야기를 듣고 충격, 끔찍함, 공포를 경험했다.	⑤ 5·18 희생자와 유족들이 겪었을 고통에 눈물이 나고 화가 난다.
② 어떤 주검을 보았을 때 5·18 희생자 모습이 떠올라 고통스럽고 되도록 피하고 싶었다.	⑥ 5·18 자료와 피해생존자를 반복해서 접하면서 우울해져 일을 그만두고 싶다는 생각을 한다.
③ 5·18의 역사를 몰랐다는 사실에 심한 부끄러움과 죄책감을 느꼈다.	⑦ 피해생존자들 간의 반목과 갈등을 지켜보면서 힘이 들고 지쳤다.
④ 많은 사람을 죽여놓고 처벌을 받지 않았다는 것에 충격을 받았고 화가 났다.	⑧ 광주를 비하하는 혐오발언에 속상하고 화가 났다.

요구 과정과 2) 5·18 관련 업무 종사 과정으로 나누어 구체적으로 분석할 필요가 있다. 이 두 기준을 중심으로 사후노출자들이 트라우마를 드러내는 양상을 항목화하면 〈표 2〉와 같다.

1) 외상 물질 접촉 및 그 이후

① 외상적 물질과의 접촉: 충격과 끔찍함

5·18항쟁의 현장을 직접 보지 못한 사람들에게 그것은 말로만 들어서는 믿기 힘든 일이었다. 1980년 6월 7일 서울 신촌에서 〈광주 시민·학생들의 넋을 위로하며〉라는 글을 남기고 분신한 부산 출신의 노동자 김종태 열사조차 그러했다. 그 역시 처음 생존자의 증언을 들었을 때 "어떻게 한국 군인이 우리나라 국민을 무자비하게 죽일 수 있고, 악하게 행동할

수 있느냐. 이것은 다 날조된 것이다"라며 항의를 했다고 한
다.[8] 그렇기에 당시 광주 모습을 담은 사진이나 영상은 그 실
상을 적나라하게 보여준다는 점에서 5·18의 진상을 보여주기
에는 매우 효과적이었다. 예를 들어 1987년 4~6월 사이 부산
가톨릭센터에서 개최된 '5·18 광주의거 사진전'에는 수만 명
의 부산 시민이 몰려들었는데 그중 많은 사람이 그동안 막연
히 소문으로만 들었던 5·18의 참혹성에 충격을 받고 대성통
곡을 하기도 했으며 전두환 정권에 대한 분노를 여지없이 표
출했다고 한다.[9]

하지만 이러한 공개된 사진전이 아니라 하더라도 5·18
영상이나 사진은 이미 이전부터 암암리에 사람들 사이에 돌
아다녔다. 그리고 전두환 정권에 대한 저항의 열기가 최고조
에 이르는 1980년대 중반 즈음에는 그 자료들을 접하는 일은
그리 어렵지 않았다. 5·18을 직접 경험하지 않은 구술자들이
5·18을 처음 알게 된 것도 대부분 이러한 조건에서였다. 대체
로 어린 나이였던 이들은 어른들이 몰래 숨어 시청하던 비디
오를 지나치다 보거나, 거리에 전시된 사진들을 보았다고 진
술했다. 그리고 그때 보았던 희생자들의 처참한 모습과 계엄
군의 폭력성은 실로 '충격'이었으며 '끔찍한' 기억으로 남았다.

"길거리에 있는 시체들 그리고 (중략) 정돈되지 않은 그런
시체들, 사람들 맞는 장면들 (중략) 여러 번 봤지. (중략) 사
람들 죽었던 모습들 뭐 이런 게 좀 많이 안 잊혀졌던 거죠."
(박민주)

"저는 예-전부터 광주에서 있었을 때부터, 5·18 시신 사진을 못 봐요. (중략) 지금은 롯데백화점 자리지만, 예전 공용터미널 자리에서 5·18 시신 사진, 시신 사진첩 이런 것들도 팔고 막 그랬었거든요." (이성훈)

요컨대, 구술자들을 비롯한 광주를 직접 경험하지도 목격하지도 않은 한국사회의 많은 사람들은 5·18의 진실을 알리고자 하는 사진과 영상 등을 접하면서 사후노출자가 된 것이다. 또 그 사진과 영상들은 상상을 초월한 국가폭력의 참혹성과 무고한 희생과 슬픔의 재현이었으며, 민주화의 열망을 피로 진압하려는 폭력에 맞선 저항과 그 저항의 비극적인 패배를 요약하고 있다는 점에서 이를 응시했던 사후노출자들은 충격 그 이상의 절망감과 슬픔, 분노 등의 정신적 피해를 집단적으로 입었다고 할 수 있다. 외상적 물질을 접한 사후노출자는 심각한 경우 자신의 '안전권'과 '건강권'을 위협당했던 것이다. 다른 한편으로 사후노출자들은 외상적 물질에 접촉하게 된 계기 자체가 가해 세력의 언론 통제와 부인 담론의 유포로 5·18이 은폐되고 왜곡되는 상황에서 발생했기에 공동체 구성원으로서 '진실에 대한 권리'가 침해된 상태에서 피해자가 된 것이라 할 수 있다.

② 사후 기억과 감정적 얽힘의 외상 과정: 침습과 회피

구술자 이기수가 진술하고 있듯 1980년대 당시만 하더라도 학생운동 사이클은 3월 개강투쟁 선포식을 시작으로 5

월 광주항쟁 기념 시위로 이어졌으며, 노동운동 역시 폭압적인 독재정권에 맞서 정치운동화를 꾀하면서 5·18의 정신 계승을 집단행동의 의미틀collective action frame로 연결시켰다. 따라서 5·18 진상규명과 책임자 처벌은 당대의 현안과 아울러 지속적인 의제였으며 이를 위한 실천 과정에서 외상 물질과의 반복적인 접촉은 피할 수 없었다.

물론 미국정신의학회가 펴낸 《정신장애 진단 및 통계 편람》은 단순한 미디어 노출에 의한 외상 경험을 인정하지 않고 있다.[10] 하지만 미국의 9·11 이후 "TV 방송 노출과 외상후스트레스장애의 단기 증상의 관련성이 밝혀지면서 미디어를 통한 외상의 간접 노출이 직접 노출과 유사하게 외상적인지, 그리고 간접 노출과 관련한 PTSD 증상이 장기간 지속되는지에 대한 문제가 제기"되어왔다.[11] 한국에도 지난 2014년 세월호 참사 이후 매체 노출이 불안과 공포, 분노와 원망, 수치와 위로 등의 반응을 불러일으킨다는 연구가 보고되고 있어 외상 물질과의 반복 접촉이 정신적 피해를 유발한다는 점이 신빙성을 얻고 있다.[12]

5·18 영상이나 사진 그리고 각종 문서 자료를 반복해서 접했다고 진술한 구술자들 역시 시간이 흐른 뒤에도 그 기억이 잊히지 않았으며, 자신이 보았던 5·18의 장면들과 유사한 영상이나 사진을 볼 때면 기억이 떠올라 힘들거나 고통스럽다고 토로하고 있다. 또 그러한 이유에서 되도록 사진이나 영상을 피하고 싶다고 말했다. 이는 PTSD 증상의 형태로서 매체에 반복 노출된 구술자들이 외상 기억의 침습에 대비해서

회피의 징후를 보이는 것으로 분석된다.

> "전 시신 사진 못 봐요, 지금도. 사망자를 조사하는 담당 조사관이 시신 사진을 화면에 띄워놓고 일을 하는데, 저는 눈을 돌려버려요. 저는 시신 사진을 못 봐요, 일본군이 참수한 시신이나 이런 것은 보지만은, (웃음) 이렇게 난징학살, 뭐 이런 거나 그런 것들은 보지만은 (스읍) 5·18 사진은 못 보겠드라고요, 왜 그런지는 저도 이유를 정확히 모르겠어요." (이성훈)

하지만 구술자가 유독 5·18의 영상이나 사진을 회피한다는 점에서 그 이유를 단지 사진이나 영상 그 자체가 끔찍하기 때문이라고 말할 수는 없다. 이 지점에서 알렉산더의 문화적 외상 모델은 좋은 참조점이 된다. 그에 따르면 외상은 어떤 "해석적 축grid"을 통해 "감성적·인지적·도덕적으로 조정"되는 것으로서 개인에게 국한된 문제가 아니다. 그것은 "초개인적인 문화적 입장"을 지니고 있으며 "상징적으로 구조화되어 있으며 사회학적으로 결정"되는 '축'에 의해 구성된다. 그래서 알렉산더는 외상 사건과 사건의 재현 사이의 간극gap이라고 할 수 있는 '외상 과정trauma process'에 주목해야 한다고 주문한다.[13] 간략하게 말해 알렉산더는 문화적·집단적 트라우마는 사건의 의미를 전달하는 수행 집단과 청중 그리고 그것을 뒷받침하는 역사적·문화적·제도적 환경(상황)을 요소로 갖추고 "사건을 경험하지 않은 청중에게 외상의 상징적 확장과 심리

적 동일시가" 이루어질 경우 가능한 것으로 본다.[14]

    이러한 관점에서 보았을 때 사후노출자들의 외상 경험은 외상적 물질에 반복 노출된 것만이 아니라 생애 경로를 고려하면서 분석되어야 한다. 그러한 점에서 대부분의 구술자들이 보냈던 대학 시절이 여전히 전두환·노태우 신군부 세력이 정권을 잡고 있었으며, 그에 맞서 치열한 저항이 이어지던 시대였다는 점에 주목할 필요가 있다. 이 시기 이들은 각종 시위 속에서 반복적으로 거론되는 5·18의 청중이 되어 희생자와 피해자의 성격과 고통을 재현하고 그들과 자신을 연결하는 과정을 거쳤다. 그뿐만 아니라 이들은 공동의 행동을 전개하는 집단 내에서 상호 간의 생각과 감정을 사회적으로 공유social sharing하고, 5·18에 대한 특정한 상징적 의미를 내면화하며, 역으로 청중에서 5·18의 진실을 위해 싸우는 수행 집단의 일원이 되었다. 그렇기에 이들의 외상은 사진이나 비디오 같은 매체를 통해서보다는 사건적 의미가 부여된 5·18의 '사후 기억post-memory'과 집단 내에서의 '감정적 얽힘emotional entanglement'의 과정에서 경험되는 것으로 이해할 수 있다.

    중요한 점은 사후노출자가 이러한 경험이 가능했던 조건 역시 근본적으로는 5·18의 과거청산이 지체되고 그럼으로써 '정의에 대한 권리'가 부정당하는 데에서 찾을 수 있다. 그런 탓에 5·18은 늘 현재의 문제로서 자신이 살고 있는 시공간과 분절되지 않는다. 바흐친의 용어를 빌려 말하자면 이러한 사후노출자들은 5·18의 크로노토프chronotopes에 위치해 있는 것이다.[15] 그러한 점에서 이들에게 5·18의 희생자나 피해자는 외면할 수 있는 타자가 아니다. 그들은 감정이 이입되고 그들의 고통에 반응할 수밖에 없는 친밀한 사람들인 것이다. 5·18의 희생자와 피해자의 모습을 보기 힘들어하거나 5·18의 외상적 물질과 재접촉하는 것을 극도로 꺼리는 것은 이 때문이라 할 수 있다.

③ 도덕적 손상과 그 영향: 부끄러움과 죄책감

사후노출자는 외상 물질과의 접촉 시 충격, 끔찍함만이 아니라 도덕적 손상을 입는 것으로 확인된다. 이때 "도덕적 손상moral injury이란 깊이 내재된 도덕적 신념과 기대를 위반하는 행위를 저지르거나 막지 못하고 또는 목격해야 하는 전례 없는 외상 사건"으로서 죄책감과 수치심, 영적 위기, 사기 저하, 심리적 비통함의 경험 등을 포함하는 것이다.[16] 구술자 박상훈은 5·18의 역사를 대학에 들어오는 순간까지 몰랐으며, 5·18의 피해생존자의 고통을 외면하고 살아왔다는 점에서 '부끄러움'을 느꼈다고 진술하고 있다.

> "진상규명이라던가 책임자 처벌에 그런 거 할 때 (쩝) 당사자분들, 특히 유족분들의 힘듦이 엄청나잖아요? 근데 전혀 모르고 있었다는 그런 부끄러움. 그동안 아무것도 하지 않았다는 부끄러움. 그리고 그 현재를 살아가는 제가 할 수 있다면은, 이분들하고 뭐라도 좀 같이 나누고 싶다? 내지는 뭐라도 조금이라도 도움을 드리고 싶다? 이런 것들이 있었던 것 같아요." (박상훈)

박상훈의 구술은 카를 야스퍼스가 말하는 '형이상학적 죄metaphysical guilt'와 맥락을 함께한다. 형이상학적 죄는 법적·정치적·도덕적 죄와 구분되며 "인간으로서 인간과의 절대적 연대를 수립하지 못했다는 점"에서 오는 죄책감을 말한다. 형이상학적 죄는 자신이 알지 못하는 순간이었다 하더라도 불법과 범죄가 자행되어 사람들이 죽어 나가고 고통받는 동안 자신은 아무것도 하지 못했다는 자기 내면에서 일어나는 강한 도덕적 비난을 함축한다.[17]

물론 일반적으로 부끄러움은 "사회적 감정으로 공통의 신의에 대한 위반, 곧 타인의 기대를 저버린 것과 관계가 있다"는 점에서 죄책감과는 구분되기에 위의 진술을 곧바로 형이상학적 죄와 연결하는 것은 무리라고 볼 수 있다. 죄책감의 경우 어떤 규범과 도덕을 위반했을 때 자신을 질타하는 자아의 시선과 강하게 연결된다면, 부끄러움은 그와는 상반되게 "타인의 시선이 문제가" 되며 그것은 벌거벗음의 경험과 유사한 것이기 때문이다. 하지만 그러한 벌거벗음은 반드시 타인의 시선일 필요는 없으며 자기 내면의 시선일 수도 있다.[18] 즉, 구술자의 부끄러움은 5·18의 역사를 몰랐다는 것만이 아니라 피해생존자의 고통을 외면하고 살아왔다는 점과도 결합되어 나타나는 반응으로 읽히기에 그것은 타자의 시선에 대한 노출을 전제하고 말하는 것일지 모르나, 자기 자신에 대해 낯선 것으로 경험되는 '나'를 향한 시선일 수도 있다는 것이다. 그렇기에 위 구술자의 부끄러움은 죄책감과 혼종되어 자신을 질타하고 비하하는 것으로서 '자기 존중권'이 침해되는 경험으로 해석된다.

④ 진상규명과 책임자 처벌의 지연: 절망감, 분노

사후노출자의 대부분은 5·18의 과거청산이 제대로 이루어지지 않았다는 점에서 큰 충격을 받고 강한 분노를 느끼는 것으로 파악된다. 박상훈의 경우 1990년대 중반 처음 5·18을 접하면서 가해자가 제대로 된 어떠한 처벌도 받지 않았다는 점에 충격을 받았을 뿐만 아니라 가해자에게 면죄권을 주려는 정치권과 사법 당국에 분노하고 전국적 시위에 참여한 경험이 있다.

"당시 가해자였던 사람들이 (중략) 한 번도 제대로 된 재판이라던가 처벌을 받지 않았다는 것이 충격이었죠. (중략) 95년에 그해를 말씀드리면, 그해가 1980년 5·18로부터 15년이 지난 해입니다. 그래서 전두환, 노태우를 비롯한 그 5·18 관련된 가해자, 학살자들에게 검찰이 무혐의 처분을 내리려고 했습니다. 한참 대학가에서는 진상규명을 요구했지만 검찰은 '기소권 없음' 이 다섯 자로 학살자들에게 무죄를 주려고 했던 때입니다. 그러기 때문에 전국 대학 그리고 5·18 관련 단체, 뜻있는 분들이 대규모 시위를 전개했고" (박상훈)

앞서 이야기했던 것처럼 시간을 좀 더 거슬러 올라가 1980년대에도 이미 사후노출자들은 진상규명과 책임자 처벌이 제대로 이루어지지 않는 것에 절망하고 분노하고 항의와 저항을 이어갔다. 예를 들어 1988년 6월 4일 숭실대에 다니던 박래전 열사는 "광주는 살아 있다. 군사 파쇼 타도하자!"를 외치며 몸에 불을 붙였다. 자신은 더 이상 누군가 죽지 않는 세상을 위해 자신의 생명을 바친다는 유언을 남겼다.

하지만 그의 바람과는 달리 몇 달이 지난 10월 18일 노동자 김병구 열사가 이어서 "노태우 정권 퇴진!" "광주학살 원흉 처단!"을 외치며 4층 건물에서 몸을 던졌다. 두 열사 모두 1987년 6월항쟁을 통해 대통령 직선제를 쟁취하고 독재정권이 막을 내렸다고 믿어 의심치 않는 상황에서 5·18의 책임자 노태우가 대통령에 당선되자 자신의 목숨을 내놓았던 것이다. 가까스로 처음 투신 때 목숨을 부지했던 김병구 열사는 같은 해 11월 전두환 부부가 광주학살에 대한 어떠한 책임과 사과도 없이 백담사로 들어가는 모습을 보고 다음 해 9월 목을 매 결국 숨을 거두었다.[19] 유서에서도 나타나듯 이들이 목숨을 내던진 이유는 광주학살의 진상규명이 형식에 그쳤고 책임자 처벌 또한 이루어지지 않았다는 데서 오는 엄청난 절망감과 분노 때문이었다. 또 안이하게 세태를 방관하고 자신의 안위만을 챙기는 소시민들을 향해 일침을 가하고 5·18의 진실규명을 위해 나설 것을 강력히 촉구하는 목적에서 이루어진 최후의 보루였다.[20]

요컨대, 1980년대의 열사들은 5·18의 직접적인 당사자는 아니었지만 5·18의 진실이 은폐되고 왜곡되는 상황에서 적극적으로 '진실에 대한 권리'와 '역사적 정의에 대한 권리'를 강력히 요청했던 저항적 수행 집단이었다. 그러한 권리가 침해

당하면서 절망감과 분노를 느끼고 자살이 아니고서는 다른 선택지가 없는 상황에 내몰린 또 다른 5·18의 희생자가 된 것이다.

구술자들의 절망과 분노 역시 같은 맥락에서 읽힌다. 광주학살은 분명 한국사회의 불의不義였음에서도 진상규명과 책임자 처벌이 이루어지지 않는다는 것은 사회적 차원에서의 공감적 분노sympathetic resentment를 형성했으며, 그것은 제대로 된 과거청산이 이루어지지 않은 상황에서 1990년대까지 지속되었다. 하지만 군사정권이 물러나고 문민정부가 들어선 1990년대는 그 이전과는 달라야 했다. 불의를 중단시킬 수 있는 사회적 조건들이 민주화라는 이름으로 형성되었다고 믿었기 때문이다. '기소권 없음'은 그 믿음이 깨지고, 불의의 중지라는 사회적 요구가 좌절되는 경험과 다름없었다. 따라서 구술자들의 절망과 분노 또한 그 이전과 마찬가지로 진실에 대한 권리와 역사적 정의에 대한 권리가 침해된 결과로 보인다.

2) 5·18 관련 업무 종사 과정에서의 트라우마 경험

① 피해생존자에 대한 공감적 참여: 슬픔과 분노

구술자들의 대부분은 현재 5·18 관련 연구에 주력하고 있거나 업무에 종사하고 있다. 이들은 5·18의 외상적 물질이나 문헌 자료를 상시적으로 접하고 피해생존자와의 만남을 반복하고 있다. 그렇기에 외상 전문가 집단에서 나타나는 일종의 '간접 트라우마'를 경험할 가능성이 있다. 구술자 이기수는 5·18 연구를 위해 각종 자료를 접하면서 유족이 경험했을 억울함과 분노, 답답함 등을 헤아리려는 강한 '공감적 참여empathic engagement'의 경향성을 보인다. 그러면서 그 스스로 슬픔과 분노를 느낀다고 진술하고 있다.

"요즘 몇 년간 사진이나 기록들, 수첩 이런 것들을 보면 울컥울컥하구요. (중략) 아무 이유 없이 당시에 희생자 리스트에 올라가 있던 사람들은 마음이 어땠을까. 그리고 상무관에서 관에 태극기를 두를 때 그 마음은 어땠을까. 이건 대한민국 태극기잖아요? 대한민국 국긴데, 대한민국 군인이 죽인 거잖아요? 자기 가족을 그렇게 한 거잖아요? (중략) 민간인 입장에서는 군대에 저항을 하는 거잖아요? 그렇게 해서 죽었을 때, 그거를 하소연할 데가 없었을 것 같다. 군대가 죽인 거고. 이미 사람은 죽었고, 참을 수는 없겠고. (스읍) 하 그걸 어떻게 풀었을까? 이 분노는 어디로 표출이 됐을까? 인제 이런 생각들을 많이 하구요. 그리고 별생각 없이 5·18 묘역을 갔다가, 머…… 갑자기 머, 울컥울컥하거나 분노가 생기지." (이기수)

하지만 공감적 참여는 슬픔과 분노를 넘어 사후노출자의 존재성을 변화시키기도 한다. 대표적으로 1990년대 이후 출생자인 이희정이 바로 그러하다. 그는 대학에서 5·18의 역사를 공부하고 동아리 활동 등을 하면서 5·18의 진실을 알리는 일을 해왔다. 그는 다른 구술자들과 다르게 처음부터 5·18의 영상이나 사진 등을 보고 충격을 받거나 공포를 경험하지 않았지만, 자신의 자발적인 활동 속에서 간접적으로 외상 경험을 하면서 점점 5·18에 깊숙이 휘말려 들어갔다. 아래의 진술은 그러한 휘말림의 경험 중 하나라 할 수 있다.

"전야제에서 퍼포먼스를 했는데 무슨 퍼포먼스를 했냐면요. 그 배우들이 그- 연기 같은 거 있잖아요, 막 연극 보러가면 나오는 그런 연기, 뿌연 연기 이런 거와 함께 막 총소리 나는 음향들 파바바바방 이런 게 나오고 배우들이 막 거기서 피 흘리면서 쓰러지고 이거를 그 금남로에서 했어요. 근데 그거를 하는지 몰랐어요, 중요한 건 제가. 그런 퍼포먼스를 하는지 모르고 간 거예요, 그냥. 근데 갑자기 파바바바방 파바바바방 하고 막 연기가 막 나고 그 연기도 어쨌든 가짜지만 그 매캐한 냄새가 있잖아요. 그 냄새가 나고 막 내바로 눈앞에서 배우가 피 흘리는 척을 하면서 너무 리얼하게 울면서 쓰러지니까 이건 저한테 너무 충격이 온 거예요, 너무 당황, 놀라고. 근데 제 옆에 어떤 그- 5·18- 경험하신세대에 나이가 지긋하신 아저씨가 갑자기 벌벌벌벌 떨면서우시는 거예요, 제 옆에서, 귀를 막 막고, 하지 마! 하지 마!하면서 울, 우시는 거예요, 내 바로 옆에서. 이게 퍼포먼스인데도. 갑자기 이제 겁이 나고 무섭고 저 뭐라 해야 하지 그때 너무 놀랬어요. 공감이 되고 그날 정말 그 5월 17일 그 전야제 날 진짜 평생 울 거 다 울었을 정도로 (웃으며) 이유도모르겠는데 그냥 눈물이 펑펑 나고, 여러 가지 돼서 울었거

든요." (이희정)

이희정은 5·18 전야제에서 경험자를 만나면서 대리 트라우마vicarious traumatization를 경험한 것으로 보인다. 대리 트라우마는 외상 경험이 노출자의 삶을 변화시킨다는 구성주의적 입장을 취한다. 대리 트라우마는 일종의 간접 트라우마이지만 피해생존자나 외상 물질에 접촉한 노출자가 본인의 정체성이나 세계관, 심리적 욕구, 신념, 기억 시스템의 변화를 초래한다는 쌍방향적 관계를 전제한 개념이라는 특징을 지니고 있다.[21] 그리고 이때의 변화는 일시적이 아니라 삶의 모든 관계에서 영구적으로 일어나며 타인에 대한 관용, 근본적인 심리적 욕구, 자신과 타인에 대해 깊이 간직하고 있는 신념, 대인관계, 세계 내 존재성의 변화가 일어난다.[22]

이희정은 서울 태생이지만 스스로를 '광주 사람'이라 지칭하면서 대학 졸업 후 5·18을 알리는 직업을 선택했다. 이는 반복되는 외상 물질과 피해생존자와의 접촉이 한편으로는 사후노출자로 하여금 수동적인 입장에서 외상 경험을 하도록 하지만, 다른 한편으로는 그러한 경험이 오히려 역사사회적 조건에 대응하는 능동적인 주체가 될 수 있음을 시사한다.

② 5·18의 업무 성과에 대한 부담감: 소진, 우울

일부 구술자들은 5·18에 대한 부채감과 그것에 바탕하여 강한 열정을 가지고 관련 업무에 종사하기도 한다. 물론 열정은 스스로 의미 있고 가치가 있다고 여기는 일에 자신의 에너지를 투여하는 강력한 성향이지만, 그러한 열정은 내적 압력을 높여 긴장 상태를 유발할 수 있다. 아래 구술자의 경우가 그러하다. 이 구술자는 5·18 단체에 종사하면서 자신이 제 역할을 하고 있는지 반성하고 도덕적 차원에서 자기 자신을 검증하고 있다. 하지만 그 결과로서 부끄러움이 극대화되었다고 말한다는 점에서 낙제 평가를 하고 있다. 이는 5·18 전달로서의 자신의 정체성이 통제적 내면화로서 자기-강박 열정self-obsessive passion을 형성하고 업무상의 만족감을 저하한 결과로 보인다.

> "그 부끄러움은 이제- 묘역에 그 안내를 할 때 그 부끄러움, 그리고 강의를 할 때 부끄러움도 있고, 5·18 그 기념재단에 들어오기 전에 이제 부끄러움도 있었는데 사실은 그 부끄러움이 극대화된 것은, 재단에 들어오고 나서 제 역할-이 잘하고 있는가에 대한 그런 고민들은 계속 있는 거죠. 어- 내, 직접적으로 제가 5·18 관련되어서 5·18 이름으로 제가 돈을 받고, 생계를 유지하고 그 뭐, 명함도 내밀고 있는데 어…… 더 잘해보자. 더 잘해야 된다는 그런 그…… 마음들은 있는 것 같아요. 예. 허투루 해선 안 된다. 왜냐면 이게 제 개인 돈으로 하는 게 아니기 때문에, 5·18 이름으로 뭔가를 그, 저를 소개하고 돈을 받고 하는데 더 잘해야 하지 않겠냐?"
> (박상훈)

그렇지만 박상훈의 경우 강박적인 열정에 의한 자기 만

족감의 저하가 부정적 효과를 낳고 있다고는 말할 수 없다. 열정은 내적인 긴장 상태를 높이기는 하지만, 다른 한편으로는 자신이 가치 있고 의미 있다고 생각하는 일에 에너지를 투여하는 상태라는 점에서 그 자체로 위안이 되고 보람을 느낄 수 있다. 실제 일부 구술자들은 5·18 관련 업무의 무게감에 버거움을 느끼면서도 자신의 일에 보람을 느낀다고 말하고 있다.

문제는 5·18 관련 업무에 종사하는 몇몇 구술자들에게 소진burnout의 징후가 보인다는 점이다. 소진은 "정서적 부담(타인과의 접촉 등)을 가진 환경에 장기간 노출된 구성원이 겪는 생리적(육체적)·정서적·정신적·사회적·조직적 측면이 소실되는 고갈 상태"이다.[23] 구술자 이성훈은 전형적인 소진의 결과를 보여주고 있다. 그는 무엇보다 5·18이 주는 무게감으로 인해 피로감을 느낀다고 토로하고 있다. 그의 업무는 미진했던 5·18의 진상규명을 보완하고 가시적인 성과를 내놓아야하는 일이다. 그런 만큼 사회적인 요구와 평가를 외면할 수는 없기 때문에 더욱 부담을 느끼는 것으로 해석된다.

그런데 그의 소진 상태는 여기에서 끝나지 않는다. 그는 종국적으로는 우울감 때문에 일을 그만두고 싶다고 말한다. 몇몇 연구자에 의하면 소진은 "성공적인 업무 수행을 저해하고 업무 수행 과정의 위협 상황에서 스트레스에 대한 방어 기제를 상실한 상태"[24] "단지 스트레스 자체의 결과가 아니라, 스트레스를 받고 있으나, 이를 극복할 방법이 없는 상태의 결과"[25]로도 정의된다. 더 이상의 방어 기제도 없으며 극복 방법이 없을 때 보이는 소진의 결과는 직업 애착 상실이나 회피적 정서 상태를 낳는다. 이러한 점에 비추어보자면 우울감을 호소하면서 일을 그만두고 싶다는 심정을 밝히는 그는 현재 극도의 소진 상태에 있다고 할 수 있다.

"일단은 5·18이 주는 무게감. 그게 인제 피로감으로도 올 수도 있는 부분인 거 같아요. 긍까, 제가 지금 발표 업무를 맡고 있지만은, '내가 이걸 밝혀내지 못하면 어쩌지?' 그리고 지금 또 이제 5월이 다가오잖아요? 광주나- 그다음에 정치권에서 '도대체 지금까지 너희가 뭐 한 거냐?'라는 것들…… 가장 또 5·18에서 중요한 문제는 발포잖습니까. 그 업무에서, 맡은 과제에서 오는 부담감도 있는 거 같아요." (이성훈)

"솔직히 이제 저는 5·18 끝나면 더 이상 과거사 관련해선 하고 싶지가 않아요. 너무 힘들어요. 힘들고, 과거사 문제에- 언제까지, 연구자로서 과거사 문제에 얽매이는 것도 별로 바람직하진 않은 거 같다는 생각이 들어요. 현재나 미래를 얘길 해야 되는데, 자꾸 과거사 문제-만 가지고 하면, 제 자신이 너무 우울해지는 거 같아요." (이성훈)

요컨대, 5·18 관련 업무에 종사하는 사후노출자가 경험하는 부담감과 피로감 그리고 소진은 5·18의 과거청산이라는 정치적이고 사회적인 요구를 공동체 차원에서 충족시켜나가는 과정에서 발생하는 '건강권' 침해로, 이는 곧 2차 피해라고 할 수 있다. 이러한 피해는 업무상 외상에 노출될 우려가 매우 큰데도 이에 대한 '안전권'이 보장되지 않아 발생했다는 점에서 업무상 재해라고도 할 수 있다.

3) 5·18 업무와 피해생존자와의 관계 맺음, 그리고 역전이: 인간적 회의懷疑, 소진

앞선 사례와 달리 아래 사례의 경우는 피해생존자와의 반복적인 대면과 관계 맺음이 발생시키는 사후노출자의 피해 양상을 살펴보게 한다.

우선 구술자 김수완은 남성 활동가나 자녀를 잃은 어머니들에 비해 여성 활동가들이 조명을 받지 못한 것에 대한 문제의식을 가지고 재현 작업을 시작했다. 그는 여러 여성 활동가를 만나 장시간 인터뷰를 진행하면서 그들의 이야기를 카메라에 담았다. 그러면서 5·18 여성 활동가들이 그동안 인정을 받지 못해 생긴 울분과 아픔 그리고 가해자가 처벌받지 않은 것에 대한 분노의 정서에 강하게 동조되었다.

> "이렇게 차마- 너무 가늘고 떨리는 얘기를 하는데 차마 카메라로 찍기가 어렵더라구요. 제대로 된 인정을 받지 못했기 때문에 또 울분도 많고⋯⋯ 이제 아픔이 많으신데 (쯧) 그렇, 그렇고 또, 인제 에- 이를테면- 그- 전두환은 그대로 살아, 있고- 이런 거에 대한 분노도 인제 많고, (중략) 또 인제 선생님들의 상처가- 이렇게 굉장히 이렇게 크다는 걸 알게 되고⋯⋯" (김수완)

하지만 이때의 동조는 단지 여성 활동가들의 정서 상태를 인지적으로 이해한다거나 공감한다는 의미를 넘어 이들의 감정이 자신의 내면에 투사되어 둘 간의 경계를 구분할 수 없는 무아無我 상태가 되었다는 의미에 가깝다. 그렇기에 김수완은 5·18 여성 활동가들의 상처와 고통을 인정하면서도 그들을 만날수록 자신의 상처도 깊어졌으며, 그래서 그 만남을 중단하고 싶었다고 토로했다. 그런 점에서 구술자의 이런 반응은 5·18 여성 피해생존자들을 재현하는 작업 과정에서 발생한 '역전이counter-transference'[26]로 해석할 수 있다.

> "그 선생님들의 어떤 상처 때메 나도 자꾸- 이렇게 베여지는 거예요. 그니까 상처가 더 저도 아프더라고. 근데 선생님들은 훨~씬 아플 텐데, 저도 이렇게… (쯧) 쉽진 않더라고요. 그니까 이렇게 떼고 싶었던 거 같애요."(김수완)

또한 역전이에 더해 5·18 피해생존자와 관계를 맺으면서 소진을 경험하기도 했다. 아래에서 보다시피 김수완은 피해생존자 내부의 갈등과 반목의 상황에 자신이 놓이면서 인간적 회의를 느꼈고 그로 인해 결국 관계를 중단하고 거리를 두게 되었다. 물론 부정적 역전이가 형성될 경우 상담자가 내담자에 대해 부정적 평가와 비판적 인식을 하게 한다는 점에서 구술자의 반응은 소진이 아니라 역전이의 표현으로서 회피의 연장선이라고도 할 수 있다. 그럼에도 이 사례는 5·18 운동 내부의 반목과 갈등이 그들과 함께하고자 한 사후노출자에게 대인관계 스트레스 및 인간적 회의감을 안겨주고 소진을 유발할 가능성이 있다는 점을 보여준다.

> "선생님들의 목소리를 이렇게 담을 수 있다는 게 굉장히 이렇게 감사했고 그러면서도 인제 어느 순간 실은 인제- 오월을 놓고 싶었었던 거 같아요. 인제 그-, 그렇게 만났던 선생님들이 이제 조직을 꾸리면서 인제 에- 이렇게…… 에- 이렇게- 이제 쪼끔 더 드러나기 시작했는데, 에- 인제 어디 조직이나 마찬가지나 갈등이 있고 여기도 마찬가지였고," (김수완)

결과적으로 이 사례는 사후노출자가 피해생존자와 관계를 맺고 5·18을 재현하거나 진실을 전달하는 작업을 하는 과정에서 역전이가 일어나 피해생존자와 거의 동일한 수준에서 정신적 고통을 당할 수 있으며, 동시에 자신들의 피해를 인정받기 위한 피해생존자들의 활동 과정이 그들과 함께한 사후노출자에게 도리어 상처를 주고 5·18의 새로운 피해자를 발생시킬 수 있음을 시사하고 있다.

4) 광주 지역에 대한 비하와 폄훼: 속상함(모멸감), 분노, 하지만 책임감

5·18 관련 업무에 종사하는 구술자들은 기본적으로 5·18의 진실을 전달하는 역할을 한다는 점에서 5·18의 부인에 직

면해 대항할 수밖에 없는 위치에 있다. 더구나 이들은 이행기 정의의 차원에서 5·18을 사유하고 피해생존자와 정서적 공감대를 형성하고 있다는 점에서 희생자나 피해자를 모독하거나 광주·전남 지역 구성원들을 비하하고 폄훼하는 혐오발언은 자신의 세계관과 정체성에 생채기를 내는 것과 같다.

"서울 사람이 아니고 이제는 광주 사람이 됐잖아요. (중략) 광주 기자가 되지 않았더라면 평생 몰랐을 비하도 내가 받게 됐구나. 얘네들은 (중략) 내가 (중략) 서울 사람인지 뭐 광주 사람인지 모르잖아요. 그냥 광주 주재의 기자라는 것만 아니까. 기사 내용이 뭔지도 안 봐요. 이 사람들. 분명히 위에다 써놨거든요? (중략) 광주 사람들은 뭐 미친 것들밖에 없다. (중략) 뭘 말하든? 무슨 내용을 하든? 5·18 아니어도." (이희정)

"보수-집단 사람들이 성향 사람들이 와가지고 뭔 유투버들이 막- 광주 뭐 사태 뭐 폭동이다 뭐- 홍어 새끼들 하면서 욕을 막 하는 거예요 거기서. 그때 저는 그 사람들도 진짜 대단하다 느꼈어요, 무슨 깡으로 여기 와서 이 많은 사람들 앞에서, 대단한 놈들이죠. 여기 몇천 명이 광주를 사랑하는 광주 시민들인데 지들 두세 명이서 와가지고 여기서 그 말을 한다는 건 맞아 죽을라고, 대단한 놈들이자 쟤네들은, 간이 배 밖으로 나왔다. 어쨌든 그 미친 사람들이 거기서 그런 말을 하는데 옆에서 이제 그날도 유족들-이었나 분들이 계셨는데- 전 오히려 막 싸우실 줄 알았거든요? 근데 옆에서 막 주저앉으셔가지고 아휴 됐다, 속상해하시더라고요. (중략) 당시를 경험하신 분들이나 유공자분들이나 혹은 유족분들은 다 가만히 계시드라고요. 힘들어하고, 본인들끼리 더 큰 목소리로 우리끼리 이야기하고." (이희정)

구술자 이희정 역시 무턱대고 광주를 비하하고 가해자 전두환에 대한 재판이 열린 법원 앞에 몰려들어 5·18의 역사를 왜곡하고 희생자를 조롱하는 모습을 보고 모욕감과 분노를 느꼈다고 진술한다. 그러한 점에서 이 사례는 피해생존자와 함께하는 사후노출자가 5·18의 부인으로 인해 직접적으로 '진실에 대한 권리'와 '정의에 대한 권리'를 훼손당하는 경험을 하는 경우라 할 수 있다.

하지만 또 한편으로 주목할 점은 피해생존자와 자신을 거의 동일시하는 수준에서 연대적 감정을 가지고, 5·18을 중심으로 모인 사람들을 광주를 사랑하는 '시민공동체'로 생각하고 있다는 점이다. 그러면서 자신의 역할을 단지 5·18 진실의 전달자에 한정하지 않고 5·18의 부인 전략에 저항하는 동시에 그로부터 피해생존자들이 재차 상처를 입지 않도록 적극적으로 방어하는 데 두고 있다는 것이다.

이제까지 살펴본 내용을 표로 나타내면 〈표 3〉과 같다.

〈표 3〉 사후노출자의 외상 과정에서의 권리침해와 트라우마

외상 과정	인권침해 경험	권리침해 유형	주요 심리사회 기제/트라우마
외상적 물질과의 접촉	5·18 비디오, 사진, 재현물을 보거나 이야기를 듣고 충격, 끔찍함, 공포를 경험했다.	안전권, 건강권	충격, 끔찍함
		진실에 대한 권리	
사후 기억과 감정적 얽힘	(5·18 외상 물질의 반복 접촉으로 인한 외상 경험) 어떤 주검을 보았을 때 5·18 희생자 모습이 떠올라 고통스럽고 되도록 피하고 싶다.	정의에 대한 권리	침습, 회피
도덕적 손상	5·18의 역사를 몰랐다는 사실에 심한 부끄러움과 죄책감을 느꼈다.	자기 존중권	부끄러움, 죄책감
진상규명과 책임자 처벌의 지연	많은 사람을 죽여놓고 처벌을 받지 않았다는 것에 충격을 받았고 화가 났다.	진실에 대한 권리, 역사적 정의에 대한 권리	절망감, 분노
피해생존자에 대한 공감적 참여	5·18의 희생자와 유족들이 겪었을 고통에 눈물이 나고 화가 난다.	건강권	슬픔, 분노
5·18의 업무 성과에 대한 부담감	5·18 관련 과업을 잘해야 한다는 생각에 버거움과 우울감을 느껴 일을 그만두고 싶다는 생각을 한다.	건강권, 안전권	소진, 우울
5·18의 업무와 피해생존자와의 관계 맺음과 역전이	피해생존자와 반복해서 대면하거나, 생존자들 간의 반목을 지켜보면 힘이 들고 지쳤다.	건강권	인간적 회의, 슬픔, 소진
광주 지역에 대한 비하와 폄훼	광주를 비하하는 혐오발언에 속상하고 화가 났다.	진실에 대한 권리, 정의에 대한 권리	모욕감, 분노

5. 이행기 정의로서 사회적 치유

사후노출 피해자는 5·18 당시 자행된 학살의 실상을 고발하고 저항에 동참해줄 것을 호소하는 각종 매체나 생존자의 증언을 통해 5·18의 진실과 대면하면서 광주항쟁을 간접적으로 경험했다. 이들이 보았던 계엄군의 잔혹성과 희생자들의 처참함은 너무 끔찍했으며, 자신들이 알지 못하는 사이에 자국의 군인이 한 지역의 시민들을 무참히 살육했다는 사실은 도저히 믿기 어려운 경험이었다. 어떤 이들은 진실을 알고 난 후 5·18이 폭동이라는 관제 뉴스를 그대로 믿었던 자신을, 또 어떤 이들은 새까맣게 5·18의 역사 자체를 모르고 살아왔던 자신을 책망하고 희생자와 피해자에게 죄스러운 마음에 죄책감을 느껴야만 했다.

그렇다고 사후노출자가 외상 경험의 피해자로만 남는 것은 아니다. 그들은 자신들의 상처와 죄의식을 분노와 저항의 에너지로 전화시키고 5·18의 진상규명과 책임자 처벌을 요구하는 능동적 저항 주체로 나아가기도 했다. 지난 역사에서 보듯 국내뿐만 아니라 해외 여러 지역에서 사후노출자에 해당하는 많은 사람들이 시위를 조직하고 군부 세력의 만행을 고발하는 데 힘을 보탰다. 어떤 사람들은 시와 소설을 통해, 또 어떤 사람들은 그림과 조형물을 통해 5·18의 진실과 아픔을 대중들에게 전하고자 했다. 심지어 어떤 사람들은 대중들을 향해 비겁한 방관자의 자세를 벗어던지고 광주학살의 진실을 밝히기 위해 싸울 것을 호소하며 자신의 생명을 던지기도 했다.

40년이 넘게 흘렀지만 5·18의 과거청산은 여전히 큰 걸음을 내딛지 못하고 있다. 아직까지 최종 발포권자를 명확하게 밝혀내지도, 가해 세력을 심판대에 제대로 세우지도 못했다. 오히려 가해자가 버젓이 자신의 자서전을 통해 5·18을 재차 부인하고 그 추종 세력들도 이때다 싶어 덩달아 5·18을 왜곡하고 폄훼하는 망발을 반복해서 쏟아내고 있다. 그런 탓에 5·18을 직접 경험하지 않았음에도 그것을 자기 인생의 중심에 놓고 글을 쓰고 영화를 만들며 연구를 하는 사람들이 다시 나타나고 있다. 5·18이 자신의 인생에서 풀어야 할 숙제라 생각하며 관련 단체와 조사 기관에서 책임감을 가지고 헌신하는 사람들도 있다.

　　이러한 점에서 보자면 지금까지의 '5·18 진실규명 운동'에는 피해생존자와 유족들만이 아니라 많은 사후노출자들이 함께해왔던 것이다. 이들은 5·18의 이행기 정의가 지체되고, 그로 인해 집단적인 차원에서 진실에 대한 권리와 정의의 권리가 침해되는 가운데 생겨난 존재들이다. 또한 이들은 5·18과의 접촉을 계기로 자기 인생의 방향성을 통째로 바꾸기도 하고, 몸과 마음에 상처를 입으면서도 넓게는 5·18의 정치적이고 사회적인 지지층이 되어왔으며, 좁게는 5·18과 밀접한 관계를 맺으며 진실을 전하고 역사 부인에 맞서 5·18의 정신과 희생자 및 피해자의 명예를 방어하는 수행 집단의 역할을 맡아왔다. 그럼으로써 이들은 5·18의 진실을 재현하는 사회문화적 매체와 자장을 비약적으로 확장하는 데 많은 기여를 해왔으며, 하고 있다.

그렇지만 지금까지 사후노출자의 피해 문제는 5·18의 트라우마 연구에서 제대로 다뤄지지 못했다. 그것의 주요 요인은 지금까지의 5·18 트라우마 연구가 5·18을 1980년 5월 광주(그때 그곳)로 한정하고 직접적인 경험자만을 대상으로 했다는 점에서 찾을 수 있을 것이다. 하지만 5·18은 진실을 은폐하고 부인하고자 했던 신군부 세력의 조직적인 개입으로 '그때 그곳'을 넘어 연속적이고 다양한 인권침해 사건으로 지속되어왔다는 점을 전제로 보면, 사후노출자는 그 과정에서 일차적으로는 이전에 몰랐던 5·18의 진실과 직면하면서, 나아가서는 그러한 부인에 저항하면서 정신적이고 사회적인 피해자가 된 존재들이다. 즉, 사후노출자 역시 5·18의 집단트라우마를 구성하는 '집단' 내에 위치하는 피해자가 될 수 있는 것이다.

이는 첫째, 5·18의 과거청산이 제대로 이루어지지 않는 한 직접적인 피해 집단만이 아니라 그 이후 세대에게도 5·18이 현재화된 폭력이 될 수 있음을 시사한다. 오해해서는 안 될 점은 이것이 피해자의 범주를 무차별적으로 확장하려는 것은 아니라는 점이다. 다만 직접적 피해 집단의 당사자성만을 고집하게 되는 것은 5·18의 국가폭력이 지닌 지속성과 확장성을 부정하고, 5·18을 직접적 피해 집단만의 문제로 만들어 오히려 그들을 고립시키는 결과를 낳을 수 있다. 더구나 사후노출자의 경우 5·18의 과거청산을 위해 피해생존자들과 함께 진실을 전달하고 부인에 맞서 싸워왔다는 점에서도 직접적 피해 집단만을 피해자로 보는 시각은 이들의 노고와 상처를 부정하면서 자칫 연대의 끈을 느슨하게 하고 그럼으로써 사회적 지지 동력을 상실하게 할 우려가 있다. 고립과 사회적 지지의 약화는 결국 5·18 부인을 용이하게 하는 악순환의 고리를 만들고, 피해생존자와 (유)가족 그리고 5·18의 과거청산을 희망하는 수많은 사람들을 재차 폭력적 상황에 노출되게 함으로써 트라우마의 늪에 더욱 깊숙이 빠지게 한다는 문제를 낳는다. 그렇기에 5·18 트라우마의 치유는 단지 개개인의 정신의료적 차원에서 이루어질 수 없으며, 직접적 피해 집단에 한정되어 사고될 수도 없다. 5·18 트라우마가 우리가 살아가고 있는 사회공동체의 복합적이고 집단적인 트라우마라고 한다면, 그 치유 역시 본원적으로 우리 사회가 역사적 정의를 세울 수 있는 정치적이고 문화적이며 사회적 기반을 형성하는 문제와 맞닿아 있는 것이다.

같은 맥락에서 둘째, 사후노출자의 피해 사례는 5·18 트라우마의 치유가 '사건-보상-의료적 치료' 모델에서 벗어나 '사회적 치유'[27] 모델로 패러다임이 전환될 필요가 있음을 보여준다. 사후노출자의 인권침해와 외상 경험이 5·18 국가폭력의 지속성과 확장성에서 비롯된 것이라는 점은 그 피해의 연쇄적인 고리를 끊기 위한 핵심적인 방안이 5·18의 온전한 과거청산에 있다는 말이 된다. 하지만 '사건-보상-의료적 치료' 모델은 금전 보상을 중심으로 피해자의 개별화된 정신의학적 치료에 치중하면서 이행기 정의의 맥락에서 사회적 해법의 모색을 등한시한다. 이는 곧 앞서 보았던 사회노출자들처럼 현재만이 아니라 미래의 세대에게까지 고통의 유산을 물려주고 이들을 또다시 5·18의 외상 경험자로 만들 수 있음을 의미한다. 바로 이러한 점에서 인권과 정의, 진실과 기억의 연대에 기초한 사회적 치유의 모색이 요청되는 것이다.

1 이 글은 《통일인문학》 제90집에 실린 글을 수정·보완한 것이다.

2 이때의 '진실'은 1980년 5월 신군부가 광주·전남 일대에서 시민들을 대상으로 자행한 온갖 폭력과 학살의 역사를 의미한다. 하지만 가해자인 신군부가 광주·전남 시민들을 폭도로 명명하고, 자신들의 폭력 행사를 자위권 행사로 규정하는 등 부당한 국가폭력(범죄)을 부인(denial)했다는 점에서 이를 알지 못하고 있던 사후노출자에게 진실은 부인 너머에 있는 실재(the real)이다. 따라서 사후노출자가 진실과 대면했다는 것은 부인을 경유한 실재에 대한 응시일 수밖에 없다.

3 콜링우드(Collingwood)에 따르면 추체험(re-enactment)은 "역사 사실에 관한 내용을 자신이 간접적인 체험으로 바꾸어 보는 일련의 활동"이다. 나아가 딜타이(Dilthey)는 추체험(nacherleben)의 하위 인식 활동으로 '이입' '현재화' '상상력'을 제시한다. 이때의 이입은 단순한 공감이 아니라 "타인의 입장이 되어 기초적 이해 활동을 통해 타인이 어떤 조건과 환경하에서 어떤 경험을 했는지에 관한 사실적 지식으로부터 여러 가능성을 불러내는 시도"이다. 그리고 현재화는 타인들이 살았던 사회적 환경 및 외적 상태를 자신의 현재의 시간에서 이해하려는 것이며, 상상력은 해석자 자신의 삶과 연관하여 "타인의 정신적 삶을 재구성하려는 시도"라고 본다(이영란, 〈역사적 추체험을 통한 문제 해결적 사고와 표현 방안〉, 《인문사회21》 6, 아시아문화학술원, 2021, 2472~2475쪽).

4 김철원, 《그들의 광주: 광주항쟁과 유월항쟁을 잇다》, 한울, 2017.; 김명희, 〈5·18 자살의 계보학: 치유되지 않은 5월〉, 《경제와 사회》 126, 비판사회학회, 2020.

5 김명희, 〈5·18자살의 계보학: 치유되지 않은 5월〉, 앞의 책, 95~96쪽.

6 심영의, 〈지역 작가들의 변방의식과 트라우마: 광주·전남 지역 작가들의 소설을 중심으로〉, 《인문사회과학연구》 15(2), 2014.

7 10명을 대상으로 면접을 했으나 그중 2명은 시위 현장이나 시민군 혹은 계엄군을 직접 보지는 못했지만, 시신을 실은 것으로 추정되는 수레나 저공비행을 하는 헬기를 목격한 기억이 있다고 진술했다. 이 둘은 목격자와 분별력이 다소 떨어질 수 있다고 판단했다. 따라서 연구의 엄밀성을 기하기 위해 분석 대상에서 제외했다.

8 김철원, 《그들의 광주: 광주항쟁과 유월항쟁을 잇다》, 2017, 한울, 122쪽.

9 같은 책, 311쪽.

10 물론 《정신장애 진단 및 통계 편람》 5판에서는 "외상성 사건(들)의 혐오스러운 세부 사항에 대한 반복적이거나 지나친 노출의 경험"을 PTSD 유발의 조건으로 인정하고 있다. 하지만 단서 조항에서는 위의 기준에 부합한다고 하더라도 "일과 관계된 것이 아닌 한 단순히 전자미디어, 텔레비전, 영화, 또는 사진을 통해 노출된 경우"에는 적용되지 않는다고 명시하고 있다. 그렇지만 본문에서 후술하겠지만 여기에서 다루는 사후노출자는 5·18과 직접적인 연계성과 업무 관련성이 없는 상태에서도 반복되는 외상적 물질과의 접촉을 통해서 정신적인 피해를 보는 것으로 나타나고 있다. 이는 PTSD 증상 기준이 매우 협소하다는 한계를 드러내는 것이라 할 수 있다.

11 이홍표·최윤경·이재호·이홍석, 〈세월호 뉴스 노출을 통한 간접 외상의 심리적 영향〉, 《한국심리학회지: 문화 및 사회문제》 22(3), 한국심리학회, 2016, 412쪽.

12 같은 책.; 김영애·김부종·최윤경, 〈세월호 사건 후 근접성, 매체 노출, 초기 반응 및 평가가 집단 정서에 미치는 영향〉, 《스트레스》 26(1), 대한스트레스학회, 2018.

13 제프리 C. 알렉산더, 《사회적 삶의 의미》, 박선웅 옮김, 한울아카데미, 2007, 75~77쪽.

14 진영은·김명희, 〈5·18 트라우마와 사회적 치유: 광주트라우마센터 사례를 중심으로〉, 《시민과 세계》 37, 참여연대 참여사회연구소, 2020, 182쪽.

15 '크로노토프'는 시간(chronos)과 공간(topos)의 합성어로서 문자 그대로 '시공간'이라는 뜻을 지니며, 시공간의 불가분성을 표현하는 용어이다. 바흐친은 크로노토프를 문예비평을 위한 은유라 지칭하는데, 그에게 "크로노토프는 양적이고, 정태적이고, 본질주의적인 것이 아니라 상대적이고, 관계적이고, 대화적이고, 유기적으로 성장"하는 것이다. 그렇기에 크로노포트는 시간과 공간적 제한성이나 한계성을 지니지 않으며, 또 무수히 많은 크고 작은 크로노포트 간의 결합을 허용한다(이재승, 〈이행기 정의와 크로노토프〉, 《민주법학》 64, 민주주의법학연구회, 2017, 110~111쪽). 특히 이 글에서는 사후노출자가 5.18을 경험하지 않았음에도 과거의 '그때 그곳'을 기억하는 '후기억 세대(Generation of Postmemory)'이자, 동시에 5.18과 관련한 크고 작은 외상적 사건을 자신의 현재적 삶 속에서 경험한다는 점에서 물리적인 시공간에 제한되지 않는 위치에 있다는 의미에서 이 용어를 차용했다.

16 김영애·김부종·최윤경, 〈세월호 사건 후 근접성, 매체 노출, 초기 반응 및

평가가 집단 정서에 미치는 영향〉, 앞의 책, 69쪽.

17 이재승, 〈형이상학적 죄로서 무병-현기영의 목마른 신들 읽기〉,
《민주법학》 57, 민주주의법학연구회 2014, 197~198쪽.

18 정문영, 〈'부끄러움'과 '남은 자들'〉, 김형중·이광호 엮음, 《무한
텍스트로서의 5·18》, 문학과지성사, 2020, 93쪽.

19 김철원, 《그들의 광주: 광주항쟁과 유월항쟁을 잇다》, 330쪽.

20 김명희, 〈5·18 자살의 계보학: 치유되지 않은 5월〉, 앞의 책, 2020.

21 Lisa McCann and Laurie Anne Pearlman, "Vicarious
Traumatization: A Framework for Understanding the Psychological
Effects of Working with Vitims", *Journal of Traumatic Stress* 3(1), the
International Society for Traumatic Stress Studies(ISTSS), 1995,
pp.131~149.

22 Ibid.; Julie Canfield, "Secondary Traumatization, Burnout, and
Vicarious Traumatization", *Smith College Studies in Social Work* 75(2),
2005, pp.81~101.

23 박수정·김민규·이훈재·김도윤·박봉섭·정지현·서정은·박정열, 〈번아웃
증후군의 조작적 정의에 관한 체계적 문헌고찰〉, 《교육문화연구》 23(3),
인하대학교 교육연구소, 2017, 297~326쪽.

24 Cordes, C. L. et al, "A Review of an Integration of Research on
Job Burnout", *The Academy of Management Review* 18(4), Academy of
Management Annals(Annals), 1993, pp.621~656.

25 Matthias Burisch, "Search of Theory: Some Ruminations on the
Nature Etiology of Burnout", W. B. Schaufeli, C. Maslach, and T.
Marek eds., *Professional Burnout; Recent Development in Theory and
Research*, 1993.

26 일반적으로 역전이는 "내담자에게 느끼는 상담자의 모든 정서적
반응" 또는 "내담자가 투사한 감정을 상담자가 동일시하여 생기는
것"으로 정의된다(오숙, 〈역전이 개념에 대한 문헌 분석 및 연구 동향
분석: 상담학 분야 주요 학술지를 중심으로〉, 《상담교육연구》 2(2),
단국대학교 상담학연구소, 2019, 81~82쪽).

27 이때의 사회적 치유는 "국가폭력 및 인권침해 사건과 같이 개인적이고
의학적 차원으로 환원되지 않는 사회적 근원을 갖는 사회적 고통의
해법을 사회적이고 관계적인 차원에서 모색하는 치유의 통합적
패러다임을 지칭한다"(진영은·김명희, 〈5·18 트라우마와 사회적 치유:
광주트라우마센터 사례를 중심으로〉, 앞의 책, 164쪽).

국가범죄의 피해자학을 향하여

이제까지 5·18 직접적 피해자, 유가족, 일선대응인, 목격자, 사후노출자를 중심으로 5·18 집단트라우마의 작동 방식을 살펴보았다. 이 책은 5·18이 1980년 5월 열흘 동안 광주·전남 지역에서 발생한 한시적 사건이 아니라 지역적 경계를 넘어 사회적 차원에서 지속적으로 '피해'를 발생시킨 인권침해 범죄라는 관점에서 출발했다. 이러한 관점은 5·18의 과거청산이 제대로 이루어지지 않았고, 역사 왜곡과 부인이 끊임없이 이루어지면서 피해생존자와 유족만이 아니라 사회적 차원에서 인권을 침해하는 가시적/비가시적 폭력이 재차 자행되었고, 그로 인해 다양한 경로에서 5·18의 트라우마가 전승·(재)생산되어 왔다는 문제의식에 연유한다.

이에 이 책은 첫째, 정치적 학살이자 인도에 반하는 범죄로서 5·18 국가폭력의 성격을 재정립하고 5·18 피해자 범주를 재유형화할 필요성을 제기했다. 이는 신체적·경제적 피해만이 아니라 국가범죄가 야기한 중대한 인권침해에 따른 피해의 실상을 포착하기 위한 시도였다. 나아가 이 연구는 5·18 트라우마에 대한 의료 모델에서 탈피해 그 집단성과 복합성을 포착하기 위한 새로운 진단 개념을 모색하고자 했다. 외상후스트레스장애PTSD 진단 개념에 일면적으로 의존하는 의학적 접근은 가해 주체인 국가의 조직적이고 체계적인 진실규명 은폐와 지속적인 인권침해에 직면해 피해자들이 겪게 되는 고통의 연속성을 설명할 수 없으며, 진실의 왜곡/부인과 집단적 오명 속에 형성된 국가폭력 트라우마의 집단적이고 복합적 성격을 포착하기에는 역부족이다. 따라서 이 책은 복합적 집단트라우마CCT라는 개념을 제시하고 이에 다가설 연구방법론과 새로운 진단기준을 마련하고자 했다.

이 진단기준은 기존의 의료 중심의 접근을 넘어 중대한 인권침해 행위가 야기한 피해의 여러 차원과 트라우마의 양상을 연계하여 설명할 사회과학적 진단기준이라는 점에 의의가 있다. 인권침해의 결과 개인의 수준에서 경험한 신체적·정신적·사회적 피해가 집단 수준의 개인적·가족적·사회적 피해와 연동되어 있으며, 사회적 차원의 피해는 사회정치적·사회경제적·사회문화적 피해로 변별해 볼 수 있다는 이 진단기준은 중대한 인권침해가 야기한 트라우마 양상과 작동 방식을 좀 더 입체적으로 파악할 준거점을 제공한다.

둘째, 이 책은 국가폭력 및 사회적 참사로 인한 트라우마에 다가설 사회과학 방법론을 제시했다. 이는 계량적 방법 일변도의 실증주의적 연구 관행과 가설-연역적 방법에 기초한 5·18 트라우마 연구방법론의 제한성을 넘어서고자 함이다. 비판적 방법론적 다원주의에 입각해 설계된 질적 연구방법론은 자료 수집에서부터 분석에 이르기까지 다양한 방법들을 혼합하여 사용하면서 과거청산이 제대로 이루어지지 않아 지속·변형·(재)생산되는 국가폭력 트라우마의 발생적 과정과 작동 방식을 보다 개방적으로 탐색할 방법론이라는 점에서 의미가 있다. 이 연구가 제시한 심리사회학적 피해 유형과 집단 트라우마 연구방법론은 여타 국가폭력 및 사회적 참사로 인한 피해(자) 조사 및 트라우마 연구에 적절히 적용/수정될 수 있을 것이다.

셋째, 무엇보다 이 책은 사건의 권리 주체로서 5·18 참여자들의 경험을 존중하고 그들의 목소리를 생생하게 전달하고자 했다. 각 유형별 사례연구는 직접적 피해자 유형과 정도와 차이는 있지만 유가족, 일선대응인, 목격자, 사후노출자 역시 기본권만이 아니라 진실에 대한 권리, 정의에 대한 권리, 피해 회복의 권리가 유린됨에 따라 고통받아왔음을 보여준다. 연속적인 권리침해는 피해자들의 트라우마를 지속, 변형, 재생산하는 기제로 작동했으며 심지어 새로운 피해자를 양산하는 원인이 되기도 했다.

결국 다양한 피해자의 5·18 트라우마 경험을 인권의 관점에서 조망한다는 것은 '5·18'이라는 사건을 중대한 인권침해 사건으로 (재)정립하는 작업이며, 트라우마를 인간 존엄과 역량의 훼손이라는 매우 심각한 인권침해 상황에서 초래된 것으로 (재)정립하는 작업이라고 할 수 있다. 다른 한편 5·18 피해자들의 집단트라우마를 인권침해 경험과 연결하는 교차적 분석을 시도한 것은 피해자들에 대한 보상적·시혜적 접근을 넘어 사건의 전 과정에서 참여권을 지닌 권리 주체로 피해자들의 지위를 이동시키기 위한 학문적 노력이기도 하다. 나아가 이러한 노력은 서로 별개의 것으로 이해되어왔던 인권 의제와 트라우마 의제를 통합하여 인권에 기반한 사회적 치유책을 마련하기 위한 가교라 할 수 있다.

이로부터 도출되는 이론적·실천적 과제를 제시하자면 다음과 같다.

먼저 이론적 차원에서 연구팀의 연구 결과는 국가범죄의 피해자학victimology of state crime이라는 관점에서 심도 있는 비교 연구와 후속 고찰을 요청한다. 이러한 문제 설정은 국가범죄로 인한 피해의 장기 지속적 성격과 국가 책임의 문제를 좀 더 명확히 하기 위함인데, 비판범죄학자 카우츨라리히와 그의 동료들은 국가범죄 피해자학의 핵심 명제를 다음과 같이 제시한 바 있다.[1]

첫째, 국가범죄 피해자는 사회적으로 가장 권력이 약한 자들 중에서 나오는 경향이 있다.

둘째, 국가범죄 가해자는 정책과 제도의 해악성을 인정하지 않는다. 피해자의 고통이나 해악이 밝혀진 뒤에도 오히려 정당화하려 든다.

셋째, 국가범죄 피해자는 그들의 고통에 책임이 있다는 비난을 받는다.

넷째, 국가범죄 피해자는 피해 해결을 위해 국가 제도 자체 또는 시민사회운동에 기댈 수밖에 없다.

다섯째, 국가범죄 피해자는 반복되는 피해자화의 대상이 되기 쉽다.

여섯째, 국가의 불법적 정책이나 조치는 개인이나 집단에 의해 자행될지라도 제도적·관료적 차원의 목적 실현을 위함이다.

이 같은 명제에서 한 발 더 나아가 이 책은 첫째, 가해자-피해자의 이분법적 틀에서 벗어나 국가범죄 피해자의 경험적 유형학을 더 정교화하고, 둘째, 국가범죄 피해의 연속성과 재생산 기제를 포착할 집단트라우마 분석방법론을 구축함으로써 국가범죄의 피해자학을 발전시킬 기틀을 마련했다는 점에서 중요한 의의가 있다. 특히 복합적 집단트라우마 개념에 입각해 이들이 겪는 고통을 보다 개방적이고 심층적인 차원에서 이해하고 설명하려는 시도는 국가폭력 피해자의 피해자성만이 아니라 행위성 또는 정치성을 아울러 포착할 수 있다는 강점을 지닌다. 셋째, 나아가 이 책은 트라우마 연구에 인권의 관점, 요컨대 '피해자의 권리' 개념을 적극적으로 접목하여 자칫 국가범죄 피해자를 대상화함으로써 새로운 피해를 야기할 수 있는 시혜적 관점의 피해자 지원책에 있어서도 전향적 해법의 단초를 마련하고자 했다. 요컨대 개별 피해(당사)자나 전문가 중심, 국가 중심의 해법에서 초점을 이동하여 고통의 사회적 원인을 통제하기 위해 인권침해 피해자의 권리와 사회적 연대(지지)를 강화하는 '피해자-사회 중심'의 치유[2] 방법론을 적극적으로 모색할 필요가 있다는 것이다.

이는 실천적 차원에서도 전향적 해법을 시사하는바, 5·18 피해자 구제책과 트라우마 해결 과정에서 여전히 중요한 것은 인권의 옹호와 증진이라는 원칙의 확립이다. 이 연구의 결과는 중대한 인권침해가 시정되지 않는 상황이 여러 세대에 걸친 권리의 점진적인 침식으로 이어질 수 있다는 점을 드러내 보여준다.[3] 따라서 잘못된 청산의 과정은 새로운 인권침해와 트라우마를 유발할 수 있다는 점을 명확히 인식하고, 인권에 기반한 과거청산의 원칙과 방향, 이에 적합한 제도와 정책을 수립하려는 발본적 노력이 요청된다. 특히 진실과 정의에 대한 권리는 피해자뿐 아니라 해당 사회 구성원들의 집단적 권리이기도 하다는 점에서, 집단 차원의 피해 구제와 트라우마 회복 방안이 적극적으로 모색될 필요가 있다.

그러한 기획이 온전히 실현되기 위해서는 다양한 피해자의 집단트라우마에 대한 광범위하고 지속적인 후속 연구가 반드시 필요하다. 신체적 상이와 구속을 경험한 피해자뿐 아니라 여러 유형의 직접적 피해자가 감내해야 했던 인권침해와 사회적 고통에 대한 면밀한 조사는 물론 유가족 1세대, 2세대, 3세대 간 고통의 세대 전이에 대한 본격적인 후속 연구가 이루어질 필요가 있다. 또한 일선대응인을 비롯해 목격자 집단 중 재난 취약계층의 피해나 공동체 차원의 피해에 대한 조사가 요청되며, 적지 않은 규모의 사후노출자와 목격자의 행위 동학을 연대권/발전권/평화권 등 집단적 권리를 일컫는 제3세대 인권의 관점에서 더 심도 있게 고찰하는 것도 중요한 과제다.

특히 연구팀의 연구 결과는 직접적 피해자와 남성 중심의 과거청산 과정이 가족과 여성들의 삶에 미친 피해의 차원을 경시해왔음을 일러주는바, 기존의 5·18 피해자 담론에서 주변화되었던 여성의 피해에 대한 심도 있는 후속 연구가 진전될 필요가 있다. 무엇보다 연구팀이 다루지 못한 경찰관, 계엄군 등 국가폭력의 대행자 집단에 대한 조사가 진행될 때 5·18 국가범죄가 초래한 피해의 실상에 보다 총체적으로 다가설 수 있을 것이다. 이러한 조사 과정은 그 자체가 피해자 증언을 청취하는 과정인 동시에 사건의 권리 주체로서 다양한 시민 피해자의 참여와 자력화를 촉진하는 방법론이기도 하다. 말할 수 없었던, 말해지지 못했던 피해를 발굴하고 가시화하는 작업은 직접적 피해자와 일반 시민 모두를 5·18로 인한 고통의 당사자이자 과거청산 주체로 소환하는 작업이라 할 수 있다.

그런 점에서 우리가 시도했던 5·18 피해자 유형의 재구성은 단지 피해자의 범위를 확장하고자 함이 아니다. 이 작업은 고통의 역사성과 집합성을 지금, 이 순간에도 고통받고 있는 구체적인 생존피해자의 실존과 연결하여, 진실과 정의에 닻을 내린 집합적 피해회복과 사회적 청산의 길을 새롭게 열어가는 과정이기도 하다.

1 David Kauzlarich et al., "For a Victimology of State Crime", *Critical Criminology* 10, 2001, pp.183-~187.

2 진영은·김명희, 〈5·18 트라우마와 사회적 치유: 광주트라우마센터 사례를 중심으로〉, 앞의 책.

3 Lisa Butler and Filomena Critelli, "Traumatic Experience, Human Rights Violations, and Their Intersection", eds. Lisa D. Butler, Filomena Critelli and Janice Carello, *Trauma and Human Rights*, Palgrave Macmillan, 2019, p.41.

모모를 꿈꾸다

이 재 인[*]

"놀면 뭐 하니?" 제주살이 7년을 마치고 육지로 나와 1년을 웅크리고 있을 때 이 말은 내게 따스운 인사였다. 언제부터인가 내가 살아가는 오늘이 그전에 스러져간 삶들을 딛고 있다는 생각에 대상을 알 수 없는 부채감을 품게 되었다. 그래서 내가 태어나기 이전부터 있었고 또 이어지고 있는 길을 기억하고자 나는 어느 날엔 신동엽 시인의 〈금강〉을 따라 적고, 어느 밤엔 강요배 화백의 〈동백꽃 지다〉를 따라 그리며 무거워지기만 하던 마음을 나만의 방식으로 달랬다. 그리고 꿈꾸었다. 그 길을 걸어가는 나를. 그러다 우연히, 아니 우연이라기보다 자연스레 찾아간 제주 강정에서 직접 경찰을 마주하고

---

[*] 경상국립대 사회과학연구원 사회적치유연구센터 연구보조원. 성공회대학교에서 사회학을 공부했다.

재판을 받고 끝도 없이 버티고 또 버티는 일상을 살다가 어느 새 일상은 관성이 되고 사람들로부터 멀어져 나조차 잃어가는 나를 깨달았다. 이런 나를 알고 싶어 국가폭력이니 트라우마니 하는 말들을 화두로 붙잡았지만 나는 여전히 길을 잃은 듯 막막했다. 그러던 차에 연구책임자 선생님으로부터 작업을 함께하지 않겠느냐, 조건은 '엄청 열심히!'인 그 제안을 받아들였다. 그래서 밭일이 주업이었던 나에게 '연구보조원'이라는 이름이 붙었다.

연구보조원으로서 내가 맡은 일은 인터뷰와 녹취 풀이였다. 나는 틈틈이 5·18을 다룬 책들과 영상을 찾아보았다. 그동안 몇 번이고 꺼내 들었다가 구체적인 묘사가 힘들어 차마 넘기지 못했던 소설 《봄날》과 《죽음을 넘어, 시대의 어둠을 넘어》를 드디어 읽었고, 구술생애사를 이해하기 위해서 추천받은 《강제로 끌려간 조선인 군위안부들》(전 4권)을 힘겹게 읽어냈다. 이렇게 버거운 사건들을 밀도 높게 마주하는 동안 나는 숨을 고르듯 미하엘 엔데의 《모모》를 다시 찾게 되었다.

중학생 때였을까, 고등학생 때였을까, 처음 《모모》를 읽고서 나는 내 꿈을 '모모처럼 되고 싶다'로 딱 정했다. 소나무 숲속 옛 원형극장 터가 모모의 집인 것도 좋았고, 무엇보다 다른 사람의 말을 잘 들어주는 모모가 좋았다. 무슨 말이나 질문을 먼저 하지도 않고 가만히 앉아서 들었을 뿐인데 상대방이 그의 문제를 풀 방법을 스스로 터득해내고, 커다랗고 까만 눈으로 바라보며 들었을 뿐인데 자신의 인생이 의미 없다고 생각하던 상대방이 자신만의 독특한 방식으로 세상에서 소중한 존재라는 것을 깨닫게 하다니! 그래서 나는 생애사 인터뷰라는 말을 처음 들었을 때 모모처럼 들으라는 말 같아서 마음에 들었다. 오래 잊고 있던 나의 꿈을 더듬으며, 사람을 만나고 싶다는 마음이 오랜만에 찾아와 설레기만 했다.

　보고서에 다 실리지 않았지만 이 연구에 구술로 참여하신 분들은 모두 50명이다. 이 중 목격자에 해당하는 6분의 생애사를 직접 인터뷰했다. 그리고 이분들의 이야기를 녹취록을 검독하며 모두 들을 수 있었다. 그분들의 이야기를 듣는 것은 쉽지 않았다. 두들겨 맞고 찔려 피가 흐르는 말 앞에서 나는 나도 모르게 손으로 입을 틀어막았고, 엉엉 울기도 했다. 그때 집 밖을 나가지 않고 숨어 있었다고 되뇌는 마음에게 괜찮다고 잘못한 게 아니라고 말씀드리고 싶었다. 현실이 여전한데 트라우마라는 걸 왜 굳이 극복해야 하느냐고 되묻는 데에는 나도 할 말이 없었다. 온갖 감정을 쏟아낸 뒤 한숨처럼 결국 '용서'를 조심스레 말할 때 수십 년을 버텨온 고단함이 느껴져 가슴 한구석이 찌르르 아팠다. 이 모든 것이 지나간 이야기가 아니라 오늘을 사는 이야기라 더 아팠다.

　모든 구술자에게 5·18은 몸에 깊이 박힌 가시였다. 뺄 수도 없고 어쩌다 스치기만 해도 아프게 하는 무엇. 그 무엇을 듣는 다른 선생님들의 태도를 통해 나는 기다림을 배웠다. 있는 그대로 듣고 기다렸다가 다시 물었다. 그 과정을 나도 '있는 그대로' 받아적으려 애썼다. 음성을 문자로 옮기는 데에는 애초 한계가 있지만, 예컨대 못 알아듣는 부분을 억지로 채워 완성하려 한다거나 들리지 않는 조사를 넣어 문장을 매끄럽게 하는 식으로 감히 끼어들고 싶어 하는 나를 마주할 때가 있었다. 그렇게 부끄러워하면서 배웠다. 때론 말보다 한숨을 통해 더 많은 감정을 전달받았다. 그래서 침묵하는 시간을 세어 괄호 안에 넣었다. 1초, 2초, 3초…… 숫자를 헤아리면서 나는 정작 말 너머를 얼마나 헤아리는 사람일까 되짚었다. 그렇게 듣는 법을 배워갔다.

내가 녹취를 푸는 동안 다른 선생님들은 인터뷰한 내용을 분석하여 이 연구의 주제인 트라우마를 밝혀내고 있었다. 사실 처음에 구술자의 말들을 이렇게 해석해도 되는지 조금 부대꼈다. 한 사람을 여지없이 판단하고 규정하는 것 같았기 때문이다. 그런데 일주일에 한 번씩 토의하는 내용을 들으며 다른 생각이 들었다. 말을 듣고 난 뒤, 들은 사람으로서 책임을 지고 있다는 생각. 말을 듣고 끄덕이는 데서 그치지 않고 그 말들이 허공에 흩어지지 않도록 메아리를 울리고 있다는 생각. 그리하여 함께 공명하기 위해 이리도 끊임없이 스스로 그리고 서로 나누고 있다는 생각이 들었다. 듣는다는 것, 듣기 전과 들으면서 그리고 듣고 난 후까지 이 모든 과정을 아우르는 행위는 어쩌면 진실을 밝히는 첫 단계일 것이다.

모모가 진정으로 들었던 마을 사람들을 위해 시간 도둑들과 싸워 마을 사람들의 시간을 되찾아준 것처럼 연구원 선생님들은 50명의 생애사로부터 진실을 찾아갔다. 이 과정이 가능할 수 있도록 구술한 연구참여자분들과 처음부터 끝까지 함께할 수 있도록 곁을 내어준 연구원 선생님들께 고맙다는 인사를 드리고 싶다.

'삶'을 들여다보는 것

진영은*

2020년 무더웠던 여름, 생과 사의 기로에 놓였던(혹은 놓인) 수많은 사람들을 마주했다. 연구팀이 본격적으로 프로젝트를 수행하기 전 그동안 출간된 구술증언집의 현황을 파악하고, 증언집에 등장하는 '사람들'의 수를 파악해야 했기 때문이다. 연구보조원의 첫 업무로 시작된 약 50권 속 기록된 사람들을 마주하는 건 단순히 '글자'를 읽는 것이 아니었다. 이 업무를 시작하게 된 일차적인 이유는 지금껏 몇 사례가 증언되었는지, 몇 명의 구술자가 구술에 참여했는지를 파악하기 위함이었다. 동시에 많은 수의 증언 자료들이 생성된 방식과 연구팀

* 경상국립대 사회과학연구원 사회적치유연구센터 연구원. 사회적 고통에 관심을 가지고, 보통 사람들의 삶 안에서 타인과 사회에 대해 깊이 알아가고자 한다. 〈남겨진 사람들: 5·18 자살자 유가족의 사회적 고통 연구〉라는 주제로 석사학위를 받았다.

이 채택한 생애사 재구성 방법론을 비교하여 기존의 구술사 방식의 한계를 짚고 새로운 질적연구방법론의 적용과 구체적인 절차를 설계하기 위한 초기 작업이었다.

1990년대부터 꾸준히 출간되었던 5·18 구술증언집은 주로 1980년 5월 당시의 사건 경험에 초점을 둔 사건사적 채록 방식이 주를 이루었다. 5·18이 발생한 시점부터 그 진실이 왜곡되고 부인되어왔기 때문이다. 따라서 사건사적 진실을 복원하는 작업은 여전히 필요하지만, 사건사 중심의 구술 채록은 사건을 경험했던 사람들의 '삶'의 맥락을 쉽게 소거해버리고, 그 '사람'이 감내해야 했던 피해의 연속성, 고통의 복합성, 트라우마의 발생과 재생산 과정을 총체적으로 포착하는 데에는 역부족이었다. 또한 연구자가 알고 싶은 내용에 따라 일방적으로 묻고 대답하는 형식으로 생성된 구술은 얼핏 보면 명쾌한 진실을 보여주는 것 같지만, 이야기하는 사람의 맥락과 이어지는 삶을 제대로 담지는 못했다. 목소리를 내었으나, 정작 당신의 삶은 드러나지 않고 납작해져 있었다.

그래서 연구팀은 지난 몇십 년 동안 주목받지 않았던, 말해지지 않았던, 평범하지만 평범하지 않은 삶을 살아낸 (피해) 생존자로서 '남겨진 자'의 생애 과정에 귀를 기울이고자 했다. 당신의 서사가 훼손되지 않도록 기다리며 들었고, 억압되어 언어화되지 않은 기억을 포착하고자 신경을 곤두세웠다. 이러한 과정을 거치자 저마다의 고유한 생애사적 경험을 둘러싼 폭력적인 사회구조가 보였다. 과거의 사건에 우연히 휘말린 불행한 개인의 역사가 아니라 사회구조가 폭력적으로 (재)

생산되어 작동하는 과정에 그들의 삶이 놓여 있었다. 때론 바짝 말라버린 담담함이 온몸을 파르르 떨게 했으며, 깊은 한숨은 겨울바람이 살을 에듯 가슴을 저몄다. 그렇게 5·18이라는 가랑비는 오늘을 사는 각자의 몸에 젖어들어 여전히 흐르고 있었다.

'민주화의 영웅'이 아닌 고통 속에 있는 한 인간을 마주하고 기존의 앎의 자리에 새로운 앎이 자리하게 되면서 나는 5·18 자살자 유가족의 사회적 고통에 대한 학위 논문을 제출하게 되었다. 무엇이 나를 이리로 이끌었을까. 연구를 진행하며 만났던 한 분이 내게 말씀하셨다. "지난 몇십 년 동안 유족 활동을 해왔지만 오늘처럼 마음속 깊은 이야기를 한 적은 처음이었어. 나는 이제 죽어도 여한 없소. 잘 써주시오." 그 말을 듣고 마음 깊은 곳에서 설명할 수 없는 저릿함이 느껴졌다. '그래, 그걸로 충분하다'며 나는 서서히 구술을 풀어내기 시작했다.

귀한 인연이 고리가 되어 나와 그들이 연결되어 있다는 느낌이 들었다. 그 인연을 통해 나를 찾아가는 과정, 그 과정 속에 나는 서 있다. 하지만 마냥 두렵지만은 않은 것은 허우적대며 마주한 숱한 사람들을 통해 또 다른 나를 발견하게 될 거라는 확신이 있기 때문이다. 결국 답을 내리게 될 어느 날, 그 모든 과정 속에서 만난 이들의 걸음이 쓸쓸하지 않도록, 외롭지 않도록, 무겁지 않도록, 아프지 않도록 그 앞을 잔잔히 비추는 작은 등불의 삶을 살고 있을 나를 마주하길 기대한다.

죽음을 넘어,
시대의 어둠과 차별을 넘어

유제헌[*]

한 수업에서 〈5·18민주화운동 피해자 등의 집단트라우마에 대한 심리·사회학적 표본 조사 연구〉 이야기를 듣게 되었다. 연구책임자인 김명희 교수님께서 이 공동연구를 알려주시면서, 5·18민주화운동이나 질적연구방법에 관심이 있다면 연구보조원으로 참여하길 권하셨다. 5·18에 대해 너무 모른다는 생각에 내가 참여해도 될지 마지막까지 고민했지만, 질적연구방법에 대한 호기심으로 참여하게 되었다.

일반적으로 양적연구는 '숫자'와 '계량화'로 대표된다. 구조화된 설문지 등을 활용하는 경우가 많고, 통계 기법을 활용해 현상을 수치로 보여준 뒤 이를 분석하는 방식을 취한다. 이

[*] 경상국립대학교 사회과학연구원 간사. 페미니즘, 퀴어, 동물권에 관심이 많다. 성소수자의 자살 문제와 관련해 석사학위 논문을 집필 중이다.

에 비해 질적연구는 양적연구에 비해 내밀한 이야기를 보여주며 서술적이라고 통상 치부된다. 나는 석사학위 논문에서 성소수자의 사회적 고통과 관련된 주제를 다룰 생각이었고, 성소수자 문제에 접근할 때는 질적연구방법이 필요하다고 보았다. '사회적 소수자'로 분류되는 성소수자는 존재 자체가 잘 드러나지 않기에 이들의 사회적 고통에 다가서고자 한다면 숫자로 온전히 드러나지 않는 맥락과 기제를 질적연구가 더 잘 탐구할 수 있기 때문이다.

하지만 질적연구의 장점으로 여겨지는 '서술적'이고 '해석적'인 특성으로 인해 역설적으로 질적연구는 '과학적'이지 않다고 이야기되기도 한다. 연구 질문에 대해 왜 그러한 것인지 그 인과기제를 밝히기보다 상황을 묘사하는 기술적記述的 나열에 그칠 수 있다는 비판이 제기된다. 그렇다면 '(사회)과학적'인 질적연구는 어떻게 수행해야 바람직한가? 이런 물음에 대한 답을 찾던 중 이 연구가 좋은 길잡이가 되어주었다.

공동연구 과정에서 나는 크게 자료 수집과 정리, 회의록 작성, 녹취록 관리 등의 업무를 맡았다. 연구팀에 참여하며 놀랐던 것 중 하나는 정말 많은 회의가 진행된다는 점이다. 실제로 한 공동연구원 선생님께서 이렇게 많이 회의하는 연구팀은 처음 봤다고 푸념 아닌 푸념을 할 정도였다. 단순히 행정적인 사항을 처리하는 회의가 아니라 생애사 방법론, 근거이론 등 방법론에 대한 세미나도 몇 차례 진행했다. 또한 어떤 내용을 담을 것인지, 어떻게 서술할 것인지에 대한 회의도 여러 차례 진행되었다. 명칭만 '회의'였을 뿐 이것 자체가 사회를 연구하는 방법과 지식 생산의 과정 자체를 배우는 의미 있는 공부의 시간이었다.

공동연구원 선생님들께서 인터뷰를 시작하기에 앞서, 녹취록을 어떻게 작성할 것인지에 대한 질문이 제기되었다. 내용 전달에 집중할 것인지, 구술자의 입말을 어느 정도까지 살릴 것인지 등 다양한 이야기가 나왔다. 연구팀에서는 최대한 녹음된 육성 그대로 전사하는 것을 기본 지침으로 정했다. 각 녹취록을 최대한 같은 형식으로 생산하기 위해 일관된 녹취 기호를 만드는 작업이 중요해졌다. 녹취 기호는 기존에 출간된 여러 구술증언집에서 사용된 형식과 생애사 방법론을 다룬 문헌에서 종합하여 제정했다. 그중에서도 일본군 '위안부' 생존자 구술증언집인 《강제로 끌려간 조선인 군위안부들》시리즈에서 사용한 녹취 기호와 독일의 생애사가인 가브리엘레 로젠탈이 정리한 기호를 주로 참고하였다.

이렇게 채택된 녹취 기호 자체는 다른 연구와 큰 차이가 없을지라도, 무엇에 주목했는지에 대한 차이는 분명 존재했다. 연구팀에서 특히 주목한 것은 '침묵'이라는 언어였다. 침묵은 다양한 상황에서 등장한다. 구술자가 할 말을 고민하는 과정에서도 등장하며, 감정이 북받치는 상황에서도, 감정을 절제하는 상황에서도 드러난다. 생애사 방법론에서는 이를 중요한 분석 지점으로 보고 그 행간을 읽어내고자 한다. 특히 이 연구가 '트라우마'를 주제로 한다는 점에서 이런 녹취 과정은 더욱 필요했다. 이를 위해 녹취록 작성자에게 구술자가 2초 이상 침묵하는 경우 침묵하는 시간을 센 뒤 괄호 속에 적도록 했다. 이외에도 연구팀의 녹취록은 다른 연구에 비해 더 높은 수준의 꼼꼼함을 요한다고 불평 아닌 불평을 몇 차례 듣곤 했는데, 적절히 잘 따라준 녹취록 작업팀과 모든 녹취록을 검수해주신 이재인 선생님께 감사의 마음을 전하고 싶다.

최종 결과 보고서 편집에 참여하고, 곧이어 연구 성과를 광주 지역사회와 공유하기 위해 '인권의 관점에서 본 5·18 집단트라우마와 사회적 치유'를 주제로 열린 2021년 6월 학술 심포지엄을 끝으로 연구팀의 공식 일정은 종료되었다. 이후 나는 석사학위 논문으로 한국의 성소수자 자살 문제를 주제로 정하고 인터뷰를 진행했다. 인터뷰를 진행하며 강하게 들었던 생각은 5·18 피해자 등과 성소수자 자살 시도자 모두 '고통'을 이야기하는데, 이때의 고통은 단지 개인의 고통으로만 설명할 수 없다는 점이다. 5·18 피해자의 경우 5·18이라는 사건으로 인한 사회적 차별 및 낙인을 경험했다면 성소수자의 경우 제한적인 성별 정정, 한정적인 결혼제도 및 생활동반자법의 부재 등 제도적 차별과 이에 영향을 받아 발생한 고용 등 경제적 문제, 이와 관련된 가족과의 불화가 미래를 상상하지 못하게 하고 "살아갈 이유를 찾지 못하"도록 만들고 있다. 이들의 개인적인 동시에 사회적인 고통은 다른 듯하지만, 많이 닮아 있다.

광주에서 진행된 일련의 행사는 이러한 연관성과 함께 새로운 연대의 가능성, 앞으로의 지향점을 잘 보여준다. 2019년 전남일보는 제2회 광주퀴어문화축제를 맞이해 신문 제호를 성소수자를 상징하는 여섯 빛깔 무지개색으로 변경했다.

또 코로나19 상황으로 인해 영화제 형식으로 개최된 제3회 광주퀴어문화축제의 슬로건은 "죽음을 넘어 시대의 차별을 넘어"다. 이는 "광주 정신으로 성소수자에 대한 차별과 혐오에 맞서자"라는 메시지를 담은 것이다.

나는 아직도 5·18에 대해 충분히 잘 알지 못하지만, '5·18 정신'이 보여준 민주주의의 방향은 분명하게 알게 되었다. 그리고 이는 '인권'이라는 쟁점으로 확장되었다. 5·18 정신으로 모두가 시대의 어둠에서, 시대의 차별을 넘어설 수 있는 앞으로의 세상을 꿈꿔본다.

연구참여자 유형 및 특성

연번	피해자 유형	이름	성별	나이	학력	직업	혼인 상태	5·18 당시 피해 / 경험
1	직접적 피해자	박인애	여	63세	대졸	가정주부	기혼	징역
2		김길자	여	79세	초졸	무직	이혼	구금
3		천희순	남	61세	무학	일용 노동	별거	구금
4		이상용	남	73세	중 중퇴	무직	기혼	징역
5		김호익	남	64세	초졸	택시 기사	이혼	구금
6		김선우	남	65세	초졸	자영업	이혼	구금
7		최은호	남	63세	대졸	사회단체	기혼	구금
8		고철우	남	54세	초 중퇴	무직	이혼	구금
9		오동학	남	60세	고졸	회사원	기혼	구금
10		임규철	남	61세	대졸	사회복지기관	기혼	구금
11	유가족 1세대 / 2세대	정서하	여	68세	초졸	무직 (전 공무직)	사별	남편 사망
12		전소태	남	60세	중졸	자영업	기혼	동생 사망
13		박순환	여	61세	고졸	회사원	기혼	동생 사망
14		김백운	남	83세	중졸	무직 (전 건설업)	기혼	아들 사망
15		배지호	여	82세	초졸	무직	사별	아들 사망
16		손광호	남	52세	대졸	공무직	기혼	어머니 사망
17		기동경	남	41세	전문대졸	회사원	기혼	아버지 사망
18		김서암	여	35세	대졸	상담원	기혼	아버지 부상

연번	피해자 유형	이름	성별	나이	학력	직업	혼인 상태	5·18 당시 피해 / 경험
19	일선대응인	최환국	남	62세	중졸	무직	기혼	시신 수습 / 구속
20		장연학	남	60세	대졸	5월단체 지부장	기혼 (이혼)	시신 수습 / 구속
21		황덕희	여	82세	대졸	무직 (전 간호사)	기혼	부상자 치료 및 간호
22		임명빈	남	67세	대졸	의사	기혼	부상자 치료
23		조용하	남	64세	대졸	회사원	기혼	학생수습위 참여
24		강혜숙	여	82세	대졸	무직 (전 간호사)	기혼	부상자 치료 및 간호
25		송영광	남	89세	대졸	무직 (전 변호사)	기혼	시민 수습위 참여
26		장인걸	남	75세	대졸	무직 (전 사진기자)	기혼	조선일보 사진기자
27		김두만	남	79세	대학 중퇴	무직 (전 사진기자)	기혼	중앙일보 사진기자
28		마운택	남	73세	고졸	무직 (전 사진기자)	기혼	연합뉴스 사진기자
29	목격자	이승환	남	59세	대졸	공장 관리	미혼	시위 참여 (총격 사건)
30		장순옥	여	68세	대학중퇴	자영업	기혼	시위 목격 (딸 사망)
31		윤의재	남	63세	고졸	택시 운전	기혼	시위 참여
32		장서순	남	61세	대졸	자영업	미혼	시위 참여
33		성지원	남	75세	박사	교수	기혼	시위 목격
34		윤옥임	여	60세	석사	활동가	기혼	시위 목격
35		김경인	남	56세	석사	공무원	기혼	시위 목격 (총격 사건)
36		공인희	여	58세	대졸	학예사	기혼	시위 참여
37		이순화	여	90세	중졸 (고졸)	무직 (전 보험회사)	기혼	시위 목격 (광주 거주)

연번	피해자 유형	이름	성별	나이	학력	직업	혼인 상태	5·18 당시 피해 / 경험
38	목격자	임학봉	남	67세	대졸	무직 (전 복지)	기혼	시위 참여
39		이심지	여	54세	석사	바이올린 교사	기혼	시위 목격
40		이미현	여	55세	대졸	활동가	기혼	시위 목격
41		최미강	여	55세	대졸	어린이집 교사	기혼	시위 목격 (광주 거주)
42		박도인	여	55세	대졸	문화 운동	이혼	시민군 목격 (함평 거주)
43		문미정	여	52세	대졸	상담사	기혼	시위 목격 (광주 거주)
44		신철수	남	51세	고졸	자영업	기혼	광주 거주
45	사후노출자	박민주	여	50세	박사	연구자	기혼	비디오 시청, 사진 열람
46		이성훈	남	50세	박사	조사위 조사관	기혼	거리 사진 목격, 중고교 선생님으로부터 5·18 이야기, 대학 5·18 시위 참여
47		이기수	남	50세	박사	연구자	기혼	구치소에서 5·18 이야기, 5·18 관련 자료 접촉
48		김수완	여	50세	석사	다큐 감독	미혼	대학 5·18 사진 목격 및 시위 참여, 5·18 여성 생존자 접촉
49		박상훈	남	44세	석사	연구-활동가	기혼	5·18 시위 참여, 5·18 교육 활동, 5·18 관련 자료 접촉
50		이희정	여	26세	대졸	언론사 기자	미혼	5·18 전야제 참석, 5·18 홍보대사 서포터즈 등 활동

5·18 집단트라우마 구술 녹취록 작성 지침

기본 원칙

- 파일명은 '구술 일시_면담자_구술자_파일 번호'로 한다.
- 지문 등은 아래 구술 기호를 활용하며, 그 밖의 특이사항은 각주로 정리한다.
- 매끄럽게 작성하기보다 거칠더라도 구술자의 말을 있는 그대로 옮기는 것을 목표로 한다.
- 특별한 이유가 없다면 '오일팔'은 '5·18'로 표기한다.
- 들을 수 없는 부분을 제외하고는 전부 작성 및 검독하는 것을 원칙으로 한다.

구술자, 면담자 관련

1. 구분을 위해 면담자와 구술자의 글꼴을 다르게 표시한다.
2. 다음과 같이 적용하되, 직접 적용하지 말고 제공된 파일의 스타일(F6)을 활용한다.
   - 면담자: 함초롬돋움 10pt 굵게, 내어쓰기 10pt.
   - 구술자: 함초롬바탕 10pt, 내어쓰기 10pt.
3. 질문과 답변 번호를 붙여 파악이 용이하도록 한다. 저장된 스타일을 활용하면 자동으로 번호가 기입된다.
4. 구술자의 말은 그대로 받아 적는 것을 원칙으로 한다.
5. 면담자가 구술자의 말 중간에 확인 등을 위해 질문하는 경우에는 그대로 받아 적는다.
6. 면담자가 구술자의 말 중간에 호응하며 단순 추임새를 하는 경우에는 적지 않는다.

구술 기호

구분	기호	설명
대괄호	[시간:분:초]	20여 분 단위 기록을 위해 사용 예시) "그런 일이 있었지요. [19:58] 마찬가지로 그날 (5) 아주 끔찍한 일이 있었습니다."
화살괄호	〈 〉	구술자의 말 중간에 면담자가 가볍게 말할 때 사용 (단, 단순 호응성 추임새는 제외)
소괄호	(숫자)	쉬는, 침묵하는 시간. 2초 이상 침묵할 때 사용(초 단위) 예시) "인저 군인들이 막 (5) 아 삼십 명이 넘지요 그게."
	(단어/문장/공백)	불확실한 녹취. 들리는 대로 적되, 녹취가 불가능하다면 공백으로 처리. 해당 부분 시간대 괄호 속에 병기 예시1) "직업소개소에 갔다가 (다까사_17분 31초) 쇼땡이라는 데 소개해줘서 갔었어요." 예시2) "직업소개소에 갔다가 (_17분 31초) 갔었어요."
	(감정)	기록자가 판단한 화자의 비언어적 표현을 기술할 때 사용 예시) "내 몸값 벌어가 갚을란다구." (크게 웃음)
마침표	.	어조상 끝맺는 말이거나 의미상 확실히 마쳐질 때 사용
쉼표	,	말이 잠시 쉬었다 이어질 때 사용 스타카토처럼 띄엄띄엄 말하는 경우에도 사용 예시) "제 이름은 홍, 길, 동입니다."
짧은 줄	-	길게 강조하여 발음할 때 사용 길게 늘려서 띄엄띄엄 말하는 경우에도 사용 예시1) "근데 인자- 있잖아요." 예시2) "그때 진- 짜- 로- 떨렸어요."
물결표시	~	(주로 말끝에) 구술자가 억양을 다르게 줘서 말의 높낮이가 있을 때 사용
말줄임표	…	말끝을 흐릴 때 사용

5·18 다시 쓰기

초판 1쇄 펴낸날 2022년 12월 12일
기획 경상국립대학교 사회과학연구원
지은이 김명희·김석웅·김종곤·김형주·유해정·유제헌·이재인·진영은
펴낸이 박재영
편집 이정신·임세현·한의영
마케팅 신연경
디자인 조하늘
제작 제이오
펴낸곳 도서출판 오월의봄
주소 경기도 파주시 회동길 363-15 201호
등록 제406-2010-000111호
전화 070-7704-2131
팩스 0505-300-0518
이메일 maybook05@naver.com
트위터 @oohbom
블로그 blog.naver.com/maybook05
페이스북 facebook.com/maybook05
인스타그램 instagram.com/maybooks_05

ISBN 979-11-6873-042-7 93300

만든 사람들
편집 박재영
디자인 조하늘